U0603192

迎着光的方向

希基的孟加拉公报

印度第一张报纸不为人知的故事

[美] 安德鲁·奥蒂斯 著
潘玮 译

HICKY'S BENGAL GAZETTE

The Untold Story of India's First Newspaper

上海教育出版社
SHANGHAI EDUCATIONAL PUBLISHING HOUSE

前　言

八年前，我第一次游览印度的加尔各答。17 世纪末到 20 世纪初的两百多年里，加尔各答一直是英治印度的中心。[1] 英国治下的印度是一片完整的领土，西起巴基斯坦，东至缅甸，南北两端分别延伸至印度洋和喜马拉雅山脉。在这座城市里，石灰色的维多利亚纪念馆[2]十分庄严，坐落在绿色的草地上，与我从拥挤的街道中感受到的历史相得益彰。城市中到处都是过去留下的痕迹。我带着对这座城市的遗产与机构的尊重离开了，从未想过自己会回来，也没有想到我会把自己未来六年的时间奉献给它的历史。

几个月后，我在纽约罗切斯特大学的图书馆里为论文查找资料，结果在书库的地下室深处发现了一本棕色封皮的图书，上面没有标记。我站在那儿，惊呆了。我以前从未见过这样的东西。在昏暗的灯光下翻看灰尘满布的书页时，我就知道我发现了一些不一样的东西。

---

① 1772 年，加尔各答被指定为英治印度的首府。当时，沃伦·黑斯廷斯将重要的办公处从穆尔希达巴德（Murshidabad）迁至加尔各答。——译者注（本书页下注均为译者注）

② 维多利亚纪念馆（Victoria Memorial）是纪念英国维多利亚女王加冕为印度女王的建筑物，建成于 1921 年，现已成为加尔各答的地标之一。

我发现了一本威廉·希基（William Hickey）的《回忆录》（*Memoirs*），他是新闻记者詹姆斯·奥古斯都·希基（James Augustus Hicky）的律师。作为18世纪英国上流社会的一员，威廉·希基代理的客户遍布印度、西印度群岛和英国，这些都被他生动地记在了日记里。他对加尔各答的描述引起了我的注意，书里记叙了各色各样的人物，还有对恶劣气候的抱怨，印度人和英国人之间纠纷的细节。这本书很像一部旅游指南，为我今后的研究指明了方向。

通过阅读回忆录，我了解到了詹姆斯·奥古斯都·希基的故事。我了解到他曾创办过一份报纸，试图揭露英国东印度公司中的腐败和基督教会中挪用公款的行为。我了解到，希基曾因他的报道被以诽谤罪起诉。希基曾同时反抗教会和政府，为新闻自由而斗争，但他的报社却被关闭了。他反对腐败与暴政的斗争结束了，而东印度公司将在今后的许多年里以铁腕手段统治印度的大部分地区。我觉得这是个有趣的故事，但那个时候我没有想到自己会更深入地研究这段历史。

那年晚些时候，我坐在伦敦英国国家图书馆宽敞、通风的阅览室中，在奖学金的资助下研究印度的早期报纸。一个月的时间，我日日前往图书馆的报纸库，让自己沉浸在两百年前的生活之中。我手中干枯的纸张唤起了我对曾经的浪漫图景的想象。那里炽热无比，有交融的文化和非常丰富多彩的生活，也有绝望、贫穷，以及英国人与被他们统治的人民之间深刻的分歧。但就像所有的浪漫想象一般，我的幻想也仅仅基于一小部分的事实。

当我翻阅加尔各答过去的报纸时，我不禁想：这一切是怎么开始的？印度的新闻业为什么以及如何变得如此活跃？自由表达的第一束火花又是什么？带着这些问题，我找到了詹姆斯·奥古斯都·希基和他的出版物——亚洲第一份印刷报纸。我发现，他的生活和他的报纸从未受到过仔细的研究。几个世纪以来，他一直被污蔑为侮辱社会上流人士的无耻小人，不配被称作“记者”。没有人公正地评判他在他的时代中的位置，也没有人思考过他真正的重要性。我意识到，我的机会来了。我开始考虑写一本有关《希基的孟加拉公报》（*Hicky's Bengal Gazette*）的书，也开始考虑怎样才能重返加尔各答。

两年后，我获得了机会。那时，我获得了富布赖特奖学金①，得以研究印度新闻业的起源。我返回加尔各答时正值季风气候强盛期，孟加拉地区潮湿的空气笼罩着整个城市，像黏糊糊的芒果一般。我迫不及待地开始工作，首先是编制一份需要搜集的档案和拜访的机构的清单。第一站就是维多利亚纪念馆。

我刚在加尔各答待了几天，就拜访了维多利亚纪念馆的馆长。我曾从美国的教授们那里听说过，纪念馆藏有约翰·海德（John Hyde）的笔记本，他是孟加拉地区最高法院的第一批大法官之一。那些笔记本里的内容涉及的时间横跨二十年，共有两万多页，是 18 世纪孟加拉最好的法律文件。如果我希望撰写有关希基和他的公报的内容，我就必须更深入地了解他的居住地和生活背景，也必须更深入地了解他和东印度公司的冲突，还有他在最高法院被以诽谤罪起诉的原因。海德的笔记本将是个不错的起点。

---

① 美国政府提供的教育资助项目，由参议员詹姆斯·富布赖特（James Fulbright）于 1946 年提出。

没有事先打招呼，我和两位同事就胸无成算地走进了维多利亚纪念馆。我们被领进了馆长的办公室。在那里，我介绍了自己，解释了自己的项目。在那次会晤中，我了解到，纪念馆已经启动了一项将海德的笔记本数字化的项目，而这个项目将持续六个月的时间。这意味着笔记本会被永久保存下来，但也意味着我在此逗留的大部分时间里都用不了它了。

接下来的六个月，我把大部分时间都耗在了印度国家图书馆里。那里有一卷海德笔记本的缩微胶卷，但它并不完整，而且一部分已经受损。把缩微胶卷展开后，我发现笔记本上写着一些看起来像密码一样的东西。一开始，我忽略了这些晦涩难懂的符号，不明白它们是什么。但是我总是能看到它们，海德在记录希基的受审的文字周围写了不少这些符号。很明显，他希望隐藏些东西。他在隐藏什么呢？

我与美国新泽西理工学院的一位古代速记专家卡罗尔·约翰逊（Carol Johnson）进行了合作。但这个项目并不简单。我需要把那些缩微胶卷的影印件给卡罗尔。起先，国家图书馆允许我制作电子版。而后，他们只允许制作纸质版。之后，他们仅允许我复印我所要求的页数的三分之一。这就意味着，如果海德在某个特定的日期里写了六页笔记，我就只能复印其中的两页。在我离开印度之后许久，卡罗尔破解了海德的密码。她发现，海德一直在秘密地记录某些他在最高法院的法官同事们的贪腐行为。

在我登记进入维多利亚纪念馆六个月后，数字化工作还没有开始，而我还是拿不到笔记本原件。最后，加尔各答高等法院——最后一个可能存有记录的地方——拒绝了我研究其档案文件的请求。

好像棘手的事还不够多似的，印度的外国人管理处要推迟为我办理签证延期手续。为了在印度生活，所有的外国人都必须在那里登记注册。有传言说，是印度与美国政府之间的外交争端导致美国人遭到了强烈抵制。一位在美印度外交官因为签证欺诈被逮捕，并遭到疑神疑鬼的美国执法人员脱衣搜身。这一事件激怒了印度的政府官员。为了获得延期，我在管理处度过了许多个令人沮丧的日子，填了无数张表格以满足拜占庭式烦琐、死板的要求。

最终，我办好了签证延期手续。另外，维多利亚纪念馆十分善解人意，让我提前看了一眼数字化的海德笔记本。最后，在一位律师施以援手的情况下，加尔各答高等法院允许我研究它的档案资料。事情总算开始步入正轨了。

虽然加尔各答高等法院早已搬进了新大楼，但我猜想，这里的运转方式仍与希基在两百年前见识到的大同小异。工作人员聚集在宽敞、杂乱的大厅里，施工队忙碌地改建着，律师全都挤在闷热的侧屋之中。法官们在几乎吵到听不清声音的法庭里大喊大叫，盖过了文件碰撞发出的沙沙声。

我了解到，法院的档案室不止一个，而是有六个。我全都参观了一遍。我发现，那些留着大胡须的人总是在喝印度奶茶，然后对着一摞摞泛黄的案卷直皱眉头。有时候，他们会恳求我下次再来。而其他时候，我会被招手叫进去，可以不慌不忙地查看多个楼层存放的档案。有一次，一位工作人员甚至告诉我说，整个法院的档案都已经被搬去了另一间办公室，而那间办公室在城市的另一端。我跟着这条难以置信的线索查了查，尽管几乎什么也没有查到。

最终，我到了自己在找的档案室。那里有上万份腐烂程度不同的陈旧档案，一直能追溯到希基所处的那个年代。一些档案按年份被整理成捆，被麻绳绑在木板之间，看起来就像塞满了皱纹纸的手风琴。它们都被放在房间的边角处。大部分档案堆得满屋子都是，既没有索引，也没有目录，想取用它们的学者无从下手。

我被告知，查阅任何一场审判的记录，都需要获得批准。而我搜寻的那段时期的记录明显缺少目录。没有目录，我就不可能知道哪些档案是存在的，而不知道哪些档案存在，我就不可能知道要为哪些档案申请批准。这种“第二十二条军规”[①] 一般的窘境虽然是无心造成的，但也让人沮丧。

凭着我最佳的猜测功夫，一周后我怀抱一堆申请信回来，希望我申请查看的档案真的存在。

我逐渐习惯为了时间讨价还价。

我会问：“你们什么时候关门？”

一位员工会回答：“两点关门。”[②]

最终，我们会达成一项协议，我会争取更多时间，而他们则会争取快点去干其他的话（档案室只有我在的时候才会开放）。

这个档案室相当出色。使用它如此困难，也就意味着少有学者看过里面的档案。我发现了一份《希基的孟加拉公报》，它已经被人们

---

① 第二十二条军规（Catch-22）指自相矛盾、让人进退两难的规定与做法，源自美国作家约瑟夫·海勒（Joseph Heller）的同名代表作。

② 原书问答两句为孟加拉语。

遗忘了 230 多年。[1] 这份非比寻常的报纸就印刷于希基受审的几天前。希基在这份报纸上劝诫自己的读者，在面对暴政的时候要站出来，维护新闻自由。我还找到了一些关于希基早年生活的档案，那是在他成为印刷商之前，当时他还是一名外科医生。我了解到，在成为一名记者之前，他曾在牢里待了将近两年。关于他成为印刷商的原因，我也找到了一些线索：他试图还债，想要出狱。

继加尔各答之后，我把目光转向了德里。我被告知那些重要的文件已经在十多年前就转移到了德里。我花了好几周在印度最高法院搜寻一些 1911 年后就再也没人见过的档案，但都无果而终。[2] 我没找到那些档案，但是我确实找到了其他一些有用的文件。在印度国家档案馆，我找到了许多希基的原始信件。这是我第一次看到他的笔迹和签名。我了解了审判之后他所经历的事，也了解了很多他那个时代的状况。

经过一年多的调研，我在 2014 年的平安夜离开了印度，在又湿又冷的德国登陆。德国哈雷（Halle）的弗兰克基金会①曾培训过许多前往印度的传教士。我坐在基金会一排排整齐的座位之中，阅读了约翰·撒迦利亚·基尔南德（Johann Zacharias Kiernander）的书信。他就是那位以诽谤罪起诉希基的传教士。我意识到，我可能忽视了他人，给予了希基过多同情。现在我也看到了基尔南德的痛苦和绝望，希基指控他贪污、挪用公款，导致他的传教士同行抛弃了他，使他被

① 弗兰克基金会（Franckesche Stiftungen）：德国教育机构，1698 年由新教神学家、牧师、教育家奥古斯特·赫尔曼·弗兰克（August Hermann Francke）创办。

孤立。这种苦痛萦绕了他的余生。

终于，我回到了英国国家图书馆，开始了我的研究。两次旅程之后，我在那里完成了我的研究。英国总督沃伦·黑斯廷斯（Warren Hastings）、最高法院首席大法官以利亚·英庇（Elijah Impey）、陆军上校托马斯·迪恩·皮尔斯（Thomas Deane Pearse）的书信让我看到了公司的高层员工是如何畏惧希基的。我也看到了他们是如何看待他的：可怜的恶棍，经营着肮脏的生意，还对比自己社会地位高的人恶语相向，十分粗鲁。我看到，黑斯廷斯是如何为了保护公司，使其免遭批评而关掉了希基的报社。我看到，黑斯廷斯最终为他的绝对权力付出了代价：他因滥用职权，经历了长达八年的弹劾诉讼。

长久以来，历史都曲解了印度第一份报纸的创办者。英帝国主义时期的学者将希基刻画成了一个流氓和恶棍，一个削弱了大英帝国权威的男人；而一些晚近的历史学家则对其有溢美之嫌，他们称希基的报纸为无与伦比的“新闻界的瑰宝”。[3] 随着时间的逝去，小错酿成了大错。现代历史学家不是拼错希基的名字，就是弄错基本的事实。一些学者错称，他是从印度被驱逐出去的，一些学者错报了他的出生地，还有一些学者使用的他的画像则全凭空想绘制而成。[4]

直到最近，才有学者挑战这种过分简化的叙事，于细微之处做出解释。学者塔伦·库马尔·穆霍帕德耶（Tarun Kumar Mukhopadhyay）认为，与希基同时代的人曾使我们相信，他是一个没有受过教育，或者说“没有教养”的人，但他并非如此。相反，他是一个拒绝接受自己同胞腐化堕落的顽固的卫道士。最近，政治学家帕沙·查特吉

（Partha Chatterjee）思考了希基更重要的意义，他指出，希基既是印度公开坚称凡英国臣民皆有不可剥夺之权利的第一人，也是在印度建立起公共平台，批评英国统治的第一人。[5]

在这本书中，我呼吁对希基做进一步的阐释。他将自己视为穷人的声音和社会底层的代言人。他也明确宣称，帝国主义的手段必须与其目的相吻合，因而东印度公司不应该发动征服战争。可能这也就是几个世纪以来，他被误认作恶棍的缘由了。大英帝国的历史学家深受阶级观念所限，将自己的兴趣点集中在他的丑闻上，而忽略了他关心的是更为严肃的话题，比如质疑英国成为一个帝国的道德权利。

值得注意的是，亚洲的新闻传播手段在希基的报纸出现之前很久就已经十分复杂了。中国的官员创办简报的时间比他早数千年；朝鲜的官员也会分发政府简报；日本的印刷商会用刻本的方式刻印传单；莫卧儿帝国的领导人通过一种名为“阿克巴拉特”（akhbarats）① 的手抄简报来传播新闻，并经由上千位负责跑腿的信使（hircarrah）组成的网络进行分发。

殖民者也在发布新闻。16 世纪 50 年代，葡萄牙耶稣会会士将第一台印刷机引入了印度。荷兰东印度公司在 1615 年印刷了第一份简报；二十年后，西班牙人也印刷了他们自己的简报。接下来的一个世纪里，印刷术通过南印度的传教士定居点传播开来。[6]

尽管亚洲的印刷业历史悠久，但希基却是创办定期印刷的、旨在传递信息的报纸的第一人。他为了不可剥夺的权利、结束没有代表权

---

① 印地语，意思是“新闻报纸”。

的征税行为以及争取新闻自由这些启蒙运动的理想而斗争，他是更伟大的斗争的一分子。有四份接近完整的《希基的孟加拉公报》流传至今，而他同时代的其他报纸即使留存了下来，也往往残破不堪。这一事实证明了他的报纸有多重要。他成了印度的一部分。他的孩子们在印度长大，也在印度去世。[7] 他的遗产长存。

目 录

主要人物

詹姆斯·奥古斯都·希基：印度第一张报纸《希基的孟加拉公报》的创始人

沃伦·黑斯廷斯：英国驻印度总督，最高理事会[①]一把手

约翰·撒迦利亚·基尔南德：基督教知识促进会[②]派出的第一位传教士

约翰·克里斯蒂安·迪莫：基督教知识促进会派出的第二位传教士

菲利普·弗朗西斯：最高理事会二把手

威廉·希基：最高法院[③]的律师

以利亚·英庇：最高法院首席大法官

托马斯·迪恩·皮尔斯：东印度公司军队的炮兵上校

---

① 指孟加拉最高理事会，为1774—1833年英治印度最高行政机构，由东印度公司董事会选举的四名人员组成。

② 英国在国内外进行宗教教育的团体，1698年由牧师托马斯·布雷（Thomas Bray）创立。

③ 指加尔各答威廉堡（Fort William）的最高法院，1774—1862年是英治印度的最高法院。

引言　“阿贾克斯[①]号”

是我那未曾忏悔的罪孽，
还是那古怪的命运，
使我们注定留在此地。
这里骄阳似火，热风灼人，
洪水排山倒海，它们
交替出现，成为一年的烙印。

——《希基的孟加拉公报》，1780 年 8 月 19 日

1802 年 10 月，前往中国的途中

“全体船员！脱帽!”“阿贾克斯号”的甲板上传来叫喊声。

一位老人在轮船黑暗的货舱中咳嗽。他已经几个月没从床上起身了。他双手颤抖，笔迹模糊不清，身体也无法维持平稳。他害怕自己随时会在抽搐中离开人世。

这位老人是在 1802 年 5 月登上“阿贾克斯号”的。他的目的地

① 阿贾克斯（Ajax），又称埃阿斯，古希腊神话人物，在特洛伊战争中担任希腊联军主将。

是中国广州。他承担了一项任务，要把大麻和肉豆蔻带回印度。[8] 在船上，无人知道他的身份。他可能是以外科医生的身份去的，但把镀银的外科手术工具、药物和解剖书籍都留在了家里。他也可能是去做生意的，要把瓷器和茶叶这类商品带回印度。[9]

然而，他既不是一个真正的生意人，也不是一名外科医生。他一生中曾做过许多事，但只有一件事让他找到了人生目标——做一名记者。

离开加尔各答是个危险的决定，但贫穷令他绝望。他们家的整整一代人都在这个城市讨生活，而他已有多年未曾遇见工作机会。况且，他还有一大家子人要养活。为了供养家庭，他牺牲了一切，以至于自甘堕落，去勒索旧同事，催讨旧债，甚至向旧政敌卑躬屈膝，乞求工作机会。[10] 在此期间，他努力让自己的孩子们去读书——他甚至打算把他们送去伦敦，将他们安置在慈善机构里。到了 1799 年，他几乎已经变卖、抵押、兜售了他拥有的一切，但还是不够。[11]

“阿贾克斯号”平和地穿过了马六甲海峡，这是一条狭长的水域，将印度洋与太平洋分割开来。而后，在抵近广州之前，“阿贾克斯号”还要先沿中国南海溯流而上。马六甲航线危机四伏，岛屿、地图上未标出的暗礁和不可预知的季风都能让这趟行程变得险象环生。当时正值拿破仑战争①，海盗、充满敌意的荷兰和法国的船只让这段航程显得更加危机四伏。[12] 近期就有两艘英国军舰“无畏号”（*Intrepid*）和“彗星号”（*Comet*）失踪，当时它们正在搜寻另一艘失

① 拿破仑战争（Napoleonic Wars）：1803—1815 年，拿破仑一世领导的法兰西第一帝国及其从属国与反法同盟之间的数场战争。1815 年，拿破仑滑铁卢败北，拿破仑战争宣告结束。

踪的军舰“塔尔博特号”（*Talbot*），它最后一次被人看见，是在马六甲海峡的东出口。[13] 但是“阿贾克斯号”船体坚固，通身由泰国柚木打造，还新加了镀铜的护甲，因而顺利通过了马六甲海峡。[14]

行进到某处的时候，老人倒下了。他最好的伙伴们发现他之后，用他的吊床轻轻裹住了他的身体，从脚部开始将吊床缝合起来，然后沿着躯干一直向上，最后一针穿过他的鼻子，以确认他是真死了。之后，他们扛起他的遗体，把他抬到甲板上，往他的脚上绑了几个炮弹，最后把他放到了公共餐桌上面。

船长准备了他最后的告别仪式。

“你出自尘土，也要归于尘土。愿耶和华赐福给你，保护你。愿耶和华使他的脸光照你，赐恩给你。愿耶和华向你仰脸，赐你平安。① 阿门。”

“阿门。”船员纷纷附和。

船长点了点头。船员迅即掀翻了餐桌。那白色如棉布般的被包裹起来的身躯瞬间滑入了漆黑如墨的海里。

“戴帽。解散！”船长发出命令。[15]

回到加尔各答，命运之轮旋即转动。老人去世的消息传来，几天后，他的债主开始追讨债务，急着抢在其他人之前巩固自己的债权。[16]1803 年 5 月，东印度公司派了一名卫兵进驻他的屋子，开始清点他的财物，并两次刊登公告，声称将拍卖他所拥有的微薄家底，用以偿还债务。所有被拿出来变卖的财物包括：一盏漂亮的八头枝形吊

① 译文出自《圣经 · 民数记》6：24—26。

灯、四十箱荷兰杜松子酒、三十五打淡啤酒和其他各色酒水，还有他的金表，是带盖的样式，镶有宝石。[17]

但是，他们刊登的公告里并没有使他成名的工具。1780—1782年，墨水和铅字使他引人注目，却又使他声名狼藉，甚至令人生畏。他使用的字模格外陈旧，印刷机也破烂不堪，以至于遗产管理人认为，不值得为这些玩意儿开一份公告。[18]

两年间，他揭露了东印度公司的腐败，挑战了专制政府的残暴，并将基督教会的贪婪公之于众。他为新闻自由而战，与急于消除异见的公司斗争，与急于在信仰的伪装下牟利的传教士对抗。他曾违抗教会与政府，并向世人展示新闻保护人民，揭露暴政、不公和腐败的力量。

通过一段几百年来鲜有变化的流程，他做到了这一切。而这个流程是在百余次的油墨印刷和压纸的程序中完成的。这份工作缓慢又乏味，但产出的成品却强大到足以挑战一个帝国。

他的名字叫詹姆斯·奥古斯都·希基。

第一部分

记者

野蛮的爱尔兰人

我……发现了最古怪的生物，他显然极具天赋，但是毫无教养。我从未见过哪个普通人能完全符合我常常听到的那个“野蛮的爱尔兰人”的描述！

——威廉·希基在他的回忆录中写道[19]

1777 年 11 月，红色集市（Lal Bazar）

威廉·希基刚到加尔各答几天，就有一个公共监狱的男人送信给他，乞求帮助。[20]他对与这个爱尔兰人会面颇感好奇，这个男人的姓氏几乎与他的一样。①

集市上，威廉看到的所有东西都让他震惊不已。所有东西，甚至是人，都是拿来出售的。澡堂提供服务，酒馆则出售廉价的亚力酒②。在广场的一侧，上流社会的人在加尔各答最时尚的俱乐部——和谐之家（Harmonic House）举行奢华的舞会和宴会；而另一侧，加

① 威廉·希基的姓氏为 Hickey，詹姆斯·奥古斯都·希基的姓氏为 Hicky。

② 一种由大米、糖蜜或椰汁制成的高度烧酒。

尔各答公共监狱中的囚犯正为日常生存而挣扎着。[21]

外面摆放着用以处死犯人的绞索。木枷是为做伪证的人准备的，准备好的钉子会敲进他们的耳朵里，让他们永远无法摆脱罪犯的身份。[22]广场上到处都是被抓到的小偷，伴随着咚咚的鼓声，人们用鞭子抽打着他们；一个上面凿有气孔、看起来像巨型鸟笼一般的装置把囚犯带入、带出监狱。滚轮会把这个装置送上 14 英尺①高的空中，这样整座城市的人都能看到他们的耻辱。[23]

通过一条幽深的门道，穿过一座小院，威廉进入了监狱。腐烂物和粪便的臭味扑面而来。他凝视着周围的房间，那些狭小的牢房中关押着上百名囚犯。[24]这里几乎没有窗户，仅有的几个开口也小到不足以让空气流通。“臭气熏天，”之后他回忆道，“比［我］在这个国家闻到的任何气味都要难闻。”[25]

他从未见过如此可怕的监狱。这让他想起了自己还是年轻律师的时候参观伦敦的王座法庭监狱（King's Bench Prison）时的情形。那座监狱已经人满为患，而加尔各答的还要糟得多。他在谈及这两座监狱的时候说：“它们没法儿放在一起比较。”[26]

威廉向监狱深处走去。他能感受到湿热空气中的绝望。印度教徒、穆斯林、欧洲人，男人、女人都住在同一个地方。重刑犯、欠债的人和戴着镣铐的囚犯都关在一起，他们挪动的时候，身上的铁链叮当作响。许多人都已经病入膏肓。这里没有医院或医务室，所以病人不得不自己照顾自己。犯人还陷入了一种不可能挣脱的债务循环之

① 约合 4.3 米。

中，因为他们不得不为自己的食物、饮用水和牢房支付费用。英国东印度公司拒绝免除他们的债务，这使他们的处境愈发艰难。[27]

威廉走向监狱的后院。在那里，他看到许多露天而居的人，一些欧洲人已经在那里建起了小竹屋。露天的屎尿流入附近的水池中，那是监狱仅有的水源。囚犯在那里喝水、洗漱和洗澡。如果幸运的话，狱卒会允许囚犯的家人、仆人或朋友给他们送食物或水，但不是每个人都能那么幸运。

一名老妇人向他走来，讨要钱财。她说她只想要些买水的钱，不然她就没水喝了。

然后，威廉发现了他一直在寻找的竹棚，并向里面的男人打了招呼。这个男人比监狱里的任何事物都更让他震惊。

里面的人是詹姆斯·奥古斯都·希基，他将创办印度的第一份报纸。詹姆斯向威廉讲述了自己的故事。

宫殿之城

（在目前的情况下）只要你对事情保持一定的关注，加上本人不是特别白痴，这两个条件就足以让你获得财富了。

——理查德·巴维尔（Richard Barwell）

致他父亲的信，1765 年[28]

1772 年 4 月 4 日，周四晚上九点整，英格兰近海

一艘小划艇悄悄驶向“罗金汉侯爵号”（*Marquis of Rockingham*）。一盏灯笼在夜色中泛着柔和的黄光，在黑色波浪上投射出一层薄薄的光芒。船长将船上的踏板下放至平静的水面，以示欢迎。外科医生的助手詹姆斯·奥古斯都·希基在黑暗中躬下身来，抓住踏板上的绳索扶手，向甲板走去。[29]

他清楚，船员都急着要离开。一个多月前他们从伦敦启航，但仍未准备好进入公海。天空灰蒙蒙的一片，如晨雾般湿润。好天气似乎总是遥不可及。他们已经洗好了甲板，清理了索具，装上了多到数不过来的补给物资。一小队士兵将要去往公司的陆军部队，他们带着自己的枪、剑和其他军需品，紧张地乱转着。4 月 9 日，在狂风大作的

天空下和小雨中，他们终于起锚出发了。[30]

我们几乎对希基的早年生活一无所知。目前已知的是，他可能在1739年或1740年出生于爱尔兰。他的父亲是一名亚麻布织工，在他年轻的时候就去世了。年轻时，他在都柏林找了一份律师文员的工作。但是他对生活的期许不仅仅是做某人的助手，于是他去了伦敦，在一个苏格兰印刷商那里当学徒，希望能开展自己的事业。[31]

但他并没有利用从印刷商协会那里得来的自由，去开一家自己的商店，而是加入了英国海军。他在一艘风帆战舰（Man o' War）① 上服役，并获得了一个“船长”的昵称。

干了不久，他又换了工作。他回到伦敦，为英格兰最著名的律师萨金特·戴维（Serjeant Davy）当书记员。这位律师负责的案件最终使英格兰的奴隶制得以废除。[32]但是，他逐渐厌倦了这份工作。在戴维的办公室里等待并接收案情简报的时候，他顺便读了一些手边的外科书籍，用来打发时间。他随即冒出了一个想法，他想去试试身手，当一名外科医生。

但伦敦鲜少有人愿意雇他做外科医生，于是他回到了海上，受雇在一艘前往西非几内亚（Guinea）② 进行奴隶贸易的船上当起了外科医生的助手。尽管他曾抱有希望，但这条道路也没有为他带来成功。三四次奴隶贸易的航行之后，他还是一个先令也没有赚到。

---

① 非英语国家称之为加利恩帆船（Galleon），在大航海时代的许多国家的海军中作为战舰使用，蒸汽动力出现后逐渐被淘汰。

② 18世纪下半叶，几内亚泛指非洲西海岸地区，属于葡萄牙的殖民地，与今日的几内亚共和国不是一个概念。

于是，他决定最后一次改变他的道路——他要去印度。[33]

“罗金汉侯爵号”前往印度的航线是在上百年的贸易往来中形成的。他们沿着欧洲海岸线航行，然后在加纳利群岛登陆，再绕过非洲和好望角蜿蜒曲折的水域。[34]在季风的帮助下，他们穿过马达加斯加和科摩罗群岛，抵达印度孟买。两个月后，他们再次起航，穿过印度南端，他们的路线沿着斯里兰卡、安达曼群岛和缅甸海岸画出一道大大的弧线，然后从东边接近孟加拉地区。[35]

这趟旅程既危险又乏味。无边无涯的蓝色水面给了希基自由，但它也意味着所有航海人挥之不去的恐惧。每一趟航程都是一次祈祷，希望狂风暴雨或暗礁浅滩不会招致一段黑暗的水中厄运，或是让船舶失事，葬身于荒无人烟的海岸。“罗金汉侯爵号”上的一位乘客回忆道，公海上，“巨浪翻涌如高山，狂风嘶吼着，水手与恶劣的天气抗争着，［而］我则默默走回卧铺，在那里默想曾经干过的蠢事，然后在脑海中为未来的财富与辉煌制订好了计划”[36]。希基也花时间在思考着他的未来，还有他踏上这段旅程的原因。

希基同样面临着长达数月的萎靡不振带来的无聊。那时候，船在烈日下静静地待着，船员则去喝酒。船长用体罚让他们遵守规矩，一个船员因为醉酒被降职，另一个则挨了十几鞭子。[37]此外，还有来自坏血病的威胁，这种病是硬面包和稀饭这样的食物带来的。一开始是牙龈出血，最后是器官衰竭，即使要不了人命，坏血病也能让人躺倒好几个月。

这是一趟许多人会去，却少有人能活着回来的旅程。去了的人可能在这趟行程中幸存下来，但接下来的事却可能夺走他们的性命。欧洲人对当地疾病几乎没有抵抗力，他们常常生病，患上热带热和性病。[38]印度对许多欧洲人来说是致命的。东印度公司只有10%的雇员能活到领取养老金的时候，而每年大约有四分之一被派往印度的欧洲士兵死亡。[39]与他富裕的同龄人相比，希基既无金钱也无权势，他最有可能的结局就是死亡。但就像很多人一样，对希基来说，发财的可能性让一切都值得了。

12 月 16 日，“罗金汉侯爵号”停靠在胡格利河（Hooghly river）口岸，那里距离加尔各答一百千米远。他们在两周后进了城。[40]各种大大小小的船只从身边驶过，有双桅单帆船、恒河平底船、东印度公司的商船，甚至还有雄伟的风帆战舰。河流的两岸都是带有绿色草坪的白色豪宅，一直延伸到水边，和欧洲最精致的宫殿一样富丽堂皇。它们给人一种印象：在这里，任何人都可以发财致富。[41]

“罗金汉侯爵号”继续向北，经过威廉堡。那里还在建设中，还是一片黄砖和泥浆混合成的烂摊子，还有一片面积巨大的草地。那是一块清理出来的空地，用来布置火力，以应对入侵的军队。[42]这片草地曾一度被丛林覆盖，但短短几年内，这里发生了巨大的变化。如今，人们正在附近由着性子建造白色的廊柱式宅院，而公司富裕的雇员正坐着马车和轿子招摇过市。

1773 年 2 月 1 日，希基跳下船，放弃了外科医生助手的职位，走上了加尔各答的街头。[43]第一步可能令人迷茫和恐惧。许多人感到失望，以为能够轻松赚钱，结果却发现只有苦差。[44]诈骗的问题很严重。码头上拉客的人会把旅行者带入酒馆。在那里，他们会被告知自己认识的人一个都不在城里，但还是欢迎他们住上几天。之后，他们会收到一份未提前告知的巨额账单，包括吃食、娱乐和住宿费用。有时候，这些新来的人会永远无法从这些骗局中挣脱出来，他们在不可能还清的债务中挣扎，直到死在加尔各答臭名昭著的监狱里。[45]

加尔各答是英治印度迅速崛起的明星城市，而不幸的是，诈骗是它的入口。加尔各答的发展几乎没有规划，也没有秩序。富人在他们看得顺眼的地方盖豪宅。统治英治印度的东印度公司则认为，几乎没必要提供城市规划、警察、医院或者道路建设等服务。在加尔各答，人们期望个体能为社会提供服务，要是他们真能被指望得上的话。

希基很快发现，那些豪宅掩盖了加尔各答穷困不堪的一面。昏暗巷子里的鸦片馆、妓院和酒馆是隐秘的地下世界，多个种族的群体混杂其中。多达两百人的团伙游荡在街上，而成群结队的水手则在酒馆、烧酒摊和潘趣酒吧里来往穿梭，强迫任何一个他们能找到的男人加入海军。[46]一群群患有介癣的癞皮狗在城市主要的饮用水源中洗澡。公墓里，埋得不够深的坟墓都能看到尸体。一天到晚都能看到人们把赤裸的尸体抬到河边的台阶上焚烧，而贫民则直接将尸体扔进河里。人们把穷人的尸体丢在那里好些天，任其腐烂。[47]

希基离开河流和欧洲“白人区”① 之后，进入了亚美尼亚人、英裔印度人、葡萄牙人、犹太人和帕尔西人②集聚的社区。这些人组成

---

① “白人区”（White Town）和下文中的“黑人区”（Black Town）相对，是当时白人种族分治的方式。白人区主要是英国人居住的地方，即富人区；而黑人区的居民是各类有色人种，以印度人为主，是穷人区。

② 帕尔西人（Parsis）：生活在印度的信仰琐罗亚斯德教（又称拜火教）的民族，他们的祖先是波斯人。7 世纪阿拉伯人入侵萨珊王朝，为逃离宗教迫害，这些波斯人远离故土，不断迁徙，最终在印度西海岸生存下来。

了城市重要的黏合剂，充当了英国人和印度人之间的“传声筒”。对那些希望将英国梦转变为现实的人来说，建筑业的兴盛意味着机会。最远处是“黑人区”，印度人就居住在那里。那里的街道最为拥挤，但也最为多样，最具活力。印度教徒、穆斯林、制陶工、制革工、榨油工、裁缝、铁匠和下等阶层的欧洲人都生活在一起。[48]加尔各答依旧是一座宫殿之城，但在这里，商人高耸的宅院与农民的茅草房毗邻而居。[49]

这就是希基定居的地方，一个没有体面的欧洲人的地方。希基属于另一个阶层，那个阶层的人寻求冒险与进步。通常，他们没有获得公司的批准就待在印度，他们的生活往往不会被历史记录下来。他们在公司军队的底层奋斗，苦苦挣扎。他们常常光顾酒吧和烧酒摊，他们建起了贸易公司，或者成为店主和助手。虽然他们作为个体的身份已被遗忘，但作为一个阶层，他们在塑造印度的过程中发挥了极其重要的作用。他们被称作“底层人”（subalterns）[50]，意味着他们的地位低于其他人。

正是不断增加的致富机会，吸引了像希基这样的底层人来到加尔各答。如果说印度是帝国王冠上的宝石，那么加尔各答就是其耀目的明星。这座“宫殿之城”使人变得富有。在那个年代，一个英国人平均每年可以赚得 17 英镑，而公司雇员平均每年赚的钱远远超过 800 英镑。最高职级的人能拿最多的财富。一位名叫约翰·卡纳克（John Carnac）的将军两年里带回家 5 万英镑。一位名叫马克·伍德（Mark Wood）的中校服役五年后，拿回家 20 万英镑。[51]据说理查德·巴维尔在印度赚了 40 万英镑。[52]这样的财富是许多人做梦都不敢想象的。希基想，自己也能在这片富饶的土地上找到属于自己的位置。

然而，只有少数的几个幸运儿能获得这种财富。他们是公司的雇员，由公司在英国的董事指派而来。公司雇员有许多种赚钱之法。最常见的做法就是绕开公司的垄断，这种行为被称作“私人贸易”。虽然被官方禁止，但私人贸易却无处不在，被各个阶层的人支持，甚至鼓励。它的规模极大，以至于在某些地方，它可能超越了公司贸易的规模。[53]

公司雇员还有其他的非法手段来增加收入。他们挪用物资、操纵交易、篡改账目、在运回欧洲的货物上增加成本，甚至用假名给自己签合同。[54]比如，理查德·巴维尔就用假名给自己签署了一份经营公司盐场的合同，从中赚取了数千英镑。加尔各答贸易委员会里的人会公开谈论他们是如何在合同上做手脚的。[55]军队里这样的场景随处可见。一位军官鼓励他的部队饮用亚力酒，因为每卖出一瓶，他都能赚上一笔。而另一位军官则授权两名军官（其中一名是他的儿子）为阿瓦德邦（Awadh）① 的纳瓦布（Nawab）② 招募两个营的士兵，但这两个营的士兵只存在于纸上。[56]

贿赂被委婉地称作“礼物”，是另一种致富的手段。1757—1784年，公司雇员像一根巨大的吸管，将大约 1 500 万英镑的礼物从印度吸

---

① 印度近代史上的一个邦国，位于恒河平原人口稠密的中心地带，16 世纪成为莫卧儿帝国的一部分。

② 莫卧儿帝国的皇帝授予半自治邦国的穆斯林统治者的荣誉头衔，类似于省长、总督等称谓。

到英国，带回了家。[57]这些源源不断的金钱让公司的顶级雇员回家的时候富得超出想象。最臭名昭著的人物莫过于马德拉斯（Madras）① 的总督托马斯·朗姆伯德爵士（Sir Thomas Rumbold）。两年间，他积累了 75 万英镑的财富。朗姆伯德竟然放肆到征用了三艘公司的商船，来把他的财产运送回家。尽管他遭到了议会和公司的质询，但所有让他交出赃物的尝试均以失败告终，他甚至还在议会里买到了一个席位。[58]在这些雇员的运作下，垄断产生了腐败、贿赂、任人唯亲、贪污、逃脱罪责以及公然滥用职权的后果。这些人的首要目标就是利润，他们优先效忠的对象就是自己的口袋。

一个人可以在离开英国的时候一贫如洗，而回来的时候富得像一个纳瓦布、一名王子。可能在离开英格兰的时候，希基是一名外科医生的助手，但是他打定主意，要为自己搏一个光明的未来。如果加尔各答是大英帝国温暖的心脏，那么利润就是它流淌着的令人迷醉的血液。[59]希基决心要从这些利润中分一杯羹。与英国上层社会的后代不同，他得为自己的未来负责。他的道路将充满障碍，那些有人脉将自己推向顶峰的人对这些障碍一无所知；而这里有一颗向他频频招手、闪闪发光的财富之星，在他的耳边低声细语，告诉他，他可以创造自己的财富。

这种恣意妄为不会永久地持续下去。尽管希基还不知道，他将在其尾声阶段参与其中。正因为他，那些有罪不罚、贪污腐败的现象和独断专横的权力才会被世人所知。

---

① 印度东南部海港城市，现名金奈（Chennai）。18 世纪末，马德拉斯、孟买和加尔各答三个城市是英国在印度主要的控制领地。

一份工业计划

［他没有］在郁郁寡欢的自省和慵惰中放弃，而是制订了一份工业计划以维持他家庭的生活，并为他的自由而工作。

——詹姆斯·奥古斯都·希基，《希基的孟加拉公报》

1780 年 11 月 4 日

1778 年春，加尔各答公共监狱

威廉一次又一次回来，听希基的故事。

希基告诉他，在加尔各答登陆后，他曾从事医务工作：照料病人，为其开药、放血、切除脓肿。[60]

但他寄希望于更伟大的事业。他借钱买了一艘小船，开始在印度沿岸的加尔各答和马德拉斯之间做生意。但 1775 年或 1776 年时，他的船回到了港口。在海上惨遭两个月的恶劣天气后，他的货物受到了损坏。与此同时，他的许多债务到期了。他恳求银行家们宽限些时间，说自己的船很快就能再次出海，但遭到了对方的拒绝。[61]

现在他陷入了绝境，只有一件事情可做：他暗地里把所有剩下的钱——2 000 卢比（1 卢比约合 0.1 英镑①）给了一个他信任的人。他希望这笔钱不会被银行家们拿走，因为他可能某天会需要它。1776 年 10 月 20 日，他平生第一次以债务人的身份进了监狱。[62]银行家们查封了他的一切——他的船、他的屋子，甚至他的家具。

但他告诉威廉，自己没有放弃。他有了一个主意，要把自己年轻时候学到的技能都用上。他从那位自己信任的朋友那里要回了 2 000 卢比。用这笔钱，他买了些字模，雇了个木匠做了一台印刷机，然后把这些工具偷运进了监狱。他开始在自己的小屋里工作，通常从早上六点工作到深夜一两点，打印传单、广告、年历、最高法院的文件，甚至是保险表格以及一些相关的东西。因为囚犯不得不花钱购买自己的食物和饮用水，所以他们找门路赚钱的情况并不少见。

很快，人们就开始找他打印某些手工抄写太贵，或是没必要送到欧洲去完成的很短的单子。经过漫长的几个月后，他勉强凑齐了几百卢比。这笔钱足够他从英国订购一套不错的印刷用品了。[63]最终，他回到了正轨上。

威廉对希基存有疑虑，他了解到的情况令人担忧。实际上，希基一直待在监狱里是因为他在法庭上的所作所为臭名远扬，以至于没有律师敢代理他。“在对这位与我同姓之人的性格与行为进行调查之后，”威廉写道，“我发现，此人非常暴躁，会突然大动肝火，完全无法控制自己。他对律师的态度极其野蛮，结果就是最后再也寻不到一个专业人员肯接他的案子了。”[64]

---

① 这是当时的汇率，现在 1 卢比约合 0.009 英镑。

但是，威廉被希基吸引了。他尊重希基，因为他受住了加尔各答公共监狱的糟糕环境。

“一个欧洲人早晚得在那座监狱里崩溃，”之后他说道，“即使是待在那个棚屋里，有时候也让人难以忍受。”[65]

威廉将自己视作为不公正案件伸张正义的人，而希基的案件似乎判得相当不公正，因此他觉得自己有必要帮助他。

威廉写道：“我不由自主地为这个不幸的人感到难过。”[66]

如果无人代理希基，那他就会代理。但他只会照着自己的规矩来办事。希基必须承诺，会让他以他认为合适的方式来处理这个案子，并且“不是像我了解的过去曾发生过的那样，每隔五分钟就咆哮公堂，向法官抱怨他的律师”[67]。在希基做出承诺之后，威廉便开始为这个案子做准备了。

但正义之轮转动得十分缓慢。直到 1778 年，希基才终于因为他的债务站到了审判席上。

在收集了证据和证人之后，威廉和他的同事们为希基的案子做好了准备。他们的第一次出庭，是为了免除希基欠拉姆莫迪·比萨克（Rammody Bysack）的债务。比萨克来自一个颇有权势的银行家族，他曾起诉希基，要求希基偿还 8 955 卢比的拖欠贷款。[68]

庭审马上就乱了套。在威廉的同事蒂尔曼（Tilghman）盘问一位证人时，希基“突然像个疯子似的从自己的座位上站起来，发誓说他（蒂尔曼）不知道如何拷问一个孟加拉本地无赖的良心，自己要亲自盘问他”。蒂尔曼愤怒地扔掉了自己的辩护状，扬言要离开，并指责威廉违背了他为希基的言行负责的承诺。

威廉为希基突然的爆发气愤不已。“我告诉他，他是一个满嘴谎言的流浪汉加无赖。为了我，他应该烂在监狱里面，”他在回忆录中写道，“这可怜的混蛋突然涕泪交加，跪倒在地上，恳求法官为他向我求情，如果我能原谅他并继续处理他的案子，他会离开法庭，从今往后什么都听我的。”

最后，法庭做出了对希基有利的裁决，他欠比萨克的债被一笔勾销了。法官们甚至表达了这样的观点，认为应当起诉比萨克的一名证人做伪证，可能是因为他在希基的一笔贷款上撒了谎。[69]

接下来的案子是免去希基对约翰·海斯特（John Hester）遗产的债务。海斯特曾是希基的租客，也是一艘“大型乡村船只”的大副。他曾两三次借钱给希基。[70]他也是希基的病人，患有令人痛苦与虚弱的慢性胃病。海斯特死后，他的遗嘱执行人称希基还有3 000卢比的贷款未还。[71]

1778年7月29日，他们来到了法庭上。威廉辩称，海斯特实际上欠希基的比希基欠海斯特的要多。希基的证人证实，他曾用丰盛的晚餐招待海斯特，给他提供医疗服务，这些海斯特都未曾付钱。海斯特曾奴役过的一个人——庞培（Pompey）为希基做证，他说希基给了海斯特他需要的一切。“我曾住在希基先生的房子里，在那里吃喝，生活得很好。”庞培说道。[72]

但希基还是大吵大闹了一场。海斯特的一位证人称海斯特不欠希基什么的时候，希基低声自言自语道：“噢，这个小偷！这个混蛋！这个做伪证的混蛋！他就是这样说谎的！噢，亚苏（耶稣），圣明的亚苏，我就是这样遭到了迫害，被撕成了一步一步（一瓣一瓣）。”[73]

不过希基还是赢了这场官司。法官们裁定，希基欠海斯特的和海斯特欠希基的债务之间差额巨大。他们不仅免除了希基的所有债务，还命令海斯特的遗嘱执行人付给希基600卢比，以弥补差额。[74]

这些案子都得到解决的时候，威廉已经让希基摆脱了所有的债务。重获自由之后，希基开始了一项新的事业。这项事业将会让他进入后世的视野之中。

库特的合同

印还是不印，这是个值得考虑的问题。对一个人来说，忍受最高理事会的威胁与愤怒，抑或反抗它，哪种行为更为高尚？……每周排字的痛苦。——还有一系列法律条文，该死的邮局，以及印刷商的坚忍所换来的小人的藐视，而他本可以关停报纸，得到解脱——谁愿在一位大人物的早餐前低下头颅，卑躬屈膝，奉承乞怜，若不是因为惧怕那同样受了诅咒的饥饿，还有那片饥荒遍野、无一受难者能够幸存的土地——是它迷惑了人的意志，使印刷商宁愿忍受他如今的苦难，继续印刷他首创的《孟加拉公报》，而不愿向他还不知道的事情飞去。——如此一来，饥荒的确使我们全变成了懦夫。[①]

——詹姆斯·奥古斯都·希基，《印刷商的独白》

《希基的孟加拉公报》，1780 年 12 月 23 日

---

① 希基对《哈姆雷特》中王子独白的仿写。译文参考《哈姆雷特》朱生豪译本。

1779年8月，加尔各答，与库特将军共进早餐

詹姆斯·奥古斯都·希基将他过往的一系列工作都铺陈在公司军队总司令埃尔·库特爵士（Sir Eyre Coote）的面前。他告诉库特，他能用比任何手抄作业都更快、更便宜的方式印刷军队的新规。

希基坐在库特的对面，与对方商讨着军队最大的印刷合同，单是这一点就能显示出离开监狱仅一年的他取得了多大的成绩。

他与公司的第一份合同签订于1777年，工作是印刷军队的工资、津贴和额外工作薪金的账单。虽然那时他在蹲监狱，但他是加尔各答唯一的印刷商，所以董事会选择了他。让他感到自豪的是，他每个月为公司省下了数百卢比的开销，让他们的文职人员不必再一遍又一遍地手抄数以千计的工资单。[75]

通过印刷军规，库特能为军队制定未来几年的行为准则。军队的旧规在1769年被写在几百张纸上，在废除、修正、再版了许多遍后，它们已经变成了一团糟，混乱得和拜占廷帝国如出一辙。[76]那些内容矛盾、规定不完整的军规更易滋生腐败，使军官能利用漏洞赚取额外的利润。

新规将会整合、理清军队中所有的规矩。所有事情都会标准化，从军队如何拿到收入，到如何装备部队，甚至连他们哪几个月能吃到牛肉或羊肉都有规定。他们还将创建新的机构，比如测量署署长办公室、工程师兵团、康复医院，另外还有一个军旅孤儿基金。他们还想为以下事务制定标准，比如如何处理死者遗留的财物，如何解决军队中的积怨，甚至还有一个将军的帐篷外应有多少站岗的士兵。简言

之，他们将对军队进行彻底的改革。

新规也会从许多方面抑制腐败，比如要求军官证明自己的支出，以防他们从没有做过的工作中获取收入；禁止军官拿双份佣金，以防他们获得双倍报酬；要求军官证明他们军队花名册的真实性，以防他们将军队中阵亡的、逃逸的或只存在于纸面上的士兵的薪水揣入自己的口袋。[77]这些都是很基础的改革，但公司才把这些制度建立起来。

希基告诉库特，他希望首先把价格定下来。他之前很难从公司那里拿到印刷工资单的报酬。他把发票送到了公司的总军需官那里，却被告知这些钱批不下来。只有在直接向总督提出请求后，他才拿到了报酬。[78]

库特思考了片刻。

他说道："好吧，希基先生，你可以根据他们为这些账单付给你的报酬，按这个比例向尊敬的公司收取印刷军规的费用。"[79]

库特的副官把最初的 9 张样张交给希基，让他马上开始工作。[80]印刷工作量巨大，至少有 38 814 页，可能还有更多。[81]那份新规相当复杂，总共由接近 1 000 条独立的条款组成，共计 384 页。每张纸都是双面打印，而且需要拉动四次操纵杆进行印刷。许多页上都有表格和网格，要求借助支架和复杂的金属标尺进行作业。[82]

希基的麻烦马上就来了。

首先，在把项目交给希基之后，库特就离开了加尔各答。其次，总督沃伦·黑斯廷斯可能完全不知道或没有批准过这份缺少明确细节的合同。再次，总督的朋友——查尔斯·威尔金斯（Charles Wilkins）

和纳撒尼尔·哈尔海德（Nathaniel Halhed）——已经在加尔各答城外建起了另一家印刷厂，而且总督命令公司的所有部门都到他们那里去打印文件。[83]

另外，这份新规遭到了公司里某些最有权势的军官的反对。这些军官会因此遭受不小的损失。如果这份军规被印了出来，那么他们就会失去曾经习以为常的额外福利。

不过，众多军官反对打印这份军规不仅仅是出于对自己钱包的考虑。许多人反对它是出于恶意和受伤的自尊心。这些军官亲眼看着库特从总督黑斯廷斯那里得到了令人瞠目结舌的礼物，包括一栋宅邸，还有一笔补贴，用于购买他需要的船只或大象，这些额外福利一年总计可达 18 000 英镑；而他们的额外福利却缩水了。库特甚至收到了不计其数的死亡威胁。[84]

为了这个项目，希基借了 4 000 卢比，为印刷线雇了助手，还雇了木匠、铁匠和黄铜匠来制作设备。[85]这是一份全职工作，而他需要所有能找到的人手。他向各处散布消息，寻找熟练的印刷工。

但是，军官们却处处跟他对着干。他送去样张时，他们常常让他等上个五六天，逼着他的员工一闲好几天。他要求委派助理时，他们要么忽视他，要么随便找个借口搪塞。

公司军队中一个名叫基利（Keely）的二等兵响应他的要求前来帮忙，希基于是写信给基利的指挥官，要求调走基利。过了一个多月，他都没有收到任何回复。终于收到回复时，指挥官却告知他，基利“不太懂印刷，而且他很喜欢喝酒”。希基确信，这个回复就是个借口。[86]

在所有反对声中，有一个军官的声音最大——托马斯·迪恩·皮尔斯上校，他是公司驻印度炮兵营的指挥官。这份军规将解散炮兵营，让皮尔斯变成光杆司令。这让皮尔斯打定主意要阻止希基。[87]

托马斯·琼斯（Thomas Jones）是个有印刷经验的炮兵，刚刚来到印度。他去希基的印刷办公室帮忙的时候，希基还以为自己找到了一个新助理。但是皮尔斯把琼斯召回了部队。

希基去找皮尔斯，询问琼斯被召回的原因。

皮尔斯说："召回琼斯只是为了军队的利益。"

"那个男人身体不好。"希基说，他承诺皮尔斯，会用两个更健康的男人来换回琼斯。

但皮尔斯毫不动摇。"他不应该再为任何人干印刷了。"皮尔斯说。

希基提到他需要琼斯来帮忙印刷军规，但皮尔斯再次拒绝。

皮尔斯说："我不会抽出任何一个人帮你，除非是为了协助你将库特将军的军规做成冲天火箭。"[88]

怒气冲冲的希基决定暂停印刷，直到库特回到加尔各答。这时，他已经印好了超过 21 734 页军规，并将它们送到了库特的家中。[89]希基向库特的助手讨要剩下的军规，并告诉他，自己将在适当的时候完成这些工作。但库特的助手拒绝了，助手告诉他，如果他不能按期印完，就会违约。[90]

这成了压垮希基的最后一根稻草。他的项目陷入停滞，而在这么多军官的反对声中，他可能永远都完不成了。他暂停了自己的工作，开始思考其他赚钱的出路。他开始想着，自己可以不只做印刷商，而是成为一个为社会提供有用服务的人。

他无法通过印刷新规来改造社会，但他可以通过印刷报纸来做到这一点。

德罗兹的提议

问：奉承巴结最好的方式是什么？

答：去问德罗兹先生。

问：毁掉一个诚实的男人和他家庭的最好方式是什么？

答：去问德罗兹先生。

——詹姆斯·奥古斯都·希基，《希基的孟加拉公报》

1780年11月18日

1780年1月，加尔各答，希基的家[91]

冬天的空气中弥漫着砖窑里飘出的灰色烟雾，三个男人穿过早晨浓重、干燥的雾气，出发了。他们从总督黑斯廷斯华丽的宫殿向东驰骋，经过白人区，绕过褐色的草地和乔林基街上那些富丽堂皇的豪宅，穿过身后蜿蜒的窄巷，进入黑人区。

他们进入柯林迦（Colinga）① 的时候，早晨灰蒙蒙的天气正让位于中午的雾霭。银色的阳光洒在附近许多碧绿的棕榈树上。凉爽的空

① 加尔各答市内的一个区。

气中夹杂着第一缕阳光带来的一丝暖意。

他们很少进入城市的这片区域。这里是没有宏伟庄园和骑马道的加尔各答，没有供夜间的马车驰骋的空间，也没有他们钟爱的绿地步行带和步行街。这里没有纯种狗，没有奢华的水晶晚宴，也没有舞会或舞蹈。

取而代之的是断裂破损的道路，凶狠的野狗和用砖头、茅草、麦秆搭成的房屋。这里拥堵又喧嚣，生活着形形色色的人。这里是个以穆斯林为主的多元化社区，以红灯区和定居在此的阿拉伯商人而闻名。[92]这里也有底层欧洲人。整个社区充满了活力。

他们在一条小巷子里下马，走到一栋不起眼的两层红砖房的门前。里面有个花园，种着五颜六色的果树，有竹林，还有几个水池。

他们走近前门，给里面的男人开出了一个拒绝不了的提议。

希基走出去迎接他们。

他认出了他们，他们都是重要人物。他们的领导叫西蒙·德罗兹（Simeon Droz），他是负责监督印欧所有贸易的贸易委员会的主席，是公司雇员中最重要的一位。[93]在德罗兹的领导下，贸易委员会因腐败和操纵合同臭名远扬，因为他们用假名给自己签合同。在孟加拉的十六年里，因为对黑斯廷斯的忠诚，德罗兹步步高升，担任了许多职务，包括成为巴特那理事会的成员，在那里负责公司的鸦片出口业务，之后又被调到贸易委员会任职。[94]

过去的几天里，希基一直在全城张贴告示。他即将发行一份报纸。这是印度的第一份报纸。事实上，这也是亚洲的第一份报纸。

他发誓，他要给印度的新闻报道带来变革。他的报纸将给加尔各答的每个人提供一个可以阅读资讯的地方。当印度人还在用传统的方式从亲朋好友那里获取新闻的时候，欧洲人已经看了几个世纪的报纸了。但印度人的新闻依赖于欧洲与美国，要在报纸发行数月以后才会由船送达。至于亚洲的新闻，口口相传和朋友的来信是他们获知新闻的唯一途径。有史以来第一次，他们将从一个渠道获取世界各地的新闻。

有了印刷设备，希基便可以快速且低成本地刊印新闻了。他所能达到的规模，是那些必须由人手工抄写数百次的简报无可企及的。他不再需要信使的帮助。因为他，人们将不再需要自己在信中描述事件。如今，人们可以随信附上报纸上的报道片段，而不必再笔叙各大事件了。

他同样承诺，自己的报纸会像社区公告一样，任何人都可以在上面张贴和回应广告。人们不再需要城市中的那些公告板了，他将为他们打印广告，让街头巷尾都能看到。

他的提议恰逢其时。加尔各答从未对新闻有如此强烈的需求。英国人在三个大洲打了四场仗，其敌手分别是美国人、法国人、西班牙人和马拉塔人①。战争打乱了贸易进程，使运送物资变得异常艰险。航运非常危险，所以保险公司打算对往来印欧之间的货物收取高达30%的保险费，而船货抵押借款——为船长提供的一类保险——则高

① 马拉塔人（Maratha）：南印少数民族，主要分布在马哈拉施特拉邦和印度西部。从17世纪中叶开始，他们不断反抗莫卧儿王朝的统治，并在这个过程中建立了一个马拉塔人的独立邦。文中所指的是马拉塔人与英国东印度公司的战争，战争的结果是马拉塔人被东印度公司征服。

达 45%到 50%。[95]因而商人需要知道哪些航道是开放的，而旅者需要知道什么时候出航是安全的。他就可以提供这些信息。

作为印度的第一名新闻工作者，希基可以垄断新闻业并收获众多订户。公司的军队就是他最大的市场，那里有数百名欧洲军官，还有数千名英国步兵。他的报纸能让他们与自己的朋友、家人和战友保持联系。在报纸上，他们可以分享自己的经验；通过报纸，他们能交到朋友。他们的想法和观念可以得到传播和放大，给予他们从未有过的力量与觉知。

希基深知印刷报纸的危险。他早年就在伦敦的印刷业里工作。他曾见过记者因为发表的内容锒铛入狱，像亨利·桑普森·伍德福尔(Henry Sampson Woodfall)，著名的“朱尼厄斯来信”① 的刊登者，就因诽谤国王而被起诉。伍德福尔获得了自由，但其他人就没那么幸运了。英国记者约翰·威尔克斯（John Wilkes）在多年内饱受折磨，因为他刊登了一首色情诗，还写了一篇文章，批评国王在“七年战争”之后与法国达成的和平协议。他因此入狱 22 个月。他的支持者在后来被称为“圣乔治广场大屠杀”② 的事件中遭到枪杀，而他则被流放至法国，最终得以免罪。[96]

而最强烈的警示来自威廉·波尔茨（William Bolts)。波尔茨是一

---

① “朱尼厄斯来信”（Junius letters）指一位笔名为“朱尼厄斯”的作者撰写的一系列批评英王乔治三世和英国政府的信件。1772 年，《大众广告报》(*Public Advertiser*）的所有者和编辑亨利·伍德福尔将其分为两卷出版。

② 1768 年 5 月 10 日，伦敦的抗议群众聚集在关押威尔克斯的监狱附近的圣乔治广场上，遭政府军队开枪镇压。这一事件被称为“圣乔治广场大屠杀”(Massacre of St George's Fields)。

位来自荷兰的公司雇员，他曾试图在加尔各答创办一份报纸，这比希基要早 12 年。波尔茨在理事会大楼的大门上钉了一张告示，他保证说，自己有“许多事情要告诉大家，而这些事情与每个人都息息相关”，他的语词中带着威胁。[97]波尔茨确实有很多事情想说，这与他在公司的一名同事有关。他的妻子为了另一个雇员离开了他，他的私人贸易刚刚被停掉，而他因为一笔 9 万英镑的个人积蓄受到了严厉的责备。但公司没有让这些事情曝光，而是立即将他驱逐出境。[98]直到希基出现，才有了另一个试图创办报纸的人。

与波尔茨不同，希基籍籍无名。他没有人脉、财富，也没有政治动机，无法对公司构成威胁。[99]况且，他承诺会规避那些曾使众多记者惨遭厄运的政党政治消息和丑闻。在他为他的报纸做的提案中，他承诺会“坚守真相与事实”，并承诺不会刊登任何“可能对任何人造成哪怕最轻微的冒犯”的内容。[100]

希基宣称，他将在政党政治的危险岩礁之间，像驾驭一艘船那样运营他的报纸。通过与政治保持距离，他希望能保持自己的独立性。

> 当第一次登上公报的船头，我就决定以轻松的方式航行，在争论的岩礁之间操纵自如，形成我的路线，始终注意着避开这些岩礁，这样我应该永远不需要改变我的航线，也不会逆风航行。
>
> 哪个善良、诚实、勤劳且拥有同理心的人，会成为某个政党的奴隶呢？[101]

但比起将它写下来，他遵守这个远离政治的承诺要困难得多。

几个男人说，他们刚刚与总督沃伦·黑斯廷斯的夫人玛丽安·黑斯廷斯（Marian Hastings）共进早餐。他们告诉希基，她希望能私下与他见一面。

在加尔各答，她对丈夫的影响力是众所周知的。很多公司雇员都发现，通过她是拿到合同最快捷的方式。

那些人暗示说，玛丽安能运用她的影响力，让邮局免费寄送他的报纸。他们还提到，他们的服务是免费的。但希基认为，没有任何帮助会是免费的。

令他担忧的是，他必须通过这些人让玛丽安·黑斯廷斯帮他一个忙。

“我无法想象去做那样的事。我并没有认识她的荣幸。如果我要求她为我做这样的事，她无疑会认为我很无礼。”他说。

但他们很坚持。他们告诉希基，他们已经在明天安排了一场会面。他们靠近他，他们的呼吸变成了耳边低语。

“我们是从她的住处匆匆赶来的。黑斯廷斯夫人对你报纸的成功给予了美好的祝福。”他们说道。[102]

他们的坚持让希基改变了主意。

第二天，他和德罗兹一起去了黑斯廷斯位于贝尔维德雷（Belvedere）的宅邸。他们一同走过修剪整齐的花园、随行的仆人，经过储备饮用水的水池、果树和珍稀植物。他们还经过了两个大到足以容下二十六匹阿拉伯纯种马的马厩和四个能停六辆豪华马车的车库，还有一个私人动物园，里面豢养着狮子、斑马和其他奇珍异兽。

他们走近黑斯廷斯那栋奶白色的豪宅。它的阳台、数不胜数的窗户，还有宏伟的立柱，让它看起来像一栋欧洲王子的宫殿。

相比黑人区，这里的的确确是另一个世界。

希基开始不自在起来，他像一个夜行的小偷，也像一个自私自利的叛徒，没有勇气坚持自己的信仰。

最后一分钟，他突然转过身去，把玛丽安和德罗兹抛之脑后，径直离开了。

之后他说道："我觉得这种私下讨好和奉承的方式实在太狡诈，太怯懦，太鬼鬼祟祟了。"

离开后，他觉得如释重负。

尽管他觉得自己的这种做法冒犯了玛丽安·黑斯廷斯和西蒙·德罗兹，但他打心底认定自己做了正确的事情。

几天后，也就是1780年1月29日那一天，他出版了第一期《希基的孟加拉公报》，这是亚洲的第一份报纸。

难民传教士

祈祷吧，亲爱的先生，想一下，如果你或者英国的其他教士被派往东印度，你们是否会连续 47 年，每年以 50 英镑的薪资从事艰难的工作，还坚守你的职责，完成那些我所完成的业绩。

——约翰·撒迦利亚·基尔南德致

戴维·布朗（David Brown）的信

1788 年 4 月 21 日

1741 年 1 月 18 日，周日上午 8 点整，英国殖民地库达洛尔（Cuddalore）

镇上的钟声敲响的时候，约翰·撒迦利亚·基尔南德教士正准备开始布道。[103]

两千名马拉塔骑兵从南边出现，对这个定居点发动攻击。

刹那间，镇上炮声大作，如雷鸣一般，炮弹呼啸着在空中穿梭。英国人训练有素地沿墙向上开火，他们的子弹铺天盖地地落下，如同火中的热铁一般。

马拉塔人转向另一边，重新整编集结，再一次进攻，又再一次被击退。接着，他们袭击了镇外的村庄，杀死和抓捕任何躲在家中未及逃跑的村民。

英国人维持了镇子里的秩序，然而谣言不胫而走。还会有更多骑兵吗？他们会再来吗？他们什么时候会发动攻击？

五天后，马拉塔人回到了这里。又一次，英国人击退了他们的进攻。一些被抓的村民逃出生天，到镇中避难，卖掉身上的一切来购买食物。这座小镇变成了那些逃离战争之人的难民营。

那天夜里，基尔南德远远地看着那些袭击者在两英里①外扎营，燃起大火焚烧他们自己人的尸体。不安如同火焰，每时每刻都在这座小镇中蔓延。大家都认为他们会卷土重来。

但是第二天早晨，他们骑马离开了。基尔南德庆祝了一番，感谢了上帝。

尽管库达洛尔幸免于难，但对基尔南德来说，好日子从不长久。1740—1757 年，他每年都经历了战争。首先，是马拉塔骑兵谋求在全印度境内建立一个帝国；然后是法国人与英国人无休止的战争。战争阻断了为他送来薪水的船只，逼着他连续数月过着身无分文和节衣缩食的生活。[104]食物出现了短缺。“马拉塔人两次牵走了我的奶牛［大多数时候，他吃的是奶制品］，这看似微不足道，却对我这个可怜人产生了巨大的影响。”他随后写道。[105]

他进入了一个混乱的世界。这是一个传教士的世界。

1711 年，他出生于瑞典的一个名门望族。他的祖先都是神职人员，他的两位叔叔是瑞典军队里的上校。尽管身份地位不俗，他却仍

---

① 约合 3.2 千米。

要面对个人的逆境。他在大学里被人欺负，那里的高年级学生曾将他撵得像狗一样在乌普萨拉街头逃窜。[106]

之后因为经济的原因，他伪造银行票据以资助自己的学业。结果他被抓了，不过他的朋友将他保释了出来。于是他流亡到德国。在路上，他遭到了抢劫，最终他在德国哈雷的一个镇子里遇到了弗兰克基金会的教授们。这个机构是一家基督教路德宗的教育基金会。在那儿，他学会了德语，并宣誓将自己献给基督教。1739 年，他接受了一项任命，去印度成为一名传教士。[107]

拿着父母涕泪交加的家书，他坐船前往英格兰，去拜访基督教知识促进会。那个机构将会支付他薪水，并把他送去印度。[108]他在第二年抵达库达洛尔。[109]

他怀着无尽的热忱度过了最初几年。他比身边所有的传教士都更明白，赢得灵魂的唯一途径是理解周遭的人们。在家庭教师和书本的帮助下，他学会了当地的泰米尔语，还学会了些技术，比如使用印刷机，用于在镇上和村里分发基督教文本。[110]

他和他的高级传教士一同去挨家挨户地敲门，用泰米尔语向他们解释，基督教是唯一真正的宗教。[111]与此同时，他拦截了一队扛着木料参加印度教庆典的人。他阻止了他们，并告诉他们，他们的神是虚弱无力的，因为他们的神需要被扛着，而他的基督教上帝从不需要被扛着，祂是全能的。[112]

他对其中一个皈依者最为自豪。他给这个人施洗，并给他赐名以撒（Isaac）。以撒就住在他的布道所里。1745 年的一天晚上，以撒的父亲兰甘（Rangan），还有以撒村庄里大概 300 个人过来要带走以撒。

他们吼叫道："把兰甘的孩子给我们！宣布他的洗礼无效！"

"无论生死，以撒都将是一名基督徒。你们也应当成为基督徒。"基尔南德用泰米尔语平静地告诉他们。他很高兴能有机会在规模如此庞大的人群中布道。

愤怒的众人去见镇长，却被告知以撒是自愿改变信仰的。只有以撒可以决定是否回归印度教。

人群在第二周返回基尔南德的住所。[113]他们威胁道，如果他不释放以撒，他们将离开库达洛尔。

"归还以撒，不然我们所有种姓的人都会离开这座镇子。"

基尔南德很高兴能再次见到他们。

"他想来就能来。你们有考虑过我告诉你们的有关上帝的事儿吗？"

"我们不想听你布道。我们有自己的祭司。"他们说。

他利用这个机会给他们上了一课。

"如果你们不愿意倾听真正的神，那么你们就算白来了。你们的祭司对祂一无所知。"

大部分人离开了，但还有一些人留下听他布道。结束那次对话时，他对基督教的力量，以及自己使人皈依的能力深信不疑。[114]他相信，自己就是那个要将印度带出黑暗的人，但他的信仰开始受到了挑战。

与其他传教士一样，他在贱民和低种姓的百姓中获得了一些成果，但在婆罗门——最高种姓的人们——中间一无所获，他们一旦皈依，就会失去自己的种姓和社会地位。[115]而他的基督徒同伴则让他的努力难上加难。他要和天主教会竞争，而且印度人也常常会告诉他，他们喜欢基督教教义，但不喜欢他们看到的基督徒。他们说："我们看到，很多你们欧洲的基督徒并没有遵照你的良规生活。"[116]

几年下来，他们的话让他对自己的信仰产生了怀疑。他开始思考，一个人之所以是好人，不是因为宗教，而是因为其内在的道德。"我认识一些在我之前的人，他们都是道德高尚的人，他们实际上要比许多老牌的基督徒活得更好。"他写道。[117]他认为，也许只要一个人是个好人，就无所谓这个人是不是基督徒了。他的质疑将他引向了一片危险的区域。

他开始摒弃某些从他哈雷的教授们那里学来的路德宗信条。因为在库达洛尔的英语区中生活日久，他的英语得到了提升，他开始宣讲安立甘宗教义，而非路德宗教义。[118]他的传教士同伴认为他背弃了他们的信仰。他甚至与一位信仰安立甘宗的女子结了婚，解释说与自己宗教外的人结婚并不成问题。因为他的妻子非常年轻，所以他可以教导她。他写道："我娶她的时候，她才 14 岁零 10 个月大。因此她可能比那些年纪大些的人更为驯顺。"[119]

他的成功也因为与传教士同伴之间日渐激烈的冲突而打了折扣。他与更资深的同事之间的关系日益恶化。他们指责他宣讲安立甘宗教义的时候，他就指责他们对基督教文本的翻译，说他们与时代脱节。

据说，他对他们说："人们就该把旧书扔到火里去。"[120]

在这些争执中，他发现自己在库达洛尔形单影只。他的高级传教士约翰·盖斯特（Johann Geister）愈来愈受到抑郁和精神疾病的困扰，于1747年离开了库达洛尔。[121]他个人的悲剧也在随后的数年间接踵而来，不断地打击着他。他的三个女儿死于1749年，而他的妻子在生下一个儿子后也去世了。他于1751年再婚，但他的儿子在两年后去世，留下了无儿无女的他。[122]

但宗教上的争议并不是最让他受打击的事情。他每年有50英镑的薪水，但即使薪水到手，也只够他活下去，无法让他完成自己的传教任务。单凭说教是无法让人皈依的。他需要用宏伟之物让人们印象深刻。他需要证明，基督教是属于上流社会的、高种姓的宗教。

他开始购买货物，销售给本地人，并且帮助公司购买大量的瑞典生铁。[123]很快，他的乡村生意就超过了生存所需，开始盈利了。他重新装修了自己的教堂，没过多久，这座教堂就因富丽堂皇而声名在外了。[124]他的生意使他在传教士圈子里变得声名狼藉。其他传教士抱怨说，他应当专注于让灵魂皈依，而不参与金钱交易。有两位传教士甚至尝试说服他放弃他的生意。[125]

不过，这些冲突最后都不了了之了。

战争又一次酝酿成形。

七年战争①的硝烟从欧洲弥漫而来。英法两国为了争夺前往印度的贸易路线的支配权，给南亚次大陆的这片土地带来了毁灭性的打击。法国军队逼近时，英国人和印度人都放弃了这座镇子，只剩基尔南德

① 指1756—1763年的英法七年战争，这是英国和法国为了争夺殖民地和海上霸权而引发的全球性战争。这场战争之后，英国获得了法国在北美、印度和菲律宾的殖民地，成为全球霸主。

孤身一人，看上去就像废墟中的一个鬼魂。[126]他在自己的日记中进行了记录：

> 1757年9月：本月18日法国军队在本地治里（Pondicherry）全速行军的消息传来，每个人都认为他们会到这里，攻占这个地方。整个镇子陷入了混乱之中。马拉巴人像疯子一般来回奔跑，英国男人们将自己的家眷送到特兰奎巴（Tranquebar）。两个小时之内，这个地方几乎全空了，大部分居民都已离开了这里。

然而，法国人延缓了他们的进攻，生活又回归到原来的样子。[127]但他没能安心多久。法国人在次年攻打了库达洛尔。尽管他苦苦哀求，但身为天主教徒的法国指挥官还是告诉他，他必须离开。作为一名新教的传教士，他是不受欢迎的。他们拿走了一切。“那些军官们分掉了［我的］衬衫和长袜”[128]，只给他留下了“身上的一件衬衫”[129]。他和他如今已怀孕的第二任妻子逃到附近特兰奎巴的定居点。他们在那里过了六个月一贫如洗的生活，直到他们遇见了一个人，那个人允诺会免费带他们前往孟加拉。[130]

在孟加拉，他又有了希望。在孟加拉，他将会再一次建造起前所未有的最雄伟恢宏的教堂。他想，孟加拉会成为印度基督教的未来，他只需要用金钱来实现这一切。他的这种不惜一切代价扩建教堂的渴望，之后让他成了詹姆斯·奥古斯都·希基批评的对象。

与世界交易

在上帝仁慈的帮助下，我下了决心，只要温热的血液还在我的血管里流淌，我就要坚守我的岗位，决不放弃。

——约翰·撒迦利亚·基尔南德致弗里德里希·威廉·帕舍（Friedrich Wilhelm Pasche）的信

1784 年 12 月 10 日[131]

1758 年 9 月 29 日，周五，加尔各答[132]

基尔南德抵达孟加拉的时候，身上只有几百卢比和穿在身上的衣服。[133]

但好运与恩惠伴随着他。他在加尔各答重建了在库达洛尔失去的一切。在公司的帮助下，他找到了一处布道的场所。孟加拉的省督罗伯特·克莱武（Robert Clive）邀请他到加尔各答。克莱武将葡萄牙天主教徒从他们的小礼拜堂驱逐了出去，然后将礼拜堂给了基尔南德。基尔南德组建了一所学校，出门教孩子们念书，还聘请了一名传教员、四名教师和一位校长。[134]

他忙得团团转。“在最初的 12 年里，我在学校从早上 7 点坐到 11

点，又从下午2点坐到5点，”之后他写道，“我事事亲力亲为。即使岁数允许，我也没时间学习孟加拉语。”[135]他的学校因为多样化而十分成功。到了1759年时，他已经招收了174名亚美尼亚、英国、法国和孟加拉本地的儿童作为学生。次年，他有了231名学生。[136]

他努力工作，希望能从无到有培养出一群教众。他的助手们要么生病了，要么去世了，而他却坚持了下来，在他们不能工作的时候介入其中。他使天主教徒、高低种姓的印度教徒，甚至还有一名犹太教徒都皈依了新教。他最成功的工作之一，就是说服了两名耶稣会修士放弃天主教信仰，加入他的教会。因为辛勤的工作，他的会众数量增长了。[137]

他还要与一群更关心对财富的信仰（religion of riches），而不是宗教的财富（riches of religion）的欧洲人抗争。公司的雇员对聆听福音兴趣不大，更别说去教堂了。加尔各答的第一座教堂——圣安妮教堂（St Anne’s）在前一场战争中毁于一旦，而公司还没费心去建一所新教堂。唯一能做祷告的英国的地盘是基尔南德的小礼拜堂和堡垒里一条又小又黑的走廊。[138]虔诚的信徒寥寥无几。

基尔南德开始感觉到他长年累月工作产生的影响了。他日趋衰老，不能永远管理自己的教会。悲剧总与他如影随形，让他疲惫不堪。他的第二任妻子死于1761年的一场霍乱疫情中，他也差点死掉。他仍旧没有自己的校舍和教堂。“我在这儿遇到了各种各样的麻烦，”他写道，“我们还是没有房屋，没有学校，没有教堂。我要变成谁，才能解决所有这些问题！”[139]他明白，这种状况不能再持续下去了。他不想让自己的余生都在一贫如洗中度过。这种境况必须被改变。

改变随着一场婚姻而来。他再婚了，娶了一位富有的英国寡妇。与此同时，他收到了一笔来自瑞典的钱，是他的兄弟在遗嘱里留给他的。这笔新的收入让他能将自己的儿子罗伯特（Robert）送去欧洲读书。他也有能力再次考虑自己的那些梦想。[140]他即将成为孟加拉最富裕的人之一。因为财富会带来财富，而他终于拥有了财富。现在他可以考虑建造他所渴望的传教所①了。

他的梦想几乎近在咫尺。

英国的胜利打通了北印度内地与欧洲的贸易。加尔各答，这个公司通往孟加拉的门户城市，正在成为亚洲最大、最繁荣的英治城市。随着英国人前来寻求发迹的机会，一股不可思议的房地产热潮兴起了。对于有手段发掘财富的人来说，财富唾手可得。而手段，正是他现在所具备的。

就在这波对房产的巨大需求中，他打开了缺口。他开始设计、建造房屋，把它们租给新来的人。他看到了赚钱的机遇。每赚得一卢比，就意味着建造教堂的资金又多了一卢比。有了足够的资金以后，他希望建造印度最雄伟、最辉煌的教堂。

但在开始之前，他还有最后一个障碍要跨越。他知道，作为一名传教士，向贪婪折腰对他来说会是个问题。刚成为一名传教士时，他就立下过拒绝与世界交易的誓言，而且也曾因为自己的私人交易受过一次惩罚。他的首要职责是使灵魂皈依，而不是逐利。

---

① 传教所（Mission）指包括教堂、教会学校、住宅等多种建筑在内的服务于传教目的的社区。

多年以来，他都在尝试远离诱惑。但是最终，他再不能抵御诱惑了。他明白，他需要工资之外的其他收入来维持生活。他写道："经验完全说服了我，每年 50 英镑根本不足以养活我自己和传教所。"[141] 他又问道："在此种境况之下，运用我自身的劳动与勤奋难道是不合法的?"[142]他在南印多年的经验已经让他意识到他只能依靠自己。只有他有能力让自己的传教所获得成功。

大量思索与祈祷之后，他想到了一个解决办法。他意识到，《圣经》中的使徒与祖先既为上帝工作，也为金钱工作。如果他们可以获利，那么他也可以。族长亚伯拉罕是一名地主和农民，而使徒保罗从事体力劳动。他认为这些人和自己没什么区别。他也是一名铸造信仰的人，是他把基督教带到了孟加拉。只要他赚到的钱是投入他的传教事业中去的，他就觉得没什么问题。

> 各种各样的诱惑向我袭来，而我仍在与所有人的冲突中坚持多年……审判自己，与自己产生了冲突。我忍耐着，向上帝祷告，祈祷祂向我显示祂的旨意是什么。最后我明白了，亚伯拉罕种植树林，扬主之名。我看到了，这两者可以并存。还有使徒保罗靠自己的双手工作，使他能养活自己。[143]

如果《圣经》中的使徒与祖先可以在为上帝工作的同时创造利润，那么这就是行得通的。因而他解决了自己面临的诱惑的问题。只要金钱对传教所有益，那么它就不再是需要避开的罪恶，而是值得追求之物。

十年间，他成了这座城市主要的建筑承包商之一。他接手的最大工程之一是为公司建造军队医院。这是加尔各答的第一家医院，它是一座巨大的建筑，拥有许多楼层和辅楼。[144]为了监督工程进展，他搬进了工地上的一个房间里。对他来说，只要目的正当，可以不择手段。为了监督施工，他离开自己的教会数月，但这不重要。即使他离开了自己的信众，他赚得的所有钱财最终都会用于他的传教所。

他的工作困难重重。先是他的建筑师去世了，然后一场大饥荒席卷而来。这场饥荒相当严重，印度教徒无暇焚烧他们教友的尸体，穆斯林也同样如此。他们把死者直接抛入恒河中，或者就让尸体在原地腐烂。那些从乡村里出来的人们看起来像一具具行尸走肉，拼命找寻食物和工作。他像一名旁观者那样看着这场日益严重的灾难，却对流离失所的人无能为力。他写道："只要这一代的人还记得，那么那一年的孟加拉就会被记住……那些掌握充足信息的人计算出死亡人数在1 400万以上，而其他人则认为死亡人数应该更多。加尔各答的街头和马路上每天都布满了死尸。"[145]

在饥荒发生的同时，建筑熟练工供不应求，这让他的问题更加复杂。公司急于建成自己的新堡垒，公司的中介人在全国四处搜寻工人，将他们带到加尔各答，不论他们是否愿意。[146]他们找不到足够的劳力时，就强迫他的工人也去参加工作，使他的工作陷入了瘫痪。

更糟的是，尽管公司答应为他提供建造医院所需的砖块，但在建造堡垒的时候几乎用光了加尔各答的全部供货，使他无法继续施工了。他抱怨道："我要么在用不上砖瓦工时照常给他们发工资，要么解雇他们，而他们就会去做其他的工作，等我需要他们的时候，再让他们回来就太困难了。”[147]

为了在最后期限之前建成医院，他不得不牺牲了教堂的工作。他从自己的教堂里搬出了 11 000 多千克重的砖，转移到医院这边。[148]这耽搁的时间意味着他错过了最后期限，而公司立即就需要这所医院救治生病的士兵，于是命令他在附近自己的平房里完成整个工程的监督工作。[149]

他将利润而不是布道放在了首位。他认为，只要钱财最终用在他的传教所上，那就没什么问题。他一建成医院，就把从中赚得的钱和其他项目赚来的钱都用来建造他梦想中的传教所。起先，他计划在教堂上面花费三万卢比，但最终他更改了计划，要把它建得规模更大，更宏伟，更令人一见难忘。1771 年教堂竣工的时候，他已经在上面花了六万卢比。[150]他主要用自己的钱建起了教堂，所以只有他才能拥有它。这座教堂就是他的，而不是别人的。

长 150 英尺①，宽 40 英尺②，红砖墙搭配爱奥尼亚式立柱，还有精美绝伦的石雕让它成了一栋壮丽宏伟的建筑。它是加尔各答仅有的几栋拥有玻璃窗的建筑之一。宽敞巨大的阶梯、花园以及铁艺大门构成了一个美丽的入口。他希望它能成为社会的中心，就像它坐落在城市的中心一样。[151]

但他的教堂在完工之前就已经有敌人了。他那些在加尔各答城外的传教士同伴相信，他能建起这样一座美轮美奂的教堂，唯一的原因

---

① 约合 45.7 米。
② 约合 12.2 米。

是他又插手了世俗事务。他在哈雷的教授们被它的富丽堂皇与造价震惊了。[152]

而他在加尔各答城内面临的敌意更甚。一个人告诉他，它的平顶结构让它看起来并不牢靠："第一阵西北风将会把屋顶吹翻……然后把它碾成碎片。"另一个人则轻蔑地笑称："这个讲道台没有地基支撑，你第一次登台布道的时候它就会垮掉，然后你也完了。"这个笑话嘲笑基尔南德超重，会导致讲台垮塌。[153]除了这些羞辱以外，加尔各答人还说，与公司被纳瓦布军队破坏的圣安妮教堂相比，这就是个糟糕的替代品。[154]一个人建起来的教堂永远无法比一家公司建起来的教堂更加恢宏壮丽，因为公司的教堂背后有财政的支撑。

接下来的十多年间，他在他的布道所上花的费用高达 10 万卢比。[155]当他的第三任妻子于 1772 年去世（可能死于乳腺癌）以后，他利用她的财富进一步建造他的布道所。他卖掉了她的珠宝，建起了一所能容纳 200 名孩童的学校。然后他建造了一所新的房屋，他和教师、寄宿生可以住在那里。他为自己在距离教堂半小时路程的一个安静的街区建了一所房子，还在城市南郊建了个平房。[156]他失去了妻子，但他进入了社会。他有了一座宏伟的教堂，一所学校，几处宅邸，还有舒适的生活。他甚至还有了两个奴隶。[157]他已经建成了他梦想中的传教所。

他甚至涉足了印刷业。当他得知监狱里有个名叫詹姆斯·奥古斯都·希基的人开始经营印刷生意以后，他找到了希基，让他印刷历书，也就是那种记有重要日期和天文数据的年历。1777 年，他给了希基一份样张草稿，询问希基印刷这些要花多少钱。希基说，印刷一本的价格是一卢比——这与基尔南德在特兰奎巴支付给传教士印刷历书的总价相同。他认为报价太高了。

不久之后，他的儿子罗伯特购买了一台印刷机，开始在布道所里印刷历书。但希基复印了他的历书并在市场上售卖，基尔南德被这种行为激怒了。为了报复希基，他开始免费赠送他的历书。[158]

那种基尔南德曾认为自己征服了的贪欲，又回来袭扰他了。

他的传教所不可能永远由他管理。他年事已高，于是要求找一位传教士来替代他。他给促进会的信中写道："我可以把我的信众交于谁来管理？因为一想到自己生命无常，我就十分忧郁。"[159]他下定决心要寻找一名接班人，只要有人愿意加入，他就会承担这个人相关的成本。[160]

他将接收一名新的传教士。而他永远无法想象接下来会发生什么。

我棺材上的一根钉

特别是你的一位同事［基尔南德］，他在基督教的争战①中饱经历练，他不间断地劳作而几乎力竭，而他仍怀有一颗乐观而勇敢的心……因此你们要像爱戴父亲一样爱戴他，像聆听老师一样聆听他的教诲，像仰望榜样一样仰望他。

——弗兰克基金会理事长戈特利布·阿纳斯塔修斯·弗赖林豪森（Gottlieb Anastasius Freylinghausen）

致约翰·克里斯蒂安·迪莫的信

1773 年 11 月 27 日[161]

1779 年 11 月，加尔各答，传教所[162]

约翰·克里斯蒂安·迪莫（Johann Christian Diemer）坐着，用他长长的烟斗抽着烟。就算是在最长的噩梦里，他也从未梦到过像加尔各答这样的地方。与他法德边境上气候凉爽的家乡相比，这座城市的

① 指属灵争战（spiritual warfare），这是基督教中的一种信仰观念，指信徒在精神层面上与邪恶势力的斗争。

炎热简直让人无法忍受。它大而糜烂，而他的家乡则小而精致。和基尔南德一样，他曾在哈雷接受教育。在来印度之前，他也去过伦敦，拜访过促进会。他也是来印度争取灵魂，使异教徒皈依的。他也曾有过伟大的梦想。

不过，他本以为会有一个为他准备好的传教团，但他发现完全不是这样。工作很艰辛，而仆从数量很少。[163]

从一开始，就几乎没有任何事情是照着计划走的。他本以为自己可以免费住在基尔南德的传教所里。结果他发现，它正在维修，过几年他才能住进去。他没什么钱。他的薪水是 50 英镑，还有基尔南德额外给他的 100 英镑，几乎一分不剩地用来交房租了。他曾试着跟一位家庭教师学习孟加拉语，但是在学了字母表以后就放弃了，因为他发现这门语言实在太难。不过，他的确学会了英语，至少足以用来写作和交流。

他一连几个月都不工作，常常离开加尔各答，前往附近的荷属殖民地钦苏拉（Chinsurah）旅游。在加尔各答的时候，他会花上好几天时间独自弹奏教堂里的管风琴。他感到郁闷而绝望，十分沮丧。[164]

他很快就病了，染上了肺结核，咳出的痰中带着血，几个月来都徘徊在死亡边缘。他在加尔各答以外花了大量时间试着康复，但病情还是持续恶化。到了 1776 年 10 月，他觉得自己快要死了。[165]

12 月，他决定回家。这是最终的决定。他将自己全部的目标和梦想抛诸脑后，离开传教所来挽救自己。“我谦卑地祈求离开，返回欧洲，”他用英文给促进会写信，“我必须离开加尔各答到海边去，因为他［我的医生］十分担心，如果再不走我的病症很快就会复发，变成肺痨。”[166]

1 月，他订了一艘丹麦轮船的船票，沿着胡格利河一路向下，准备永远离开孟加拉。他的船到达了河口，正要离开引航船。

但在最后一刻他改变了主意。他跳上引航船重返加尔各答，准备再给这份工作一次机会。[167]但因为他之前已经决定离开，所以基尔南德拿走了他 100 英镑的年薪作为惩罚。[168]

他的身体慢慢地好转。他的肺结核消失了。虽然基尔南德已经拿走了他的薪水，但他还是再次承诺会在传教所中恪尽职守，并且会承担更多责任。基尔南德开始向他移交工作，首先是让他管理传教所的账本，因为基尔南德的视力太差了。[169]

但是，本应充满希望的重新开始却成了沮丧，继而转为失望，失望又变成了幻灭。迪莫在账本中看到的内容让他十分惊讶。他听说许多人在去世后把他们的财产作为“遗赠”捐给了传教所。他听镇子上的人说起，传教所曾收到过一笔来自约翰·格里芬船长（Captain John Griffin）的大额遗产。他是东印度商船的一位著名船长，曾在印欧之间进行私人交易和走私，获取了巨额利润。1770 年去世后，他全部的财产都被遗赠给了传教所。[170]但是迪莫在账本里却没有看到这笔捐款。

相反，他只看到两笔很小的遗赠，数额之小几乎不值一提。他好奇，所有这些遗赠都去了哪里。格里芬的遗赠在哪里？

他开始怀疑，基尔南德暗地里把格里芬的遗赠装进了自家腰包。一个传教士靠私人交易或者承包工程赚钱是一码事，但如果基尔南德靠挪用公款致富，那就完全是另一码事了。

有一天，他走近基尔南德。

他用浓重的德国口音问道：“捐给教堂的遗赠，除了玛丽·汉德尔（Mary Handel）女士和爱德华·萨顿（Edward Sutton）先生那两笔不起眼的小钱以外，没有其他的了吗?”

“没有了。”基尔南德回答道。

“格里芬船长那笔大额遗赠呢?”

“遗产没有多少，教会也不指望这笔钱。”基尔南德说道。

迪莫轻蔑地笑了。

“这真是让人难以置信。除了基本工资之外，还有哪些从欧洲来的年度汇款?”

“查看每个月的收据你会发现，我们再无进项。教会的所有支出都是有充分依据的。”基尔南德说。

迪莫又笑了起来。他静静地将账本放到一边。有些可疑，他知道的。[171]

到了 1777 年 3 月，基尔南德为了弥合他与迪莫之间的分歧，试着让迪莫负责管理教会学校。这所学校是教会最成功的事业之一。从这里获得的收入相当丰厚，经常被用来补贴教会的其他花销。通常，学校每年会教授 150 名寄宿生和走读生。有些人的学费是自己支付的，而另一些人的学费则由慈善机构和有钱人支付。[172]

由公司牧师管理的小镇慈善机构是学校最重要的赞助商。它承担了 20 名贫困儿童在传教所吃饭、穿衣、居住和接受教育的费用。他们被称作“慈善机构的孩子”，用于支付他们花销的基金被称作“孤儿基金”。孤儿基金也用于支付照顾儿童的人的薪水，这个人被称作

“主管”。现在，这个人就是迪莫了。[173]

虽然教会学校办得很成功，但仍困难重重。基尔南德付给教师们的工资十分微薄，每个月仅 60 卢比。教师们常常辞职，因为他们可以在别处找到工资更高的工作，比如成为公司的文员，每个月可以拿到 100—300 卢比的薪水，而且人们觉得这比当教师要容易得多。[174]

基尔南德承认自己为了省钱有税务欺诈的行为，但他希望没人会质疑他作为一名受人尊敬的圣人的地位。他告诉最高理事会，他已经将他的传教所的所有权转交给了促进会，因此作为一个公共宗教机构，它是可以免税的。“我已经将近期我在加尔各答建起来的教堂、学校、传教所里的房子，连同那片墓地一起交给了可敬的基督教知识促进会，”他写道，“我谦卑地请求您免除这些公共建筑和土地今后所有的税款或租金。”[175]理事会相信了他的说法。但至于他是否真正将传教所的所有权交给了促进会，他们从未进行过审核。事实上，他从未转交过所有权，他依然私自保有他的传教所。他的欺诈行为从未被人发现。[176]

得到学校的管理权后，迪莫去找公司的牧师，让他们把孤儿基金的薪水转交给自己，因为自己已经是学校的主管了。1778 年 1 月，牧师们正式承认迪莫为主管，并付给他每月 100 卢比的薪水。[177]

但是，当基尔南德得知薪水已经被转交给迪莫之后，他要求迪莫将薪水连同学校的所有收入都一并存入教会的公共账户。基尔南德还要求迪莫从这个账户里提出钱来，支付一名新来的传教士的工资。

迪莫勃然大怒。这么做代价非常大，他不得不让一名教师离开。“你让我陷入绝境，”他说，[178]“我以为我发现了赚些钱的门路，但你却堵死了这条路。你这是在我的棺材上钉了根钉子。”[179]

他怒气冲冲地站起来。“三到四个月内，我会把这所学校和这座房子一块儿搬走。”他威胁道。

但最终，他还是同意了一项协议。他会每月付给基尔南德 136 卢比，还会支付另一名传教士的薪水。但是他能保留学校的其他收入。

迪莫对这份协议并不满意，但为了和平只能接受。他写信给促进会说：“出于和平共处的考虑，我同意了。”[180]

接下来的数月里，迪莫又病了。他肺结核复发，开始咯血。[181]他第二次做了最终的选择，决定离开加尔各答。1779 年 11 月，他前往南非开普敦养病。他没有告诉基尔南德，就把学校交给了公司的一位牧师。他还把自己的妻儿都留在了传教所的房子里。[182]

他希望，等自己回来的时候，一切都还是他记忆中的模样。

一个公司的雇员

你已经对整个系统很了解了。我希望……在印度建立起来这个系统，也就是说将英国的影响力扩展到印度的每一寸土地上。

——沃伦·黑斯廷斯致亚历山大·埃利奥特
(Alexander Elliot) 的信
1777 年 1 月 12 日[183]

1750 年 10 月 8 日，周三，加尔各答

对沃伦·黑斯廷斯来说，公司就是一切。他起航前往加尔各答的时候，只有十七岁。他的母亲在生他的时候就去世了，他年幼时，父亲也抛弃了他。他的祖父将他送到了一家慈善学校，在那里他常常饿肚子。就连他唯一一次向上爬的机会也转瞬即逝。他曾在著名的威斯敏斯特公学短暂就读——身边围绕着英国未来的诗人、哲学家和首相，但他的叔叔去世后，资助他接受教育的资金枯竭，他在那里的学习也就不得不中断了。他被托付给一个远房亲戚照顾，那个亲戚送他去了一所会计学校，准备让他为公司服务。[184]

公司将会成为他的未来和他的家。他将有机会摆脱童年时期的困

境，也将获得一份从未有过的安定生活。

他抵达加尔各答的时候是一名文员，是公司职位最低的员工。他管理账本，并学习乌尔都语和波斯语。他十分害羞、拘谨，于是在酒里兑了水，早早地离开了宴会，而没有参加加尔各答的通宵狂欢。两年后他升职了，被调去了一家省级工厂，监督公司的纺织业务。又过了两年，他升职进入了工厂的董事会。[185]他似乎注定要在公司中升迁。但是他的升职是短暂的。

1756 年，孟加拉的纳瓦布入侵，包围和劫掠了公司几乎所有的工厂，包括加尔各答的工厂。纳瓦布囚禁了加尔各答剩下的英国人，把他们关在了威廉堡的一个小地牢里。据称，一夜之后，146 名囚犯中有 123 人死于炎热、疲累和窒息。那个囚室如此狭小，以至于这个“黑洞”① 几个世纪以来都深深地烙在英国人的脑海之中。

黑斯廷斯一路北上，从这一恐怖的事件中脱身。“我成了囚犯，”他写道，“但我被允许自由行动。”纳瓦布对他很客气。在宽松的监禁下，他逃到了一座欧洲难民聚集的岛屿上。[186]在那里，他遇到了他未来的妻子，一位“黑洞事件”遇难者的遗孀。他们结了婚，生了两个孩子。但他的家庭生活也不长久，他的妻子和女儿后来都死了。他将希望寄托在自己的儿子身上，将儿子送去了英国的寄宿学校。[187]

第二年，黑斯廷斯参加了英国的反击战。在后来成为孟加拉总督的罗伯特·克莱武的率领下，英国人夺回了加尔各答，并向纳瓦布的首都进军。克莱武贿赂了纳瓦布的最高统帅米尔·贾法尔（Mir

① 此事件被称作“加尔各答黑洞事件”。

Jafar)，他向对方承诺，如果英国人获胜，就立对方为纳瓦布。孟加拉的中间人阿米尔·钱德（Amir Chand）告诉克莱武，他想要300万卢比和5%的战利品来促成此次背叛，而克莱武担心损失掉这项交易的利润，于是起草了两份合同，一份正式的，一份假的，用来糊弄阿米尔·钱德。克莱武甚至伪造了一名指挥官同僚的签名用来欺骗钱德，骗取他期望的财富。[188]

对他的支持者而言，克莱武的诈术堪称马基雅维里政治的最高成就；而对他的反对者来说，这坐实了他两面派阴谋家的恶名。克莱武成了公司统治的虚伪性的代表，在这里，英国人造假是可以被接受的，但被统治者造假却不能被接受。许多人都说，英国的统治并非基于权利，而仅仅基于权力。

背叛行动得到了巩固，公司在战争中摧毁了纳瓦布的军队。克莱武遵守诺言，将纳瓦布废黜，扶持米尔·贾法尔登基。克莱武和他的同伙利用战争大发横财，拿走了大约120万英镑的战利品和礼物。克莱武本人拿走了160万卢比的战利品，还得到了“扎吉尔”（jagir），即一大块私人封地，每年能带给他2.7万英镑的收入。[189]靠着这些礼物，克莱武回到英国后被尊为战争英雄，他十分富有，还买下了一个议会的席位。

但公司的阴谋并未结束。下一任总督怀疑米尔·贾法尔密谋推翻英国人的统治，又将他废黜了。① 公司的领导又一次满载沉甸甸的赏

① 米尔·贾法尔曾试图与荷兰东印度公司结盟，从而摆脱英国东印度公司的控制。1759年11月，英国在钦苏拉战役中战胜了荷兰，之后贾法尔被废黜。

金扬长而去，带走了将近930万卢比的礼物。[190]

与他的前任一样，新任纳瓦布米尔·卡西姆（Mir Qasim）① 也对英国人疑虑重重。他征召了一支军队，又将自己的首都迁到了一个更安全的地方。米尔·卡西姆抱怨公司雇员拒绝为他们的贸易交税，但公司的商人们宣称，卡西姆没有权力管理他们，拒绝了他的交税命令。[191]

黑斯廷斯支持了米尔·卡西姆。不过黑斯廷斯与他的众多同僚之间存有分歧。他认为，公司的雇员无权偷税漏税。他还提出了一个解决方案，让印度人与欧洲人之间的贸易变得公平。[192]1762年12月，他和省督会见了米尔·卡西姆，并制订了一项“九点计划”以制止贸易滥用。他在议会中为这项计划游说，告诉其他的议会成员，如果他们遵守法制，贸易与利润就会增长，他们会获得所有人的尊敬。但是，如果他们继续滥用制度，他们会受到仇视、不被信任，他们的声望在印度人眼中就会下降。

> 如果我们的人不把自己变成这个国家的领主和压迫者，而是进行诚实、公平的贸易，那么他们将在所有地方受到礼遇和尊重，英国人的名字也不会是一种耻辱，而会受到普遍的尊敬；国家将从我们的商业贸易中获得好处，英国人的权力不会成为恐吓可怜的居民、使他们屈服于伤害与压迫的洪水猛兽，而将被他们

① 米尔·卡西姆是米尔·贾法尔的女婿。1760年，在东印度公司的支持下，卡西姆取代贾法尔，成为新任纳瓦布。

视为最好的祝福与保障。[193]

但是议会中的许多人都受益于他们的贸易优势，因此议会否决了这项计划。[194]

三个月后，卡西姆与北印度两个最强大的国家——莫卧儿帝国和阿瓦德王国结盟，发动了战争。[195]但这场战争并不持久。如今的莫卧儿帝国不过是自身过去的一道影子。在软弱的统治者的领导下和外国入侵①的困扰下，它分崩成了诸多邦国。公司很快就击败了联合军队。

由此产生的条约——克莱武也参与了谈判——甚至比前一个更加屈辱。公司接管了孟加拉王国，将阿瓦德王国变成了自己的附庸。公司获得了67.5万英镑的战争赔款，而公司雇员个人据说也掠夺了多达53万英镑的财富。顷刻之间，公司征服了它的对手，成了印度最有权势的“国家”之一。[196]

这些战役标志着印度历史上的一个转折点。一向注重贸易胜于领地的公司，变成了一个主要的权力主体。欧洲主导的格局随之而来。公司巩固了自己的垄断地位，完全控制了重要的盐业贸易，此后盐价暴涨了200%。[197]某些欧洲人利用公司的职位来充实自己的钱袋。据说，一个名叫阿奇博尔德·基尔（Archibald Keir）的人手下有1.3万名工人，每年开采1.2万吨盐。[198]威廉·波尔茨手下有150名印度代

① 这里指的是18世纪50年代阿富汗人对莫卧儿帝国的数次入侵，其间几近占领德里。

理人管理他的贸易。[199]盐、烟草、靛蓝染料、槟榔和鸦片的利润率是在英国的两到三倍，这些贸易让这些人赚得盆满钵满。

对战争和死亡感到气馁的黑斯廷斯提交了辞呈，乘船前往英国。他把自己2.5万英镑的财产留给了一个朋友，希望这笔钱连同利息累积起来，能让他有钱把祖屋买下来。[200]

但英国的现实生活并不符合他的期待。他抵达英国后，发现自己的儿子已经去世了。

他的生活失去了方向。他开始过着入不敷出的生活，把自己大部分的钱财送给亲戚，然后用积蓄购买名贵画作，还买了一辆价值不菲的马车。1767年，当他得知自己的财富因为管理不善而损失殆尽之后，他的世界崩塌了。[201]他下了决心，自己唯一的选择就是重返印度。[202]一贫如洗的情况下，他认为这是重获失去的财富的唯一方式。

在克莱武的举荐下，公司的董事们任命他为英治南印度管理机构——马德拉斯理事会的副会长。经过四年的失望与疏忽，他不得不为自己的行程借钱。[203]不过，他并不是一个乐意和平民混在一块儿的人。他依然选择住在甲板舱，也就是船上最奢华的地方。

这一次，他发誓不会再犯相同的错误。他发誓要恢复自己的名誉和财产，如果有必要，他会做自己曾经谴责过的事情。他梦想着恢复他的家族在几代人之前失去的地位，如果计划一切顺利，他希望能赚到足够的钱，把他曾祖父多年前卖掉的祖屋买回来。这是他的梦想，他会不顾一切来实现它。他对这个梦想的追求将助他登上公司的最高管理层，但也会使他树敌颇多，其中就包括詹姆斯·奥古斯都·希基。

重回孟加拉

在某些情况下，政府可能有必要采用一些权宜之计。而在公众看来，原则上这些权宜之计是不正当的。

——沃伦·黑斯廷斯致乔治·科莱布鲁克（George Colebrooke）的信

1772 年 2 月 1 日[204]

1772 年 2 月 22 日，周六，加尔各答

经过那段在英国的黑暗时光之后，黑斯廷斯的生活取得了长足的进步。他已经再婚，在展现出改革的才华后，很快得到了晋升。两年间，作为马德拉斯理事会的副会长，他率先取消了中间商，整顿了公司的出口仓库。由于他的非凡成就，公司的董事们授予他最高职位——孟加拉总督。孟加拉是他们面积最大、人口最密集，也是能带来最多收益的管辖区，而它迫切需要改革。[205]

黑斯廷斯正是那个合适的人。

那时孟加拉正处于混乱之中，正从史上最严重的一次饥荒中恢复着。暴雨和洪水过后，又是九个月的干旱，导致了两年的庄稼歉收。然后，大火焚毁了这个地区的许多粮仓和存粮。然而，面对迫在眉睫的灾祸，公司却几乎什么都没做。加尔各答理事会拒绝减税，也没有阻止公司的代理商囤积粮食。它反而为军队筹足了粮食，并劝说农民种植更多的作物。[206]他们的所作所为反倒让危机愈发严重了。米价上涨十倍之多，除了富人，其他人根本买不起食物。[207]

可怕、毁灭性的饥荒接踵而来。没有了庄稼、粮食和希望，为了凑足税款，百姓先卖掉了牛，然后卖掉了孩子。到了 1770 年夏，为获取食物，人们已经开始吃人肉了。孩子吃掉了父母，或者父母吃掉了孩子的报道不胫而走。一位官员写道："可以确定的是，在某些地方，活人以死人为食。"[208]

省级官员恳求援助，但收效甚微。一位孟加拉的官员写信给理事会说，他辖区内的百姓饿到在丛林中游荡，吃树上的叶子。其他人则落草为寇，加入了四处流窜的土匪帮派。

> 除了物价飞涨和物资短缺，我还有什么可写的呢？百姓正忙着在丛林里采摘树叶为食，他们把自己的儿子和女儿拿出去卖——每天都有人在逃跑，我却无从阻止他们。[209]

一位名叫杰勒德·杜卡雷尔（Gerard Ducarel）的雇员被公司派往布尔尼尔（Purnea）地区调查当地的情况，他惊恐地发现，一半百姓已经死亡，而疾病正在蔓延。

> 我发现，布尔尼尔地区的悲惨情形一点都不亚于帕尔加纳①一带的情形——我的首要任务是防止饥荒带来的恐惧之外再出现瘟疫恐慌，为此我需要提供清理的尸体的数量，它们横陈在镇子的不同地方，导致了非常严重的空气污染——据报告，三天以来被埋葬的尸体数量就已经超过了一千具……我相信，我关于半数百姓已经死亡的说法一点都没有言过其实。[210]

饥荒结束的时候，1 000 多万人死去，死亡人数超过了孟加拉人口的三分之一。[211]整片土地重归荒野。

饥荒加剧了孟加拉的不稳定，同时，公司的雇员还利用自己的权力强征税收。在军队的威胁下，公司的监管人将区域贸易专卖商、法官和收税官的权力集合了起来，以强制征税。他们及其代理商关押、鞭打或折磨农民，强迫他们交税。[212]由于远离加尔各答，公司的省理事会像管理封地一样管理它们的工业镇。

农民离开他们的田地后，法制随之瓦解。那些没有落草的人加入了穆斯林和印度教苦行者的武装团体，这些团体公开与公司的收税员抗争。在接下来的十年间，公司都将与这些团体进行艰苦的游击战。[213]

尽管存在着饥荒，税收依然保持了增长。虽然大批百姓死去，但在饥荒最严重的时候，公司的实际税收比之前还要多，部分是由于活

① 帕尔加纳（Pergunnahs）：又称 Pargana，印度前行政区划名称，在德里苏丹国、莫卧儿帝国以及英国殖民统治时期使用。

人被要求补缴死人的税款。[214]公司雇员的工作几乎不受监督，也不受任何处罚。他们唯一的目标就是使收入最大化，而他们用可怕的效率做到了这一点。这就是黑斯廷斯抵达时这片地区的状况。

为了控制混乱的局面，黑斯廷斯在抵达孟加拉之后不久，就将自己的新政治理念付诸实践。如果放在十年前，这些理念他想都不敢想。他严厉打击日益增长的犯罪活动和抢劫行为，当着村民的面公开处决土匪强盗，将他们的家人充作奴役。他希望将那些家庭变卖为奴的做法可以打击犯罪，同时增加收入。他相信，奴隶制能减少维持监狱的支出，还能处理掉社会上惹是生非的人。他对理事会说："社会不会因为这些惹是生非的人的减少而遭受损害。"[215]

黑斯廷斯瓦解了印度人在孟加拉高层掌握的所有权力。他剥夺了孟加拉纳瓦布剩余的权力，还任命了一位女性——蒙妮夫人（Munni Begum）——做纳瓦布的监护人。① 在一个男性主导的时代里，纳瓦布有着举足轻重的地位，而此举就是为了侮辱纳瓦布的重要性。他重组了司法系统，使他和他的理事会处于公司最高法院的领导地位上。[216]他还亲自担任一个委员会的领导人，以监督税收。他利用这些措施敛财。为了回报他的任命，蒙妮夫人赠送给他 15 万卢比的礼物。他接受了这些礼物，又为自己正在积累的巨额财富加上了一笔。[217]

接下来，黑斯廷斯改革了公司的官僚机构。他早期任职时曾见到许多滥用职权的行为，而他希望他的诸多改革举措可以阻止这些行为。他创办了一家中央银行，以巩固公司的贸易，又设立了定时的邮

① 当时的纳瓦布还未成年，所以需要成年人担任其监护人。

政站点，以确保邮件的投递。他限制私人贸易，并强制对公司和欧洲的商人征收关税。他设定了最低售价，以避免工匠亏本卖货。最后，他鼓励公司的雇员记录对印度语言和文化的观察，希望他们的知识能帮助他们更好地理解和统治印度。[218]

但黑斯廷斯最重要的目标并不在于改革，而在于权力。他使公司走上了在印度全境扩张英国统治的道路。莫卧儿帝国的四分五裂给了他意想不到的机遇。他的第一个目标是莫卧儿帝国的前附庸国——库奇-比哈尔邦（the state of Cooch Behar）。

黑斯廷斯发动了一次入侵。经过了一次血腥却少有记录、基本被遗忘的战争后，黑斯廷斯通过谈判达成了和平，决定了库奇-比哈尔沦为公司附庸的命运。[219]他为这次入侵辩解称，库奇-比哈尔地处公司北翼，其战略地位十分重要，所以必须将其征服。[220]通过吞并库奇-比哈尔，让其王公为战争买单的做法，他扩大了公司的疆域，而且让它的股东的财富毫发无损。

黑斯廷斯的下一步行动是他最大的一次外交政变。1773 年，他与阿瓦德的纳瓦布制订了一个入侵罗希尔坎德（Rohilkhand）的计划。这也是莫卧儿帝国的一个前附属国。阿瓦德的纳瓦布要求黑斯廷斯帮他惩罚罗希拉人（Rohillas），因为他们早前有一笔欠款没还。纳瓦布建议道："英国的绅士将会彻底消灭他们，然后让我在他们的国家定居。"[221]

看到有扩大公司影响力的机会，黑斯廷斯提议召开一次会议，以协调他们的计划。他写道："我一直认为罗希拉人的国家与你们国家的联合……对你们来说会是一项明智之举。"[222]经过三周的私下会晤，他们一致认可黑斯廷斯向纳瓦布出借公司的军队，而纳瓦布将向公司支付 400 万卢比作为回报。[223]因为阿瓦德已经在公司的势力范围之内，所以它所征服的领土实际上等同于公司征服的领土。

1774 年 4 月 17 日，纳瓦布和公司的军队发动了入侵。仅六天后，罗希拉人就在一场战役中迅速败下阵来。[224]战事之后，公司的队伍维持了良好的秩序，而纳瓦布的军队则洗劫了罗希拉人的营地，进入了罗希拉人的城市，掠夺了大约 500 万卢比的财富。

面对掠夺的场面，公司的士兵越来越眼红。英国的指挥官两次询问黑斯廷斯，英国的军队能否分享这场劫掠的果实，并且警告黑斯廷斯，如果他们的服务得不到额外报酬的话，军队可能不会服从发动下一场侵略战争的要求。指挥官亚历山大·钱皮恩（Alexander Champion）上校写道："再有诸如此类的试验，或者让你的部队的脾气和耐性经受如此巨大的考验，都是很危险的。"[225]

继有关军队不满情绪的报道之后，又有大量暴行被报道出来。约有 10 万名罗希拉难民逃离前进的军队，而面对寻求庇护的罗希拉人，许多印度教的柴明达尔①、地主关闭了自己的堡垒。[226]英国的军队中流传着这样的谣言：纳瓦布强奸了一个罗希拉酋长的女儿，并在一名英国军官无意间提起儿童们向他的猎犬投掷石块以后，屠杀了整村的男

① 柴明达尔（zamindar）：原是波斯文的复合词，意为土地持有者，与"地主"的概念类似。"柴明达尔"一词最初指的是偏远地区的酋长或印度教王公。莫卧儿帝国时期，柴明达尔变成了政府向农民征税的中间人，但对土地没有所有权。此后，为了让柴明达尔缴足赋税，莫卧儿政府开始允许柴明达尔在其领地内拥有行政、司法和军事权。

女老少。[227]战斗结束之后，纳瓦布的军队用马车将数百名被俘的妇女拖入营地。钱皮恩写道："我们抵达比苏莱（Bissoulee）之后，全军都目睹了这一切，那场景无法用语言来描述。"[228]

为了强调自己认为纳瓦布残酷无情的主张，钱皮恩给黑斯廷斯送去了一封罗希拉摄政王哈菲兹·拉赫马特·汗（Hafiz Rahmat Khan）的遗孀写的信。她和她的丈夫曾统治着几十万民众，而今她已一无所有。这个曾经在自己国家最有权势的女人现在被囚禁着，她和她的孩子们正在挨饿。

> 哈菲兹·拉赫马特·汗统治了这个国家四十年，森林中的野兽都因他的勇猛而战栗。但是上帝的旨意变化莫测：他被杀了，没有给他的孩子们留下一丁点财富。他们被赶出了自己的居所，衣不遮体，暴露在狂风、高温和灼人的沙子之中，因为缺少食物和水而死去。我该如何写下或说出我的境况呢？我的叹息吹干了墨迹，烧焦了我的信纸……昨天，我还是数十万民众的女主人，今天我甚至连一杯水都得不到……我像一只陷阱中的野兽，夜晚没有地方休息，白天没有地方乘凉。先生，我希望能从您那里获得公正和同情。我就像一只被关进笼子的鸟儿，与其忍饥挨饿，不如用匕首结束生命。先生，我希望您能考虑我的处境，否则我的不幸将会加倍。我已一无所有。请原谅我给您写的这封信。[229]

许多士兵因为参加了这场充满暴行的战争而感到羞愧。但最重要的是，他们因为没有得到奖金和战利品而怒气冲天。金钱能消解他们的怨气，他们抱怨黑斯廷斯没给他们奖金。[230]这些士兵对黑斯廷斯的愤怒将会持续多年。他们会求助希基和他的报纸，来宣泄心中的怒火。

黑斯廷斯没有理会他们的抱怨，没有允许他们参与掠夺，否认他们有关暴行的报道，并拒绝他们对奖金的要求。关于掠夺，他写道："要像避开毒药一样避免掠夺。"[231]黑斯廷斯为这场战争辩解道，罗希拉人不属于印度，他们是外国人。他写道："他们是阿富汗人或帕坦人，他们都是强盗。"[232]这场战争达成了黑斯廷斯的两个目标。它为公司带来了财富，也扩大了公司的影响力。这是一个双赢的结果。

在撤退到喜马拉雅山麓的过程中，罗希拉人陷入了绝境。在10月的第一周到来时，他们已经吃光了自己的马和骆驼，疫病正在暴发。纳瓦布和平的条件是残酷的。大约有4.5万到7万人——大部分都是幸存下来的罗希拉人——被迫离开他们的土地，被放逐到恒河的对岸。他们中的许多人都湮没在了历史长河之中。[233]

条约签订的消息在10月19日抵达了加尔各答。战争获得了胜利，但军队的忠诚度却大大降低。这场战争胜利了，但一场新的战争即将爆发。

缺了四响礼炮

> 我看着这个辉煌的帝国正在毁灭的边缘摇摇欲坠，而我就是被派来拯救和管理它的。
>
> ——菲利普·弗朗西斯致约翰·伯克（John Bourke）的信
>
> 1774 年 11 月 30 日[234]

1774 年 10 月 19 日，周三中午，加尔各答，昌德-保罗河堤（Chand Paul Ghat）

当他们的船靠近城市的时候，最高理事会的新成员数着威廉堡上每一门大炮的轰鸣声。他们预计会有整整 21 响礼炮。然而，礼炮声在 17 响的时候就停止了。

菲利普·弗朗西斯爵士并没有感到不安，但他那些坚守军事规矩的理事会成员——约翰·克莱弗林将军（General John Clavering）和乔治·蒙森上校（Colonel George Monson）在发现了错误以后，都面露难色。他们被从英国派来接管公司，组成了议会在印度的新政府。他们本以为会得到充分的礼遇。谁知，他们感受到了怠慢。

所有人都登陆了。他们本以为黑斯廷斯会派出一支仪仗队，但他没有。他们本以为会有官员在码头迎接他们，但也没有。

他们又热又困惑，步行到了黑斯廷斯的别墅。他们发现，他穿着普普通通的衬衫等在那儿，被他的理事会成员簇拥着。第一天他们坐下来吃午饭的时候，即使是装满美酒的玻璃酒杯也不能平息他们的猜疑。[235]他们相信，这种慢待一定是有原因的。

原因在于，他们是来夺走黑斯廷斯的权力的——就像他怀疑的那样。

公司陷入资不抵债的境况已经有好几年了。英国在孟加拉的势力扩张让许多人购买了公司的股票，期待大赚一笔，这导致了泡沫经济的出现。尽管公司取得了军事胜利，收入却没跟上。大饥荒将公司的利润耗得一干二净。出口量在下降，大量货物库存开始在伦敦囤积起来。公司最大宗的出口产品——茶叶，因为走私贩子和美国人的抵制只能廉价出售。公司的董事们担心任何变化都会显示出疲软，因此他们继续维持公司的高额股息，但这却进一步抽干了公司的资产。最后，一场规模巨大的信贷危机袭击了伦敦，金融崩溃似乎已近在眼前。1773 年夏，议会通过了一项对公司进行全面改革的法案——《管理法案》（Regulating Act）。[236]

公司获得了政府的援助，也付出了沉重的代价。这是有史以来第一次，公司不仅要对利润负责，也要对议会负责。弗朗西斯、克莱弗林和蒙森认为，他们就是这种问责制的体现。

《管理法案》的目的是通过减少腐败和遏制私人利润来使公司能够稳定运转。该法案规定，这些最高理事会的新成员收受礼物、接受第二职位或参与私人贸易都是违法的。但公司会付给雇员极高的薪水，黑斯廷斯的薪水是两万五千英镑，理事会成员每人拿一万英镑。这样做是为了让这些人对英国的整体利益保持忠诚。

不过，《管理法案》仍然是一种妥协。最高理事会里的老雇员将成为制衡新人的力量，老雇员指的是黑斯廷斯和公司的另一位长期雇员：理查德·巴维尔。理事会的每项决策都将通过投票决定，虽然黑斯廷斯拥有决定性的一票，但三票意味着多数。三票定乾坤。

弗朗西斯、克莱弗林和蒙森出面调查黑斯廷斯的政府，并撤销他的指令。他们的第一个目标就是罗希拉战争。他们已经得出结论，认为黑斯廷斯非法以公司军队为雇佣军，进行了一场侵略战争。他们私下里怀疑他是收受了贿赂才去打这场仗的，虽然他们并没有在官方信函中这么说。[237]

弗朗西斯、克莱弗林和蒙森以三票对黑斯廷斯和巴维尔的两票，立即控制了公司，并推翻了黑斯廷斯的诸多政策。他们撤走了驻扎在阿瓦德的公司军队，宣称他们将与邻国和平共处。[238]他们写了一封长篇大论的七十四点信件，宣布将正式调查黑斯廷斯是否在罗希拉战争期间助长了暴行。他们写道，只要公司还由他们负责，公司的军队就不会再次被用于征服战争。

> 早在这封信抵达英国之前，你就会被告知前政府与舒贾·道拉（Shuja Dowla）［阿瓦德的纳瓦布］签订了协议，并助他入侵他国，征服了罗希拉人。我们第一次听到有关这些交易的说法，这让我们深感焦虑与惊讶。我们认为有责任对他们进行详细调查，这不仅是为了给你们提供信息，也是为我们提供方向……

> 我们所贯彻的一般原则，以及我们打算作为未来政策与管理方式的原则是……维护印度的和平……据此，我们决不能让你们的军队参与任何一场进攻行动，以牺牲一个印度邦国的代价来扩张另一个邦国，更不能让小国……被大国吞并。如果我们能早十个月抵达这里，我们是可以拯救一个国家的。[239]

新成员代表的是一种变化，即在战争中被允许的行为发生了改变。他们认为，十年前被允许的那些烧杀抢掠的行为已经不能再被接受了。

他们认为黑斯廷斯的战争既不正义，也不符合实际，要想让公司再现辉煌，最好的办法是放弃征服战争。在他们之中，弗朗西斯是最坚定的那一个。“看看事实吧，先生们，”他写给公司董事们的信中说，“正是你们的公务员将公司卷入了进攻战争，以及那些完全不能促进公共利益的征服计划之中。”[240]他还补充道：“在一个欧洲政府的领导下，孟加拉地区不可能繁荣起来。”[241]除非公司将它的行为限定于商业范围内，不然他认为最终只会“侵犯人民的法律、宗教、习俗和成见”[242]。他认为，集利益与监管于一身，只会导致权力的滥用。

接下来，弗朗西斯、克莱弗林和蒙森又把目光投向了黑斯廷斯的个人腐败问题。1775 年 3 月 11 日，准备工作就绪的弗朗西斯将一封黑斯廷斯老对手的信件寄到了最高理事会。这名老对手名叫南达·库马尔（Nanda Kumar），他声称黑斯廷斯接受了两笔贿赂，一笔为 104 105 卢比，为了将南达·库马尔的儿子任命为孟加拉纳瓦布的行政官，另一笔则为 25 万卢比，是为了将蒙妮夫人任命为纳瓦布的监护人。之后的几天里，弗朗西斯、克莱弗林和蒙森听取了有关黑斯廷斯收受更多贿赂的证据，包括一个对黑斯廷斯、巴维尔和其他人的指控，指责他们非法瓜分了一名收税员的税收。在所有呈堂证供面前，黑斯廷斯的职位看上去岌岌可危。[243]

但黑斯廷斯没有为自己辩护，而是展开了进攻。在一系列复杂的暗箱操作之后，一名指控黑斯廷斯的证人收回了自己的证词，声称自己受到了胁迫。随后，黑斯廷斯和巴维尔公开宣称，他们将对南达·库马尔以及其他人的虚假指控提起诉讼。黑斯廷斯的一名同伴还回忆起一桩在公司法庭上被搁置了多年的案件。他们声称，南达·库马尔靠伪造债券的方式欺骗公司，并利用这份债券获得了 48 021 卢比。根据英国的法律，这种伪造行为会被判处死刑。南达·库马尔被捕，三个月后他被判有罪，遭到处决。[244]弗朗西斯、克莱弗林和蒙森针对黑斯廷斯腐败的调查就像突然间开始的那样，突然间就停下了。

南达·库马尔被处决不仅结束了对黑斯廷斯腐败的调查，也给了那些指控英国官员的印度人一个不寒而栗的警告。对南达·库马尔的起诉成了公司统治的虚伪的例证，说明英国人造假是可以被接受的，但那些被他们统治的人造假则不能被接受。南达·库马尔的死刑结束了对黑斯廷斯腐败的调查，但它的影响将持续数十年。

其后的几年里，黑斯廷斯艰难地夺回了权力。蒙森和克莱弗林相继去世，留下弗朗西斯孤身对抗他。到了 1778 年 1 月，黑斯廷斯终于在多年后首次获得了征服新领土的机会。当孟买传来消息称马拉塔酋长中的一派正在策划政变的时候，他马上就决定支持政变的领导人，并命令军队开赴孟买，支持那个王位觊觎者。[245]如果政变成功，他就可以将那个王位觊觎者变成自己的傀儡，从而将又一个印度次大陆上的王国纳入自己的势力范围。理论上讲，这个计划不错。

但是，在他的计划得以实施之前，英法开战的消息传来，马拉塔人参加了战争，并在一场令英国人蒙羞的战斗中击败了公司的孟买理事会的军队。马拉塔人包围了公司的军队，杀死了一千多名公司的士兵，迫使其余的士兵投降。公司在短短一个月内就输掉了战争。

但黑斯廷斯拒绝了停战协定。他声称，孟买理事会无权要求议和。[246]相反，他下令继续战争。

一场残酷、血腥且旷日持久的战争开始了。数以千计的人将会死去。接下来的几年里，更多的国家卷入了这场战争之中。这场战争将很快吞没整个印度，而黑斯廷斯也将激怒詹姆斯·奥古斯都·希基。

第二部分

报纸

向所有派别开放，但不受任何派别的影响

加尔各答的人口增长足以支撑起一份报纸，我给你寄去了一份样刊。我断定不久之后，它就会像《晨报》① 一样充斥着各种丑闻。

——菲利普·弗朗西斯致安德鲁·罗斯（Andrew Ross）的信

1780 年 2 月 12 日[247]

1780 年 1 月 29 日，周六，罗陀集市 67 号，希基的印刷办公室

加尔各答建城九十年以来，他是第一人。

《希基的孟加拉公报》的出版引起了轰动。希基昔日的律师威廉·希基写道："它很新奇，每个人都在读，人们都很高兴。"

终于有了一份报纸，人们都为此感到高兴。这份报纸每周六出版，每期有四页，价格为一卢比，与英国当时报纸的价格类似。希基把报纸的前两三页用于刊登新闻和意见信，剩下的版面用于刊登广

① 《晨报》（*The Morning Post*）：英国保守派的日报，1772—1937 年于伦敦出版。

告。他试图让报纸涵盖所有对加尔各答重要的讯息，因此用了许多版面来报道政治、全球新闻和印度当地发生的事件。他也鼓励人们给他写信和寄诗歌。

他试着表现得诙谐而讽刺。他给城市里那些有趣的人物都取了绰号。其中一个被保留下来的绰号是“好事者”（Nosey Jargon），意思是过分爱打听的碎嘴子。这个词是用来形容城市的测绘师、公共工程负责人爱德华·蒂雷塔（Edward Tiretta）的，此人是个健谈的意大利人，操着一口英语、法语、葡萄牙语和印度斯坦语混合起来的古怪口音。他以行事张扬著称，即使是在炎炎夏日，也会穿着深红色的天鹅绒华丽套装，展示自己俊美的形体。希基嘲笑蒂雷塔的名声，他写道，蒂雷塔对“挖掘和深入事物的底部感到快乐无比”。这是个关于他的职位——公共工程总监——的笑话，也可能委婉地暗示了他的性取向。[248]这些绰号，还有他轻松愉快的报道方式，使他的报纸成了许多人娱乐消遣的读物。

众人也很高兴，希基使他们的生活变得更轻松了。他们在给朋友和亲戚写信的时候，只要附上他的报纸，而不用再描述事件的所有细节。一个女人在给她住在英格兰的姐姐写信时说：“我打算定期给你寄一份加尔各答的公报，这样我就不需要在信中用很大篇幅讲述政治消息了。”[249]

希基将自己的报纸视作一个论坛，在这里，不同背景的人们都能为改善社会而建言发声。就像他所承诺的那样，他避开了政治。他拒绝刊登任何派别的信件。他曾拒绝过一封信，因为它“充斥着强烈的派系斗争的气息”[250]。他持身中立，谨慎地不去讨论任何有争议的事情。

他希望他的报纸为社会服务，因此他涉足的第一个话题就与城市改造相关。他刊发了一些文章，呼吁东印度公司在基础设施、道路建设以及一般卫生状况方面增加投资。比起欧洲同类型的城市，这座城市在这些方面显得不足。他的一位通讯员住在葡萄牙公墓旁，敦促公司规范葬仪。那座墓园十分拥挤，每年都有超过 400 具尸体没有入殓，被埋在公墓的浅坑里。季风带来的暴雨冲刷着地面，使这些尸体暴露在外。它们腐烂后的物质混入饮用水池中，使饮用水遭到污染，从而产生了疫病。那位通讯员写道："我［希望］通过贵报这条渠道……来解决问题。"[251]

还有一个话题是有关道路维护的。他的一位通讯员要求公司维修和重建市政道路。[252]另一位通讯员写道，公司需要清理"街上动物正在腐烂的尸体"。尽管这位通讯员对动物横尸在外的现象感到惊诧不已，但更令他震惊的是，公司还没有埋葬暴尸街头的人。他写道：当"我们同胞可怜的尸体"一丝不挂地躺在街头时，对动物尸体"感到震惊的情绪是多么微不足道"。[253]

随着希基涉足的领域增多，他触及了女性在社会中应当扮演什么角色的话题。在他所处的时代，他和他的撰稿人都坚信男人要比女人优越。

他的男性撰稿人认为，女性应该是贞洁、忠诚且顺从的。她们的作用应当是取悦丈夫，使其感到满意。她们的价值在于她们可以生多少孩子，她们的责任则是维护社会的道德价值。[254]他的一位通讯员写道：

> 我认为希基先生所谓的好妻子是指这样的女人：她始终谨记她立下的庄严契约，严格而认真地对丈夫保持贤惠与忠诚，她也应当在言行举止中保持贞洁、纯真与完美无瑕——她应当拥有理性和信念上的谦卑，选择顺从，倾向服从……［她必须］不断学习，使自己在丈夫的眼中看起来非常和蔼可亲，她应当意识到，每一件令她丈夫感到幸福的事情，最终都会令她自己感到幸福。[255]

在专栏中，希基用了许多篇幅来论证女性应当顺从的观点。他引用了《对时代的思考，但主要是对我们的女人行为不检的思考》（*Thoughts on the times but chiefly on the profligacy of our women*）这本书的部分内容。这本书认为，女人应当保持“谦逊”“贤惠”，接受教育只是为了取悦男人。她们只应当学习像舞蹈、音乐和法语这样的课程。通过重印这本书中的诸多篇章，他传播了这样一种观点：教育使女人的性吸引力下降，剥夺了她们的女性气质，而女性的生物学特性决定了她们智力低下，不能参与只限男性参与的严肃交流。

希基和他的撰稿人都认为女性应该承担受限的性别角色，而他们有时也对自身施加诸多限制。当他有多出来的版面的时候，希基就重印了一本 1772 年的书——《通奸的致命后果》（*The Fatal Consequences of Adultery*）的部分章节。这本书认为，与通奸的人结婚是非法的。

他引述道：“我们现代的好些绅士都将这种罪行看作单纯的风度问题……但是如果男人违背了友谊的规矩、国家的法规、理性的规范以及上帝的法条，他还谈什么荣誉呢？”[256]这本书希望通过减少通奸的诱因来减少通奸行为。最重的责任还是落到了女性的肩上，与男性不同，女性不得不接受社会对她们行为的审判。

希基用父权主义立场看待印度社会。他尤其关注“男助产士”这个加尔各答新引进的职业。在欧洲，男性已经在助产士这一职业中取代了传统的女性角色。欧洲存在对男助产士的抵制，人们认为男助产士违反了男女礼数，可能会引发不正当的情欲；而在印度，这种对男助产士的抵制显得更为复杂。人们认为这不仅违反了礼数，还是一种对印度习俗的入侵。

英裔印度妇女反对男助产士，因为他们是外来的；希基同样反对他们，因为自身的父权主义思想。在争论中，希基刊登了他的第一位女性撰稿人的信件。这位撰稿人被称作“老内尔”（Old Nell），是一名下等阶层的英裔印度女性。

尽管希基持有父权主义立场，但他还是刊登了她的文章，在一个女性，尤其是有色人种的女性都被边缘化的时代，他让一个女人进入了男性的领域。[257]虽然他对女性的社会角色的观点可能与她们的不同，但他还是按照他报纸的口号行事，向各界开放言论。尽管她身份低微，但他还是让她写下了自己的想法，也许是因为她并未挑战他的看法：女人的价值在于她的子宫。

老内尔回忆道，她路过一间开在黑人区的欧洲男助产士的办公室。她无法想象这位男助产士能得到什么生意，因为这里路过的只有英裔印度人、穆斯林或是印度教徒。这些人中能读懂英文的寥寥，所以他们对“男助产士”（man-midwife）是什么意思也一无所知。她写道："因此我想说，希基先生，这个男人肯定是搞错了，他还不如写个'人妖'（man-monster）给无知的路人看看。"

老内尔是一个爱尔兰男人和一个印度女人的女儿。与其他贫穷的英裔印度女性不同，她识字。她的父亲教过她阅读和书写，但她无法或无意运用她接受的教育。她像个农民那样生活，种植根茎类蔬菜。她为她的工作自豪。每天她都会采摘蔬菜，然后拿到市场卖掉。她食用营养丰富的食物，比如粥和咖喱，她日常的活动与饮食使她保持健康。

她透露说，自己的生活方式使她比欧洲的女人更加健康。她声称，如果她们能像她那样，那么她们就不需要男助产士了，甚至不需要任何助产士。她们生孩子的时候不需要帮助。她写道："如果不被奢侈和懒散的生活习惯所阻碍，大自然总是会发挥她的作用。"她说自己的饮食、生活方式和教育使她生下的孩子比任何欧洲妇女的孩子都更健康。即使她的肤色不如欧洲妇女的那么白皙，她也能生下六个健康的孩子。在这一点上，她说，她和任何女人，不管是白种女人还是其他人种的女人都一样。

> 您一定知道，希基先生，我的丈夫是一名园丁。因此我破晓便起床采摘我的根茎植物，然后将它们洗干净带去市场贩卖。一般九点从那里回来，不过有时候会早一些，吃一顿丰盛的早餐（不是那种连船员都不喝的奶茶），也就是很好的粥。之后，我会在我们的小屋子里做一些家务活，而我的丈夫则在地里耕种。通常我们的晚饭是有益身体健康的咖喱，或者一些用我们院子里

养的家禽做的菜肴，晚饭会再配点粥。就这样，我们享受着健康而完美的身体，我很确信，我能培养出六个能够媲美任何教区里任何人的孩子，而且不需要男助产士的帮助。

虽然我的皮肤没有你们那里上流社会的女子那么白皙，但和她们中的佼佼者一样丰满、光滑。

老内尔[258]

希基的报道的另一个矛盾之处在于，虽然他刊登了要求妇女应当保持贞洁的文章，但他也刊登了一些支持女性有权主宰自己性行为的文章。也许令他那些正儿八经的读者更震惊的是，他还刊登了一个比其他话题更忌讳的话题——女性自慰。社会规范认为，女性自慰是一种自私的快乐，它使一个女人变得不那么纯洁，并使社会荣誉遭受损害。但希基对此不屑一顾。

希基刊登了一段两个女人之间的对话。其中一人与一个绰号是“杰克·海德希尔”（Jack Hydrocele）的男人订婚了。有传言说，他患有鞘膜积液（hydrocele），这是一种能抑制性冲动的睾丸畸形病。当这位女士被问及关于她未婚夫的传言是否属实时，她说是的，她未来的丈夫患有鞘膜积液。她的朋友说，自己为她感到遗憾，因为她没有男人就不可能获得性快感。

“说实话，你嫁给［他］还不如嫁给你的女仆。”她说。

让她朋友震惊的是，那个女人说，她完全可以满足自己的需求。

我将自由效仿我的性别中那些明智而时髦的例子，特别是在

> 满足自己方面，我将嘲笑那些神经脆弱、粗鄙不堪的人类，他们因我为自身所做的自然正义之事而冒冒失失地对我横加指责。[259]

她并不在意别人是怎么说她的。可以说，她能公正待己。

希基并没有羞辱她，而是嘲讽了那些批评她的人。他说，她其他的追求者已经退到了妓院里去，以求“在某种程度上忘却他们以为杰克·海德希尔拥有的那种想象中的幸福”。

希基对穷人和下等阶层的报道也非同寻常。他所表达出来的阶级意识水平远超他所处的时代，这是由他底层的出身和他在债务人监狱的经历塑造和发展出来的。

他刊登了一篇公司军官写的文章，这位军官来自印度中部的瓜廖尔堡（Gwalior Fort）。那里的军队雇了一些劳工来重建这座堡垒，以加强它的防御能力。那名官员写信给希基说，自己看到了一个十岁左右的女孩，简直无法把目光从她身上移开。她的外表，她“甜美的脸庞”，使他想进一步了解她。他让自己的信使去查清楚女孩的住处和她父母的身份。

第二天早晨，女孩的母亲来到他家。她告诉他，她一直都很穷，自从她丈夫去世以后，她靠编织羊毛为生，但现在她太老了，不能再工作了，只能靠她女儿过活。令他感到震惊的是，他们每天就靠着 3 个派萨（也就是 3/64 卢比）① 生活。他问，自己是否可以见见她的女儿，并拿出一个装有 100 卢比的袋子，从中拿了一些卢比给她。

① 派萨（paisa）：印度旧时货币单位，同后文“派士”（pice），等于 1/64 卢比。

“哎呀，您是位伟大的人!”那个女人叫道。她这辈子从未见过这么多钱。他建议她们搬来和他一起居住。他承诺，她们想要多少钱都可以。但那个母亲开始怀疑了。她问，为什么像他这样一个外国人，会想要两个印度女人跟他一起生活。

他对自己的提议感到尴尬，于是说他的妻子和孩子住在河流下游，她们可以和他们一起生活。他认为他的提议是一种善举，能使她们摆脱辛苦劳作的生活。

但希基报道说，她们不需要他的施舍。不仅如此，他还被怀疑了。一个小时后，这位母亲就回来了，把钱扔回给了他，说白种男人会把钱给一个小姑娘的唯一原因就是他有邪恶的意图。她说，她情愿亲手杀了自己的女儿，也不会让她成为任何男人的奴隶。她还说，关于他有个妻子的故事全是“肮脏的谎话”[260]。

她的回答使他震惊不已。她们离开之后，他陷入了沉思。他很惊讶，这样一个穷苦的女人，还是个异教徒，居然有如此的气节和勇气来拒绝他。她没有他的欧洲同胞那样的教育水平和修养，也没有开明的理念。他得到了一个启示：开明的理念或者基督教并不会决定一个人的好坏。一个人的宗教信仰是什么并不重要，他们的教育水平或社会地位的高低也不重要。任何背景下的任何人，无论男女，都可以成为善良、正直的人。

> 当我们在这些穷苦、无知的异教徒身上发现这些情感的时候，为什么要强调我们自己的教育水平或宗教信仰呢？在道德败坏的诱惑之下，你还能从哪里找到这种美德的例证呢？脸红吧！

> 你们这些人来自更开明的时代、更文明的国家，拥有更典雅的礼仪，但你们要为自己的堕落而脸红。过来看看……什么叫作与生俱来的自然荣誉，那些斯多葛学派的人和哲学家告诉我，从来就没有什么天赋原则，那都是教育的成果。我会告诉他们，我会向他们证明这是错误的，这里有未被懒惰与奢华玷污的质朴气节，既未经教育雕琢，也没有被任何东西支持或保护。

他再未见到那位母亲和那个孩子。他想说，他并不羞愧，也无意让她们丢脸或受到伤害。通过希基的报纸，他与全世界分享了这一想法。

> 如果她们现在和［我］在一起，我当下就会给她们 1 000 卢比，但现在不可能了。因为我已经尽全力进行了询问，但毫无她们的音信，我猜她们已经搬去了其他地方。我对此感到遗憾，但我希望她们一切都好，现在仍这么希望。对于她们两人，我也没有什么羞于让全世界知道的想法。[261]

希基让人得出的结论是，美德并不源自阶级、教育或现代性，美德是先天的。印度女人并不逊色于欧洲女人。

但在他的文章里，他仍然把印度人当作高贵的野蛮人。他们拥有美德是因为他们纯粹，未被现代侵蚀。他暗示，印度人在简单的年代里过着简单的生活，拥有简单的思想。希基可能认为印度人具有与他平等的潜质，但在他整个的写作过程中，他往往没有把他们描述为真正与他平等的人。

虽然希基的思想存在着脱节，但他并没有只写欧洲人。通过对欧洲人和孟加拉穷人悲欢离合的报道，他的报道涵盖了可能会被其他人漏掉的内容。比如，他报道了一段近乎神迹的故事，讲述了一个妇女是如何在熊熊大火中分娩并幸存下来的。他报道了一个采集树汁的人从一棵椰树上掉下来摔死的新闻，以及胡格利河上翻船，导致平民丧命的新闻。他还报道了英国水手在酒馆里抓人，强迫他们加入海军的暴力事件。[262]在将这些事件公之于众的过程中，他将自己看作社会的公仆，报道了许多曾经遭到忽略的话题。

某些时候，他还更进一步。他对穷人的支持可能变成了对富人的批评。一个孟加拉酋长驾着战车碾过一个穷人，致其当场死亡之后，希基揭发了这个酋长是如何掩盖谋杀的。谋杀的指控没有上报给最高法院，酋长买通了死者的妻子和孩子——他们需要钱来过日子。他报道说："我们听说，掩盖这件事情花了他 20 个卢比呢。"[263]

希基还报道了一个对穷人影响最大的问题——加尔各答可怕的大火。因为许多孟加拉穷人用胡格利河边的杂草来盖屋顶，所以火灾经常发生且迅速蔓延，往往一次就会焚毁上千间屋子。旱季几个月极端炎热的天气，加上加尔各答狭窄的道路和坑洼的路面，让控制火势变得异常困难。[264]

3 月，加尔各答遭遇了有史以来规模最大的一次火灾。从城北的弓箭集市（Bow Bazar）到城东的柯林迦，所有的房子都在熊熊燃烧。希基写道："最近的这场大火为可怜的孟加拉人带来的惨重浩劫几乎令人难以想象。"[265]超过 1.5 万间稻草房被焚毁。他报道说，有 190 人死亡，"在浓烟和烈火中被烧死或窒息而死"。一间屋子里，有 16 人被活活烧死。[266]两个女人和一个孩子困在另一间屋子里，五个男人先后冲进去救人，但他们全都窒息而死。妇女冲去把她们的婴儿放在这座城市主要的饮用水源——红池①里面。劫匪趁乱入室盗窃。破坏如此严重，连老居民都说，他们平生第一次见到这么严重的火灾。[267]

上千人无家可归，没有食物、饮用水或衣服，甚至希基都受到了影响，他的平房和花园里的小房子都被毁掉了。他在他的报纸上呼吁人们采取行动，要求富人和权贵提供食物，更重要的是，要他们提供住所和衣物。他坚持要求公司来提供帮助。

> 致慈善机构和权贵
>
> 众所周知，加尔各答有1.5万名居民在近期的大火中陷入了极端的困境之中，他们那微不足道的财产损失殆尽……但更可怕的敌人还在等着他们：疫病缠身，暴露在严寒与酷暑之下，缺少衣服与住处，给他们提供食物可能只能延长他们的痛苦。我们的许多老人已经倒下等死，婴儿在母亲的怀中号啕大哭，这种灾祸都无法用语言来描述……不幸之人的资助者，请发挥你们的影响力，给［他们］些衣服和住所吧。[268]

很快，希基就发现他是有影响力的。包括公司雇员在内的许多人都在阅读他的报纸。在他发表了关于街上腐尸的文章之后，警长在他的报纸上发布了一则通告，询问死尸在哪里，他们可以过去清理。[269]

---

① 红池（Lal Dighi），加尔各答市中心的大型人工水池。

他的火灾报道获得的反响更大。6 月 26 日，在他发表了呼吁行动的文章之后，最高理事会发布了一项提案，禁止加尔各答建造茅草房，并颁布了一项法令，将 14.7%的财产税用来维修市政道路。这项被称作“附则”（*Bye-Law*）的提案后来成了招致异见的焦点，因为许多人都认为它是没有代表权的非法征税。[270]

慢慢地，希基变了。当他看到他的报纸具备的能力之后，他变得更加政治化了。他与其他底层人的友谊，以及他在印度从事贸易的岁月可能让他转向了政治。他允许底层人在他的报纸上谋求权利，他觉得自己是在提供一项公共服务。但这样，他就开始偏离他早先谋求的中立立场。他改变了报头，从美国独立战争的报纸那里借来口号，声称自己的报纸“向所有派别开放，但不受任何派别的影响”，以强调自己的独立性，并表示自己将接受更多有争议的话题。[271]

在这些话题中，第一个是战争。一开始，希基支持英国的战争，尤其是英国反对美国革命者的战争。他坚持政党的路线，认为美洲殖民地的居民应当服从英国的权威，他们的反抗是一种暴乱。[272]诗歌是一种表达政治理念的惯常方式。他在一首诗中指责美国人，认为他们造反是因为太自私，不想交税。他将美国人比作青蛙，预言等他们发现他们的盟友——法国国王不是民主之友，而是计划在独立战争结束后将他们吃掉时，他们的喜悦将变为悲伤。最后，他预言道，青蛙一样的美国人会被鹳一样的法国暴君吃掉。①

---

① 鹳是一种大型涉禽，青蛙是其食物之一。这里借用了《伊索寓言》中《青蛙求王》的故事。

欢呼吧，美国人，欢呼吧！
用你们的心灵与声音赞美主吧；
条约已经与忠诚的法国签订，
现在像法国人一样唱歌跳舞吧！
但是在你们的欢乐让位于理性，
在友好的暗示不被视作背叛之际，
让我尽我所能，
向你们的国会献上一则寓言。

青蛙因幸福而感到疲惫，
煽动之声响彻所有泥潭，
而后这个不安现状的种族向朱庇特倾诉，
认定他们的境况堪忧……

无人适合统治我们，除了我们自己：
我们的国家太大，太自由，
不应受到税收的连累。
我们祈求和平，却希望混乱，
那么无论对错，都是一场革命！……

日渐饥饿的鹳想要吃鱼！
君主的心愿不能达成，
一怒之下飞往泥潭，

把他的盟友变成了盘中餐；
他很满意那些肥硕的青蛙，
竟在泥潭里建了个储藏室！

说出来吧，美国佬，
这样反常、草率的结合，
你们不觉得不安吗？
他能将对你们的爱根植心中吗？
而他还是个专制独裁的天主教徒。
我要告诉这些喧嚣的人，他会如何对待他们！
法国人，就像鹳一样，喜欢吃青蛙。[273]

还有一些紧迫的问题，希基觉得自己无法回避。他逐渐开始批评公司的腐败问题，但他很小心，只批评那些离加尔各答较远的人。他将马德拉斯省督托马斯·朗姆伯德爵士作为自己的攻击对象，此人及其所在之地不论在情感意义上还是在物理意义上，都与加尔各答相距甚远。朗姆伯德被召回英国，要在议会上回应一些指控。希基挖苦道，朗姆伯德是个"伟大的人"，因为他在印度的时候"仅仅"积累了大约 60 万英镑的财富，大部分来自贿赂和勒索。[274]目前，这是希基唯一提到的腐败问题。

希基开始宣泄军人们长久以来对薪酬和晋升问题的不满。七年前，那些在罗希拉战争中战斗过的下级军官感到自己遭受了背叛和欺骗，因为他们从未收到过奖金。很多人都相信，公司的董事和议会都希望与黑斯廷斯的战争摆脱干系。毕竟没有哪个英国政客希望被人看到自己在纵容一场不义之战。

希基将下级军官的信件刊印了出来，希望媒体的宣传能解决他们的不满。他刊登了一名军官的来信。这名军官曾在战争中服役，在加尔各答的旧堡（Old Fort）里见到了一名老兵。军官问那位老兵，他身边年轻的女孩是否是他的女儿。老兵回答说不是，她是他战友的女儿，他的战友在战争中牺牲了。他解释道，自己现在正在照顾她：

> 阁下知道，我在印度待了这么久，不可能有她年龄这么小的孩子。[她] 是我一名老战友托马斯·贝克（Thomas Beck）的遗孤。下士当时就在我们的左侧，作战的时候他被砍倒了。他一直都没有完全恢复，在您离开我们不久后，他就去世了。阁下知道他是个好人，还让他当上了士官。如果他还活着的话，他会为自己可怜的孩子留点钱的。他在弥留之际抓着我的手，说道："乔治，你爱我，那也疼爱我的孩子吧，这样她就不会想念她的父亲了。"

这位老兵眼里含着泪水继续说，如果他有奖金的话，就能更好地照顾他战友的女儿了。在近几次的冲突中，其他的部队都拿到了奖金，但他还没有拿到。[275]他说自己是被骗了。他现在确信，自己曾经做过不义之事，这就是他受到了惩罚的原因。

> 愿您永远都不知道失去一个朋友的滋味——可怜的汤姆①！

---

① 汤姆（Tom）是托马斯（Thomas）的昵称。

他将所有都给了别人，自己的背包里却只有几条麻绳和这个胸扣。虽然我没什么机会想起他，但这个小家伙却和他一模一样。我爱她，胜过爱我自己。我有他的遗嘱，他把他的奖金都留给了我——啊！阁下，我们都被残酷地欺骗了。我相信您也一样，因为您相信了那些美好的承诺，否则您不会让人们在公司领导面前宣读那些承诺。我现在开始相信当时很多人说过的话了。我们在为不义之事而战，否则为什么那些夺了船只、攻下金德讷格尔①的人可以得到奖金，而我们却没有？……服从是我们的职责，我们被告知他们是我们的敌人。对我和汤姆来说，这样一笔钱是很有用的。[276]

希基还用他的报纸批评了军队的晋升制度。晋升的过程十分冗长，一名候补军官往往要花上十年的时间才能得到晋升。此外，与英国的军队相比，公司军队里军官数量与士兵数量的比例较小，具有较高军职的人数尤其少，这就意味着候补军官的晋升机会更少。此外，虽然理论上讲，公司军官的晋升靠的是资历，但那些有人脉、有钱的人可以破坏这一制度，他们能返回英国，等待晋升机会。[277]贫穷的下级军官在失望中了解到，制度就是在这些人脉与金钱中被腐蚀的。

7月，希基刊发了一封候补军官的来信。这位军官抱怨道，与十年前刚入伍的时候相比，他得到的晋升机会并没有增加多少。除了写信给希基，他不知道该如何是好，他希望媒体的曝光能让事情有所改变。

---

① 金德讷格尔（Chandernagore）：印度西孟加拉邦胡格利县的一个城镇。

先生，对于像我这样的年轻人来说，这种思考十分令人不快……想想看，我可能要在这个炽热、有碍健康的气候中待上12或14年，除非我本来就对此有兴趣……在服役中我耗费了生命里最宝贵的时光，我的健康受到了损害……同时，我又看到许多下级军官赚得盆满钵满地回到了自己的国家……哦，你们当权者想想这个吧，让某种程度的平等分配得以实现吧。

您的

一名贫穷的候补军官[278]

希基的报道不仅涵盖了欧洲的士兵，也包括了那些在公司底层挣扎着的印度兵。6月，闪电击中了位于坎普尔（Kanpur）的军事基地，大火熊熊燃烧，摧毁了大部分营地。印度兵受害最深，他们的工资被拖欠了几个月，逼得他们借钱购买物资。现在，他们大部分财物都被毁掉了。他的一名通讯员写道："那些可怜的黑人部队因此事深受折磨，他们现在的处境真的很悲惨……他们总被拖欠三个月的工资，为此不得不以极高的利息向唯利是图的放贷者借钱来维持日常生计，这的确让他们的薪水变得十分微薄。"[279]

随着死亡人数的上升，希基开始反对战争。最大的转折点是发生在9月的可怕的波利卢尔（Pollilur）战役。当时，迈索尔王国①的国王海德尔·阿里（Hyder Ali）和他九万人的军队在南印伏击了公司的

① 迈索尔王国（Mysore）：存在于1399—1947年，位于今印度西南部卡纳塔克邦一带。1799年，迈索尔王国成为东印度公司下辖的一个土邦。1947年，迈索尔王国并入印度联邦。

一支军队。公司的指挥官在一片空旷的谷地集结了自己的军队，疯狂写信求援。但一切都是徒劳。一枚火箭弹击中了弹药车，在他的防线上撕开了一个口子。迈索尔骑兵冲了进来，部队方阵溃不成军。

战斗变成了一场屠杀，公司的军队被严重削弱，5 700 名士兵中有超过 3 000 人被杀。这是在一代人的时间里，英国军队在印度遭遇的最大的失败。战斗结束以后，英国指挥官被绑在一门大炮上，被迫看着他的同僚在他面前被斩首示众。最年轻的士兵被打扮成女人，供抓到他们的人取乐。还有 300 人被强行做了割礼。全身赤裸或半裸的幸存者被推入地牢，被喂下有毒的大米后慢慢死去。[280]

这场战役震惊了希基，他一直相信英国人要比其在印度的任何敌人都更强。接下来的数月里，报道不断涌现，他终于明白了这场战斗有多么可怕，而公司的将军们有多么无能。公司在南印的军事长官赫克托·门罗（Hector Munro）仅在离此地 4 英里①远的地方，却对一再发来的支援请求置之不理。他不仅没有施以援救，反而将所有的大炮都扔进了当地的湖里，逃之夭夭。[281]更糟的是，海德尔·阿里在战斗之后包围了南印的大部分地区，并切断了对马德拉斯的所有补给。[282]

这场战斗使希基开始疑惑，英国人为什么要在印度作战。战争的伤亡使战争显得毫无意义，他指责公司罔顾士兵的性命。“更多的欧洲人在最近这些协调得极差又不光彩的战役中被可耻地牺牲了，”他写道，“比上一次战争中……牺牲的……人数还要多。”[283]

---

① 约合 6.4 千米。

他开始疑惑，他的英国同胞是否都是好人，而印度人是否都是坏人。[284]人们以为，海德尔·阿里的军队占领了阿尔果德（Arcot）之后，屠杀了他们遇到的每一个人。希基报道的事实与此非常不同。他的报道说，海德尔事实上把被俘的公司士兵护送到了安全的地方，让他们给家里写信，甚至派出自己的信使帮他们送信。“这种行为多么高尚，简直是将军的做法，”希基写道，“当我们假设那些来自遥远而蛮荒的国度的异教徒会比我们做得更野蛮时，我们对他们是多么不公啊。”[285]希基曾经看到的只是一个贪婪成性的军阀，而今见到的是一个更复杂的领导人，这个人和他的英国同胞一样具有人性。

带着越来越多的疑问，他利用自己的报纸报道了这场战争中的人性悲剧。海德尔用火和剑将乡村夷为平地之后，上千人涌入了马德拉斯。[286]母亲们将婴儿怀抱在胸前，父亲们领着全家步行。[287]这座城市人满为患。他写道：“那地方的屋子和街道都挤满了人，他们几乎找不到能躺下来的地方。”[288]

他报道了战争的可怕后果。米价飙升了三十倍。[289]饥荒随之而来。他写道：“附近穷困的本地人都在忍饥挨饿。”[290]人们“甚至倒毙在粮仓门口——每天都有不少人这样死去，五名怀里抱着婴儿的妇人在排队的时候倒下，死于饥饿”[291]。人间惨剧几乎让人无法忍受，他认为自己有责任曝光这些事情。

他关于战争的报道为他赢得了国际读者。例如《伦敦新闻》（*London Courant*），《伦敦纪事报》（*London Chronicle*），《大众广告报》，《英国晚报》（*British Evening Post*），《女性杂志》（*Lady's Magazine*）等英国媒体都转载了他的新闻，通常都是逐字逐句转载的。许多月刊和年刊也都纷纷转载。他的新闻甚至传到了美国，诸如《新泽西公报》（*New Jersey Gazette*），《普罗维登斯公报》（*Providence Gazette*）等报纸迅速转载了英国的败绩。[292]他的报纸也影响了非英语国家的读者。像《政治杂志》（*Journal Politique*）和《法国信使》（*Mercure de France*）这样的法国刊物翻译了他有关英国在印度的战役的文章。[293]甚至德国的《政治期刊》（*Politisches Journal*）也对他的报道做了概述。[294]其他许多刊物可能也转载了他的新闻，不过它们的记录都已经不复存在了。作为当时亚洲唯一的报纸，他的公报变成了亚洲信息的重要来源。

几个月间，希基将他的报纸变成了独立的改革之声。但他日益增长的怀疑态度也使他越来越愿意去质疑那些当权者，并打破文化桎梏。他认为自己的使命在于说出真相，也就是"向所有派别开放，但不受任何派别的影响"。他聚焦于那些占据社会底层的人，那些被排斥在庇护和名声之外的人。他给予了他们表达不满的机会。他所希望的只是那些掌权者对此能有所回应。

但他的成功意味着其他人看到了良好的商机。一件大事即将发生，而这将使那些有人脉关系的竞争者更容易向他发起挑战。

这些恶行是免不了的

一个自相残杀的议院是维持不下去的。

——约翰·克里斯蒂安·迪莫致促进会秘书

迈克尔·哈林斯（Michael Hallings）的信

1780 年[295]

1780 年 7 月 31 日，周一，教堂

迪莫去了开普敦九个月后回来了。他十分健康，肺结核已经治愈。他觉得自己的精力恢复得不错，准备迎接新的挑战。

回来后，他感到十分惊讶。基尔南德将他的妻子和家人从传教所赶了出去，并解雇了他的教师，开除了他的学生，让他们离开。他成立了一所新学校，聘用了新教师。[296]现在一名新的传教士住在他的妻子和儿子曾经住过的屋子里。

他传教士的身份被剥夺了，他受到了羞辱。

他确信，基尔南德此举是想让学校恢复盈利。

迪莫写信给促进会："他从未指望过我会康复，也没想到我会回到加尔各答来。他自以为会吸引许多寄宿生和学者，为他的传教所带

来更大的利益，为了腾出位置，他选择让慈善机构的孩子和我的寄宿生离开，并宁愿为此承担损失。”[297]

他与基尔南德的关系本就问题重重，现在两人直接变成了敌人。他希望与基尔南德对质，并开始准备他们见面的时候他要说的话。他不会对发生的一切坐视不理，他决心留住自己从小镇慈善机构那里得来的100卢比工资。

一天早晨，他与基尔南德在一名会众成员的屋子里相遇了，他们进行了正面的交锋。他把基尔南德带到花园的一边，复述了准备好的话。

他缓慢而滔滔不绝地说道：“所有人都十分讶异，你这样一个老家伙，死亡的阴影正迅速笼罩你这个行将就木的人，墓穴已经张开了口，即将把你吞噬，你居然还如此贪得无厌，将学校的100卢比房租据为己有，而不让我这个负责学校的人得到。”

基尔南德被迪莫的口才吓了一跳，他说：“我从未将那些钱据为己有，我用它们来支付传教所的支出了，你知道的，我也曾希望你这样做。”

迪莫穷追不舍：“不。你已经收到了那100卢比，为什么不能把它们给我？”

基尔南德说：“对，我每个月都从［小镇慈善机构］那里收到这些钱，但我拿去支付传教所的花销了。”

基尔南德转过身，准备走开。

但迪莫还没打算就此罢休。

“那是你的传教所，你理应支持它，但那100卢比是归我的，因为我负责照管学校，还有那些［走读生付的］钱。所有人都说这样才公道。”

随着基尔南德的离去，迪莫内心涌动着六年来破灭的希望。

他叫道：“这些恶行是免不了的，但那作恶的人有祸了。”①[298]

迪莫决定永久地离开传教所，仅仅待那儿就让他觉得恶心透顶。

第二周，他给基尔南德写信说，他将正式离开。他说，他可以布道和主持婚礼，但不会参与传教所任何的日常工作。他认定，分道扬镳是维持他们之间和平的唯一方式。

> 当我回顾我为了维系我们之间，尤其是我们作为传教士之间的和平与和谐所做的一切徒劳无功的努力和抗争之时，我不得不得出结论：我们之间在情感上存在着不愉快的差异，且这些差异无法调和。因此，为了避免因我们之间的差异致使我们和我们的神圣职业在未来出现丑闻，我决心谢绝参与将来所有的会晤或会议。[299]

他认为基尔南德会同意，他们应当和平地分道扬镳。

但他错了。

一周后，他收到了一封来自基尔南德的怒气冲冲的回信。阅读这封信时，六年时光在他眼前闪过。那是六年的徒劳、痛苦与疾病。很

---

① 这句话是对《圣经·马太福音》18：7 的改写，原文是“绊倒人的事是免不了的，但那绊倒人的有祸了”。

显然，一切都不会改变。传教所过去是，将来也一直是基尔南德的私人财产，基尔南德会像管理他的个人封地那样管理它。

信中写道："你一直固执己见。

"你自愿做了那些损害传教所的事。

"你不会遵从理性和公平。

"你从你自己负责的地方逃走了……跑到了上帝没有派你去的地方。

"愿上帝……怜悯你，使你觉察到自己任性的做法！"[300]

都是些恶毒的话。那些话需要得到回应。

他把信放下。

在经历了数年的抑郁和担忧之后，他发现自己居然被指控为离开了传教所、忘记了为上帝服务的誓言的懒惰之人。他不会让这些说法成立。怒火在他心头燃烧。他要报复。

他开始谋划。

决　斗

一句话，我有权力，而我将运用它。

——沃伦·黑斯廷斯，1780 年 11 月[301]

1780 年 8 月 14 日，周一，中午 12 点 30 分，胡格利河上[302]

黑斯廷斯的仆人驾船带他驶向加尔各答，风掠过他的头顶。南方的天看起来灰蒙蒙的，不是个好兆头。雨季快到了。

黑斯廷斯的心情和天气一样，沮丧又悲伤，疲惫而憔悴，还有些局促不宁。为了争夺对理事会的控制权，他已经和他的敌人菲利普·弗朗西斯争斗了六年。

是见分晓的时候了。

他只想拥有自己长久以来都渴望的权力。

他抵达加尔各答时，夜幕已经降临。他下了船，直奔自己的豪宅。在那里，他找到了一封他在一个多月之前写好，却没有寄出去的信。这封有关弗朗西斯的信是写给公司的董事们的。

我并不相信他直率的承诺，我相信他没能力做到这一点，他唯一的目的和心愿就是让我可能采取的每一项措施都陷入困境、受到挫败……他在夸大每一次的失望与不幸，而所有关于军队在制造饥荒和屠杀的胡说八道都能第一时间传到他的耳中……我对他的公开表现的判断来自我与他个人接触下来的经验，我认为他的表现缺乏真诚和信誉。这是一项严厉的指控，但这项指控是我克制而审慎地提出的……对于这种超出法律管辖范围的欺骗行为，唯一的补救措施就是曝光它。[303]

他派了一名信使跑着把信送走。现在已经没有回头路了。

他被弗朗西斯激怒了。他已经承诺支援马拉塔战争，但弗朗西斯却否决了自己增派援兵的命令。[304]在雨季的降水使路况变得恶劣之前，军队需要马上得到增援。

他坚信弗朗西斯否决增援的决定是存心要惹恼他，好让他受挫，然后辞职，这样弗朗西斯就可以自己当总督了。

但是弗朗西斯的花招产生了相反的效果。黑斯廷斯绝不会让这种人成为总督。[305]

第二天，理事会的会议结束后，弗朗西斯问黑斯廷斯是否可以私下谈谈。弗朗西斯将他带进一间私人房间里，从口袋里拿出一张纸，低头看着它。[306]

“你必须明了，先生，”弗朗西斯说道，“我对那份文件上的任何问题的任何回应都不足以弥补我受到的羞辱……你对我的羞辱让我别无选择，只能要求你本人对我进行补偿。”[307]

他们约定，两天后在黑斯廷斯的贝尔维德雷庄园外见面。那里绿树成荫，便于隐蔽行踪，颇受决斗者的青睐。有两棵树甚至因为太多人在底下决斗而获得了一个诨名——“两棵毁灭之树”。[308]

8 月 17 日，黑斯廷斯的滨海豪宅，凌晨 4 点 15 分

黑斯廷斯被皮尔斯上校的敲门声吵醒了。

时间还早，这也太早了，他心想。加尔各答一片寂静。只有豺狼的尖叫声撕破夜空。

他闭眼躺在睡椅上，想再休息片刻。半小时以后，他又突然睁开了眼睛。

今天早晨，他必须杀掉一个人。

他穿好衣服，登上了皮尔斯上校的马车。

他的马车向南经过新堡（New Fort）的时候，他向那里的士兵致敬。但他的心思却在其他事情上。如果他被射杀，那会怎么样？他知道他的太太玛丽安会为他哀伤。但是他扩张大英帝国版图的计划怎么办呢？一切都将烟消云散。

另一方面，即使他杀了弗朗西斯，他的计划仍有可能被破坏。他将不得不因为谋杀罪受审。[309]

他的思绪飘向了一段更快乐的时光，那是他上个月度假的时候。他和玛丽安出航前往荷兰的钦苏拉定居点，他们在他的私人游艇上享用了一顿丰盛的早餐。在舞会中，他将自己的注意力从公司在前线的战争和自己与弗朗西斯的斗争中解脱了出来。[310]

他的思绪迅速回到了当下。他到达自己的庄园时，黎明的第一缕阳光刚刚升起。他看到弗朗西斯及其助手沃特森上校站在庄园外的路上。他们已经等了将近半个小时。

他和皮尔斯走下马车。

在庄园的西门外，他们发现了一条棕色的泥泞小路。空气凝滞，地面焦干。几乎没有一丝微风，季风尚未到来。[311]

皮尔斯递给他一把手枪。沃特森丈量出十四步的距离，在泥地上画了一条线。

黑斯廷斯抬起脚。皮尔斯数着他的步数。一步、两步、三步……

他吸了口气。“十四步。”皮尔斯数着。

他停了下来。

在他的一生中，他只开过几枪。他不知道要做什么。

他问弗朗西斯：“你是站在线前还是线后？”

弗朗西斯低下头看了看。弗朗西斯也没开过枪。

“线后。”弗朗西斯说。

黑斯廷斯走上前去。

皮尔斯打断道：“规矩就是，你们都开完枪后才能移动。”

沃特森补充道：“你们俩应该一块儿开枪，不要占任何便宜。”

黑斯廷斯还是有点困惑。

“这意思是，我们应该听你的指令再开枪吗？”他问道。

沃特森说：“你们应当尽可能同时开枪。”

黑斯廷斯转身面朝弗朗西斯，看着弗朗西斯侧着的身体，高高地举起右手，缓缓地抬到与胸口齐平的位置。

弗朗西斯用手枪瞄准了一次。

黑斯廷斯的心狂跳了起来。

两次。

他吓了一跳。

三次。

扣动扳机的声音。

他呼了一口气。一片寂静。弗朗西斯的弹药受了潮，他的枪哑炮了。

眼角余光的尽头，黑斯廷斯瞅到一位孟加拉老太太在招手，让其他人过来看热闹。一小撮人群聚集起来。他和弗朗西斯组成了一道奇异而有趣的风景线：两个穿着马裤的白人男子正在进行殊死决斗。

皮尔斯为弗朗西斯补充了弹药。

他再次看着弗朗西斯做准备。不过这一次，他决定先发制人。

他将手枪的击锤拉到位，瞄准了目标。弗朗西斯也同时举起了枪。他们一起开了枪。

扣动扳机。

砰！

弗朗西斯踉跄着摔了下去。他试着坐起来，但他的手臂不听使唤。他肩膀上的红点越变越大。

“我要死了。”弗朗西斯轻声喊道。

黑斯廷斯跑到他的身边。

“天啊！”他说。

黑斯廷斯和沃特森压着弗朗西斯的伤口。皮尔斯跑去贝尔维德雷庄园呼救。外科医生来了，将子弹从弗朗西斯的肩膀里取了出来，为他放了两次血。他们说他能活着就很幸运了。一根肋骨让子弹偏离了他的胸口。[312]

决斗的消息数小时内就传到了加尔各答。许多人都认为这是一场由战斗进行的审判，上帝赋予胜利者以统治的权利。[313]

弗朗西斯告诉黑斯廷斯，他要离开印度了。黑斯廷斯松了一口气，无尽的未来正向他打开。“再也不会有对手去反对我的计划、鼓动人们违抗我的权威了……也没有人会激发和煽动民愤了……一句话，我有权力，而我将运用它。”他写道。[314]

没人再反对他了。他长期觊觎的权力如今是他的了。

漫长的七年后，他终于可以随心所欲地统治了。他立即行动起来，加强控制。他的第一个目标是最高法院。法院由议会成立，旨在为印度带来公正、无私的司法，从成立起，就一直是他的眼中钉。它阻碍了公司征税，还颁发了许多人身保护令①，以审查那些被他的收税员监禁之人的情况。

有两个案子最令他生气。第一个案子是，法院发现他的省理事会，也就是巴特那理事会犯有强迫一名女子离开自己土地的罪行，他们将她围在伊斯兰神殿内，企图饿死她，还强迫她和自己的侄女婿生活在一起。[315]而在第二个案子里，法院派了一名警官去逮捕他的收税员。法院宣判他藐视法庭，因为他命令军队去逮捕那名警官，法院还

---

① 人身保护令（habeas corpus），指英美法系中对抗非法拘禁的令状，命令看管人将被拘押者交送法庭审查，以判断拘押该人是否合法。

将他的律师关进了监狱，因为他的律师将警官的行动路线告知了他。[316]

他突然想出了一个绝妙的计划，不仅能让法院靠边站，还能巩固自己对公司的统治。在决斗后的数月里，他将目标对准了首席大法官以利亚·英庇。童年时期，英庇曾是他的朋友，他俩曾一起在威斯敏斯特公学上学。英庇也很有政治野心，曾六次要求在最高理事会中获得一个席位。黑斯廷斯利用英庇的野心，提出了一个近乎完美的方案。如果英庇同意不妨碍公司的收税员，那么他就会给予英庇完全掌控孟加拉所有法院的权力，而且让他一人独享这种权力。为了使交易更加诱人，他为英庇开出了一个月 5 000 卢比的薪水和 600 卢比的办公费，这个数字几乎比英庇作为首席大法官可得到的薪水还多出三分之二。[317]

10 月 10 日，他正式向英庇提出了新法院系统，他称之为“萨德尔·迪瓦尼法院”（Sadr Diwani Adalat）①，即中央民事法院。[318]曾经一度提交给最高法院的案子，现在会被提交到英庇那儿。最高法院将不再受理加尔各答以外的案子。中央民事法院将会成为孟加拉的最高法院。

在接下来的几个月里，黑斯廷斯开始向他控制下的每个职位提供资助。他让英庇的朋友和亲戚进入公司担任要职。他用每月1 000卢比的高薪任命了一名刑事法庭的记录官。他又用相同的高薪聘用了另一个人担任公司的高级辩护律师。[319]他还任命了英庇的朋友约翰·莱

① 加尔各答民事诉讼的终审法院，1857 年印度民族大起义后停止运作。

德（John Rider），让他去西蒙·德罗兹的贸易委员会供职。他开给莱德的薪水是每月 1 100 卢比。这笔薪水甚至是从莱德到达加尔各答的那一刻开始算的。此外，因为贸易委员会已经满员了，他允许莱德领着薪水等待下一个空缺的职位。[320]

黑斯廷斯相信他的这些手段是为了正当的目的。他写道："我知道我的意图是正确的。"[321]他坚信，任命英庇会为公司带来和谐。他的省理事会和收税员能够收取税款而不必惧怕司法系统。[322]通过让英庇控制司法，他掌控了英庇。他们的命运与财富现在被绑到了一起。

继英庇之后，他又对最高法院的第二法官罗伯特·钱伯斯爵士（Sir Robert Chambers）展开了攻势。他利用了钱伯斯在财务方面众所周知的窘境。钱伯斯投资过房地产，他曾花钱购置了一座6 000英镑的豪宅，还买下了基尔南德奢华的花园别墅。这些投资让他的财务陷入了困境。[323]和英庇一样，钱伯斯已经多次要求进入最高理事会了。

他在英庇的新法院里给钱伯斯的弟弟谋了一个重要的职位，让他担任波斯语翻译。[324]此后，他又将钱伯斯任命为一个全新的法院——钦苏拉法院的法官，又给这个象征性的职位开出了每月 3 000 卢比的薪水。通过这些贿赂，黑斯廷斯将不止一位，而是两位法官纳入麾下。最高法院只剩最后一位法官约翰·海德固执地置身于他的资助之外，拒绝他的好意。[325]

黑斯廷斯已将多位法官束缚于自己的意志之下，损害了最高法院的独立性。政府的所有部门、所有人都无法逃脱他的掌控。权力是他的，而他也运用了权力。

一个竞争对手

我听说《印度公报》的编辑们……已经决定要让他们的公报尽可能实用，他们要用精美的软纸印刷报纸，而报纸的尺寸将大到足够放得下克罗阿西娜①神庙一周的供品，这样，日后他们朋友的钱就有用武之地了。

——詹姆斯·奥古斯都·希基，《希基的孟加拉公报》

1781 年 5 月 5 日

1780 年 10 月 4 日，周六，《印度公报》办公室

伯纳德·梅辛克（Bernard Messink）和彼得·里德（Peter Reed）将他们创办报纸的计划保密了几个月。首先，他们一个一个地让订购了希基报纸的人放弃订阅。[326]

然后他们向基尔南德求助，要一台印刷机和一些字模。基尔南德以他们的名义，给他在特兰奎巴的传教士同事写了一封信，索要一套用过的字模和“一台条件尚好的旧印刷机”。[327]

---

① 克罗阿西娜（Cloacina）：古罗马女神，掌管下水道和公共卫生。

10 月 4 日，梅辛克和里德便要求最高理事会允许他们通过邮局免费邮寄他们的报纸，并成为公司的官方印刷商。他们肯定已经得知自己的请求会获得批准，因为虽然他们被告知，黑斯廷斯已经让另一名公司职员成了公司的官方印刷商，但他们还是被允准免付邮资。[328] 黑斯廷斯的命令让他们的报纸比希基的报纸更有优势，因为希基必须自己支付邮费。

里德和梅辛克都没有任何印制的经验。梅辛克是从戏剧业转行到印刷业的，在搬来加尔各答之前，他的青少年时期在伦敦度过。作为一名天赋型的演员、歌手和导演，他马上让加尔各答的剧院获得了成功。军官吉尔伯特·艾隆塞德（Gilbert Ironside），最高理事会成员黑斯廷斯、巴维尔，以及最高法院大法官英庇、钱伯斯和海德，这些最富有、最有权势的人物都成了他报纸的订户，使他变得越来越富有，还建立了许多人脉。[329]

里德是孟加拉盐业贸易出身，他在那儿干了十多年。他也曾在加尔各答税务署任职。[330]他把办报看成一项有利可图的商业活动，而他的经验教会了他如何躲开别人踩过的坑。在公司驱逐威廉·波尔茨的时候，他曾担任波尔茨的律师和代理人。[331]这段经验给了他一个教训：成功的最佳途径是避开政治，或者说，最好是支持那些手握权力的人。

获得资助之后，梅辛克和里德在加尔各答的公共场所张贴告示，宣称他们将要推出一份报纸。[332] 11 月 18 日，他们印刷了第一期《印度公报》（*India Gazette*）。

他们成了希基唯一的竞争对手。

他们几乎在各方面都与希基不同。就像英国代表自由派的辉格党和代表保守派的托利党创办的报纸一样，他们和希基也分别代表着政治光谱的不同侧面。希基报道的是穷人，而他们则关注富人；希基的报道有点粗俗，而他们的报道则枯燥乏味；希基强调独立，他们则毫不避讳自己得到了黑斯廷斯的支持。

从一开始，他们就在传播英国人高人一等的观念。在其中一篇很能反映真实情况的特稿中，他们用了很大篇幅刊登了一个名叫亨利·威尔德莫（Henry Wildmore）的已故公司职员的日记。因为繁忙的社交生活，威尔德莫几乎没完成什么工作。在抽水烟、打牌、赛马和观看舞女演出的间隙，他回家殴打了自己的仆人。这些他都记在了自己的日记里。某个周一，他将一个仆人踢下楼梯，因为此人在他宿醉醒来后“冒冒失失地”打搅了他。第二天，他写道：“早餐之后，我坐下来学习波斯语，打了几次我的老师，因为他不能用英文说明自己的意思。”当天晚些时候，他“辱骂了”自己的销售商，因为有张欠条对方忘了支付。他的印度理发师因为迟到而挨了他的鞭子。但那时他收到了一封要他汇报工作的信件，所以他的惩罚提早结束了。但他回信说自己得了流感，借以逃避了信上要求的事情，并请了一晚上假，跑到和谐酒馆跳舞。[333]

梅辛克和里德并没有以嘲讽或开玩笑的方式刊登威尔德莫的日记。在威尔德莫日记的序言中，他们的通讯员认为威尔德莫对印度人的暴行只是“微不足道的事情”，不会影响阅读他日记的“乐趣”。虽然他们的目的是嘲讽公司职员不勤奋工作，而是磨洋工，但实际却显示了对印度下等阶层百姓的暴力在社会上的接受度之高。

威尔德莫的日记并非是梅辛克和里德在教唆暴力和有罪不罚方面唯一的例子。他们在许多其他的文章上也宣扬英国人优越论。他们的一位通讯员认为，印度人低人一等，因为他们无法理解英国人的幽默。有个通讯员在一场聚会中听到了一个笑话，回家后把它讲给了自己的语言教师听。“我发现这没什么效果。那个野蛮人回答说，他既无法理解这个笑话有什么好笑的，也不能理解这个笑话有什么用。”他写道。他的语言教师说，虽然这个笑话可能在英语语境下很搞笑，但在波斯语语境里却很粗鲁。他写道，他的语言教师并不能理解他，这让他感到“恼火”，他要求梅辛克支持他。他恳求道：“请求［梅辛克］先生能写一篇报道，为这种幽默辩护。”[334]

梅辛克和里德还指责印度人败坏了英国人的价值观。在一篇措辞严厉的文章中，梅辛克将公司职员懒洋洋的工作态度归咎于他们“不得不与本地人”打交道这一事实。梅辛克相信，印度人的懒惰根植于他们的懒散文化之中。他写道，他们“早晚的祈祷，应该很可能是‘守护之神，教教我如何磨洋工吧’这样子的”。[335]在梅辛克的世界里，英国人和印度人应当保持距离，因为印度人会侵蚀使英国人保持优越性的纯正本质。

当希基为底层人写文章的时候，他们则为上等阶层发表文章，他们会写到沙龙舞，或者青年男士在女士面前得体的举止。[336]在一篇他们刊登的文章中，他们呼吁人们停止在餐桌的两端互相吐面包粒——一种喧嚣的大型醉酒派对上的常见行为，并不无讽刺地称之为“粗俗”的做法。[337]在另一篇文章中，他们建议人们应当靠左驾驶马车，以避免发生交通事故。在一期报纸上，他们用了整个头版的篇幅报道了一名演员对另一名演员的仆从的抱怨，他抱怨那个仆从为了在自家雇主吃晚餐时为他开牡蛎而顺走了道具刀，还任由一群狗在舞台上撒欢。[338]

希基将印度人视为高贵的野蛮人，梅辛克和里德却相信欧洲人永远都高人一等。虽然表面上他们接受了黑斯廷斯的观点，认为要统治印度人，重要的是先了解他们，但他们的言行并不一致。在一篇文章中，他们声称要对伊斯兰教什叶派的起源进行阐释；但相反，这篇文章变成了一篇对伊斯兰教的双栏谴责文。他们解释说，什叶派被“盲目的热情”所驱动，又受了印度教“迷信仪式”的侵蚀，从而变得“偏执”，人们最好在斋月期间避开他们，因为那时他们会“变得疯狂”。他们的撰稿人总结说，宗教节日期间，穆斯林最好被仔细看管起来。他们易受暴力影响的特性“应该成为政府的一个教训”，政府应当对他们保持警惕。[339]

梅辛克和里德很好地兑现了承诺，没有触碰政治。他们告诉自己的撰稿人，他们会拒收任何“不在我们计划之内”的稿件，也会拒绝刊登任何与政治有关的信件。[340]最终，他们在第一个整年中只刊登了 17 篇观点类文章。其中的许多文章都关注贸易政策。他们没有刊登任何反对公司或黑斯廷斯的文章，也没有刊登任何支持出版自由或言论自由的文章。在大巨变的时代，他们的关注点显示了他们的自我审查和与黑斯廷斯的亲密关系。[341]他们的报纸上缺少观点专栏，本身就是他们对于黑斯廷斯权威的认可。

他们闭口不谈政治的原因显而易见——经济回报。他们成为公司事实上的喉舌，因为公司的部门会在他们的报纸上做广告和发布公告。[342]商人意识到，与希基的报纸相比，《印度公报》的订户更富有，因此他们在自家公报上刊登的奢侈品广告也比希基的更多。这种做法让他们的公报成了私人游艇租赁公司、猎犬、花园洋房以及晚餐俱乐部刊登广告的首选。[343]他们刊登的常见广告是有关购置钻石和将钻石运回英国老家的服务，因为钻石是一种容易隐藏的财富。[344]像黑斯廷斯这样经常需要将财富以钻石的形式运送回家的公司雇员，都会觉得这些服务十分诱人。[345]甚至基尔南德也在他们的公报上登广告，宣传自己提供的为最高法院印刷法律表格的服务。

或许他们支持黑斯廷斯的原因是，他们与黑斯廷斯和公司其他有权势的职员关系密切。他们刊登了一些攻击言论自由的观点。[346]他们认为希基既危险，又不忠诚，还很傲慢。他们认为，希基在自己的报纸上攻击别人，本身就是一种压迫行为。“言论自由，”他们的一位撰稿人说，“常常会转变为一种破坏性的手段，导致个人的过失和对公众的压迫。”[347]另一位撰稿人说：“我很惊讶地发现，在那些不满者的持续努力之下，我们之间的和平与和谐被彻底颠覆了。”[348]对他们来说，希基是危险的，因为他破坏了加尔各答的和平与和谐，而他的行为违背了自己国家的利益。

他们认为希基应当受到审查，因为他散布异见，威胁社会上流人士，损害了英国的利益。一位撰稿人写道：“我认为，公报刊登的许多具有煽动性的稿件和短讯都流露出一股强烈的不满，从中可以看出，某些在孟加拉的人不忠于他们国家的真正利益。”[349]另一个撰稿人写道，对新闻自由的滥用，“要求当局伸出整肃之手。这些报纸上的记事传到了很多遥远的国度，它们一旦在那儿成为人们的共识，就会造成祸害"[350]。他们的撰稿人写道，真正的爱国者支持他们的统治者。在他们眼中，希基并不爱国。

和希基一样，梅辛克和里德来自海外。但实际上，梅辛克和里德来自完全不同的文化。他们属于那些赚得了巨额财富的人，他们住在豪宅中，能带着足以购买议会席位的钱回到家乡。希基属于社会边缘的底层人，这些人来到这里寻求财富，却因不平等的制度而受挫。

希基接下来要面对的就是这种挫败感。

镇 压

在不恭维任何阶层的情况下，每一位当事人都应当在下周六被提审，并交由公众判决他们无罪或有罪。

——詹姆斯·奥古斯都·希基，《希基的孟加拉公报》

1780 年 11 月 4 日[351]

1780 年 11 月 11 日，周六，希基的印刷办公室

得知梅辛克和里德获许免费邮寄报纸之后，希基更生气了。[352]

他们免付邮资对他来说只意味着一件事——有个要毁掉他的大阴谋。[353]他确信，有一股强大的力量在反对他。而这股强大的力量一定是贸易委员会的负责人西蒙·德罗兹，就是那个曾带他去见玛丽安·黑斯廷斯的人。而西蒙这么做的原因只可能有一个：自己拒绝了行贿。

他看到了不公，开始筹划复仇。

他决定向公众讲出他的故事，从他的航运生意失利，他因债务违约被扔进监狱开始讲。但他并没有“郁郁寡欢、萎靡不振”，而是转而从事印刷业，使自己摆脱牢狱之苦。两年来，他一直长时间工作，

常常从清晨六点一直工作到深夜一两点，赚到了足够的钱以偿还债务，“而没给自己买任何生活必需品”。

在他的报纸上，他写下了自己成为记者的原因。

> 我对出版报纸没什么特殊的热情。我［对它们］也没有什么癖好。
>
> 我并没有被教育过要过奴隶般的艰苦生活，但我却乐于奴役自己的身体，以换取思想与灵魂的自由。
>
> 我无意于建功沙场或步入政坛，我不想要任何奢华之物或亚洲式的盛大排场。我想要像个诚实的人那样支付自己的账单，就这样简简单单、与世无争地经营我的小报纸，慢慢完成三件我曾认为我应该能够在六年内完成的事情……我希望能偿还我所有的债务，并在英国拥有六千英镑的收入，以支持我在这片自由和自主之地上安度晚年。买一个花园中的小屋，与云雀一同起床，看看我自己的豌豆或菜豆，根据一年四季移植或栽种我自己的苗木，与世无争。而当上帝召唤我去另一个世界的时候，我能欣然享受这份喜悦，将我的手放在胸前，用尽全身气力，吐露欣慰而衰老的心声，感谢您，我的上帝，通过辛勤的工作，我已经偿还了我所有的债务。在我一生中，我从未亏待过男人、女人和孩子，从未对他们有丝毫亏欠。

他不想要财富，也不想要名气。他只想赚得足够到英国退休的钱，过简单的生活。

但是他在努力工作之后，却感觉自己受到了威胁和恐吓。

你们这些阴谋家，这些都是我希望享受到的舒适，而毫无疑问的是，魔鬼——你们每天侍奉的主人怂恿你们耍诈使奸，以毁坏我和我的小家庭，但那个曾带我走过所有不幸的上帝，我期待祂也会带我走过这次的不幸。

他相信，腐败已如此猖獗，上帝将会因为这些公司职员的贪婪和傲慢而惩罚他们。在近几次的军事失利中，他相信这种事情已经在发生了。

那些他称为“上帝之复仇”的行为已然发生在一度和平的定居点里。不过上帝是仁慈的，为了他们，祂已停手数年，期待你们改过自新。但是你们却还是愈行愈远，变本加厉。压迫每天都在上演，还有私下里的恶行也在进行。祂收回了自己的全部仁慈，也不再停手。那停歇已久的复仇如今似乎降临在这个国度的领地之上，一些恶人因为自己不知收敛的傲慢和贪得无厌而给我们带来了这一切。

在制造了悬念之后，他揭发了德罗兹。他解释了德罗兹是如何带他去见玛丽安·黑斯廷斯，并请求她为他的报纸提供保护的。

德罗兹先生与公司的另外两位先生来到我家……那天早上他

们与黑斯廷斯夫人共进早餐……他们听到了她对我办报成功的美好祝愿，而后……他们迅速从她家赶来，定下了第二天会面的时间。

他前去贝尔维德雷，但是在最后一分钟拒绝了他们。他写道：“我无法做出那样的事，于是没有等到黑斯廷斯夫人，我就回来了。”

他小心翼翼地不去指责玛丽安，而将一切都归咎于德罗兹。

我认为，用这样一种见不得光的方式去讨好、利用一位天性良善的女性并让她难堪，这实在太不像个男人了，这么做太阴险、太狡诈了。我知道，如果我向她的丈夫去提这样的要求是非常不恰当的，而我却要让她答应为我办这件事。

他认为，德罗兹威胁梅辛克和里德创办了一份报纸。他的一位通讯员报告说，自己无意间听到了梅辛克的谈话。

“我是被一个主要负责人牵着走的，他是［贸易委员会的］成员，”据说，梅辛克是这样说的，“他坚持要我做这件事。如果我拒绝的话，他会毁了我。”[354]

他揭露了德罗兹在公开场合装成善人，在私下里却是个自私自利的诽谤者。他根本不可能战胜德罗兹。他写道：“有良知的人和愿意遵从自己意愿行事的人毫无胜算。”无论在政坛上还是战场上，德罗兹都不值得被信任，他会危及所有听从他建议的人。

那个给我这份建议的人就是你们所称的主角，他是个阴谋家，是个悲剧之王，他热衷于模仿伟人和好人的行为（可他永远不会成为这样的人）。这就是他常常扮演的社会角色。这些都是装出来的，不是天生的，而是被迫的。但是私下里，他扮演的是他与生俱来的角色——有预谋的诽谤者，阴险且城府极深，某一派别的奴隶和工具，王牌哑剧演员。他是个在议会或战场上都不被信任的家伙，因为除非符合他自身的利益或者自己的任性，他不会对任何人忠诚。

听从他建议的人（如果他不会受到惩罚的话）会割断别人的喉咙，埋葬一个国家，或者炸毁一个军火库。

在如此巧妙的阴谋之下，何人才能安全无虞呢?

如果这里的法院内部是这样运行的，那么英国国民就不会得到任何的保护，因为在这里，英国国旗的影响力会被剥夺，偶尔还会成为这片偏远土地上小小暴君的擦鞋布。

J. A. 希基[355]

11 月 13 日，加尔各答，理事会大楼

整个城市的人都看到德罗兹的名字被拽入了泥潭，黑斯廷斯决心要做点什么。希基称贸易委员会的主席是“某一派别的奴隶和工具”，还说他“会割断别人的喉咙，埋葬一个国家，或者炸毁一个军火库”，没有人能这样大放厥词而不被处罚。这是对至高权力的侮辱。他必须做点什么，把德罗兹从希基拖他进入的泥潭里拉出来。

德罗兹在给理事会的一封信中为自己辩护，向他们保证，希基说的全是谎话。他从未索取过贿赂，也从未向梅辛克和里德提供过帮助。

致总督沃伦·黑斯廷斯阁下和威廉堡理事会

尊敬的先生和先生们①，请原谅我的这封信耽搁了你们宝贵的时间。

希基先生在他发行的周报上对我进行了不当且无礼的辱骂，迫使我不得不请求你们给予纠正。我相信，你们希望保护每一个在你们政府管辖之下的行为得体的人，而作为英国臣民，希基先生也毫无疑问要遵守你们的命令，我相信你们不会允许如此胆大而嚣张的无礼行为。

请允许我向各位先生保证，希基先生的这次攻击是没有道理的，哪怕是他为此次攻击提出的理由也不是真实的。我根本没有鼓动任何一家报纸来反对他的报纸，即使我做过这种事，我也不认为自己有错。但是我提到这个情况是为了说明干坏事对这个人来说是多么容易。

我相信你们会原谅我冒昧地打扰你们关注更重要的事情。我本不想这样做，但是我认为，为了我的名誉，为了我为之服务的岗位，以及为了整个社会，我有责任努力寻求所有合理且合法的

① 原文为 Honourable Sir and Sirs，第一个 Sir 指的是黑斯廷斯，第二个 Sirs 指的是理事会的成员。

手段对此进行纠正，不然它们同样有遭受羞辱的可能。

尊敬的先生和先生们，您最顺从和最谦卑的仆人向您致敬。

1780 年 11 月 12 日，加尔各答

西蒙·德罗兹

黑斯廷斯很果断，也很有心计。他提议，禁止希基通过邮局邮寄任何报纸，也禁止任何人以希基的名义邮寄报纸。他授权邮政局局长，令其检查任何被怀疑装有希基报纸的邮件。之后，他向公众宣布了这一政令。

1780 年 11 月 14 日，威廉堡

特此通知，近期发现由 J. A. 希基印刷的一份名为《孟加拉公报》，或称《加尔各答大众广告报》（*Calcutta General Advertiser*）的周报中含有数段不合理的内容。这些内容中伤私人名誉，并搅乱了定居点的和平。因此，该报纸不再被允许通过邮政局的渠道刊发。

来自尊敬的总督阁下和理事会的命令

E. 海，代理秘书[356]

希基现在确信自己是专制暴政的牺牲品了。他不再认为自己是在跟单个的公司雇员对抗，而是在与整个公司的系统作战。他认为，根据英国的法令，这项政令是非法的，这只是一个独裁者意志的体现。

在下一期的报纸中，他在头版刊登了随意报复的专题。“最软

弱、卑鄙、怯懦的灵魂永远是最残忍和最渴望报复的，”他写道，“残忍只是懦夫的陋习。”[357]他没有提及任何名字，但很明显他在谴责德罗兹寄信给黑斯廷斯的行为。

理事会的政令影响了他的生意。他估计，自己每个月会损失400卢比的订阅费，约是他月收入的五分之一。[358]不过这项政令对他造成的最大伤害不是金钱的损失，而是限制了他的影响力。对他来说，将自己的报纸分发到其他城市，或者发到前线部队的手上变得更加困难了。他的报纸再也不能拥有它曾有过的力量了。

为了缓解他们的政令给自己带来的影响，他雇了20名信使，在加尔各答递送自己的报纸。[359]出了加尔各答，他就让他的朋友和订户为自己运送报纸。他明白，很多人将再也看不到他的报纸了，但他没有别的选择。

尽管遭到了理事会的打压，他的报纸还是一如往昔地广受欢迎，实际上，他报纸的订阅量还增加了。[360]他的一位撰稿人写道：“我在周六早上看到的那些带着《孟加拉公报》在镇子里穿梭的信使充分说明，直到晚餐时间，人们几乎没什么别的话题了。”此外，他的订户还签署了一份公开信，说他们会无视理事会的政令，继续支持他。[361]个人的信件也纷至沓来。其中一个人保证说：“如果法院举行听证会，那里将会变得拥挤不堪。”[362]

另一个人称他为“孟加拉新闻业之父”，鼓励他“为新闻自由站出来”，并成为“所有邪恶的官员和议员的惩罚者”。[363]甚至有人从与孟加拉纳瓦布联络的据点卡西姆巴扎尔（Cossimbazar）写信来说，他的职员们仍然更喜爱希基的公报。他写道：“在我看来，你的竞争者似乎占尽先机，得到了掌权者的支持，而你则完完全全是在孤军奋战。”[364]在孟加拉，希基依然很受欢迎，甚至比以前更受欢迎了。

希基还在抗争。第二周，他写了一篇文章，极尽夸张的言辞成了他此后报纸的特色。他声称，作为英国臣民，他有权创办一份报纸，而公司的任何人，抑或是任何国王都不能从他手中夺走这样的权利。他告诉自己的读者，理事会的政令吓不倒他。即使他不得不创作诗歌，或沿街售卖自己的报纸。即使被丢进监狱，他也会继续印刷报纸。他说，自己愿意为了报纸牺牲自由与生命。他说的每个字都是情真意切的。

致公众

请允许希基先生告知他的朋友和公众，有人设法拿到了理事会的一道政令，阻止他通过邮件投递报纸，他们用了最胆小、最怯懦和最不合法的方式来阻止他销售报纸……

他不会被区区伎俩吓倒，因为在他向任何压迫他的人卑躬屈膝、阿谀奉承之前，如果他的报纸全部被停售的话，他就会去写诗，然后就像荷马所做的那样，他会去加尔各答的街道上兜售他的诗歌。

如今他只有三件可以失去的东西：支持他的报纸办下去的荣誉，他的自由，还有他的生命。为了捍卫前者，他甘愿将后两者置于险地。如果他们非法地夺走他的自由，将他关进监狱，他就决心让他的报纸成为所有极度独断专横的暴君的梦魇。他决意全力投入印刷，使压迫他的人得到应有的惩罚。

他会让他们看到，他是大英帝国第一城市的一名自由人……而且他有印刷报纸的权利，而东印度公司中的任何人，以及他们的主人——国王都无法从他手中夺走这种权利。英国王室没有这样的特权，无法赋予公司或职员以这样的权力。[365]

希基将该政令视作一种奴役。他觉得自己的言论自由和权利都被剥夺了。他认为，这清晰地表明英国的法律在印度不起什么作用，专制主义统治着这片土地。他告诉自己的读者，在英国，他可以被告上法庭，在一众地位平等的陪审团成员面前解决争端。但是在加尔各答，他没有这样的权利。黑斯廷斯才是权力之源。

在黑斯廷斯的专制权力之下，希基如今的挑战在于证明他应当在印度拥有与他在英国拥有的同样的权利。他每每觉察到这一点，就感觉热血在血管中奔流。

致公众

上周六的晚上，我在邮局为我的报纸办理通行证的时候，遭到了严厉的对待。这种态度，就是专制权力和影响力最有力的证明……

在英国，如果一名出版商因反对王室政府而获罪，那么他会被拘禁，并在自己同胞组成的陪审团的温和保护之下，根据本国法律接受审判。这是一个英国人与生俱来的光荣权利和特权，当我写下这些文字的时候，我的心充斥着怒火，而我温热的血液在血管里奔流不息。上周六，我收到了拒绝给我颁发通行证的信件，对这一做法我又是怎么看的呢？他们剥夺了我的订户收到所订报纸的乐趣，因此他们不仅奴役了我，还奴役了我的订户。我国的法律就在此地，尊敬的国王陛下的法官们［也在此地］。

如果我触犯了国家的法律，那么让我接受法律和我的同胞组成的陪审团的审判吧，如果我的罪行在法律规定的条文框架之内，那么陪审团会指出我的罪行以及我的情况，并给予适当的惩罚。

在英国，如果一个人被指控犯有抢劫罪、叛国罪或谋杀罪，他的人身会受到监禁，但邮局不会停止邮递他的信件而使他的家庭遭到伤害。这是不可能的。英国王室政府并无实施这一行为的特权。

J. A. 希基[366]

这篇文章发表之后，希基宣布他将开展一场反对暴政的运动。他将不得不依靠公众的支持生存下去，他将需要说服那些生活在暴政之下的民众，让他们行动起来。

他料想自己会因为新的政治立场而受罪，但他相信，至少自己会因为曝光那些伤害他的人而得到平反，并获得满足。他写道："我将会写下有损我报纸名誉的文字，并毁掉两个伟大人物的声誉，将作者拖到公义的面前，然后让全世界都看看我受到了多大的伤害。"[367]至于那两人是谁，他没说，但他传达的信息是清晰的：他已经失去过一次他的财富了，他愿意再一次失去它，即使这意味着牺牲一切。

在这一场角逐中，他承载公众舆论的能力是他最大的优势，但这也是他最致命的弱点。唯一一个能反对黑斯廷斯的人被击败了，唯一一个能审查黑斯廷斯的法庭被侵蚀了，而现在，他这个唯一能揭穿黑斯廷斯的记者也被镇压了。

这场战斗似乎已经结束。而实际上，它才刚刚拉开序幕。

他的平台

身处不同国家的英国人，似乎都希望自己被管理的方式能和在英国时一模一样。“皇帝在哪里，罗马就在哪里。”① 他们无论走到哪里，都带着一种自由的氛围。他们是自由热情的推崇者，他们无法摆脱被烧死或被淹死的处罚，但他们会称这样的行为是暴政。

——约翰·海德法官，1780 年 11 月 23 日[368]

1780 年 11 月 25 日，周六，希基的印刷办公室

希基威胁的话句句都是认真的。在匿名通讯员的帮助下，他以自己的报纸为平台，开展了一场反暴政、反腐败和支持言论自由的运动。他曾一度认为，他只需要强调城建改善等问题，而今他看到了自己的使命是将那些掌权者拽入社会公义之中。[369]

他新的关注点非同凡响。他开始认为自己的职责是向公众揭露渎职、欺诈以及滥用权力的行为，这种观念在印度是前所未有的。他接

① 原文为拉丁语：Ubi Imperator，Ibi Roma。

受了在西欧和美国盛行的生命、自由之权和追求幸福的观念，并将它们应用到印度。他开始认为，这些权利是不可被剥夺的，任何人，甚至国王，都无权将它们夺走。而且，他认为如果剥夺他个人的权利是错误的，那么剥夺公众的权利就是错上加错。

他在写作的过程中明确表示，如果公司的职员利用职务之便，以公众利益为代价中饱私囊，那么他就会用自己的报纸羞辱和曝光他们。

他也认为，如果“公众”的确存在，那么就值得为他们抗争。他相信，如果自己不抗争，公众就会变成奴隶，他们的权利、自由，甚至活着的理由都会被剥夺。他决心为自由的理想而战，让每个人，或者说至少是每个欧洲人都能在孟加拉拥有他们在英国拥有的权利。[370]

这是他斗争的核心。他动员他的通讯员加入，并开始发表那些他过去本会以政治性太强的理由而拒掉的稿子。在他们的帮助下，他几乎每期都在批评黑斯廷斯政府。

他的通讯员主要关注三种腐败方式：合同造假、裙带关系以及无代表征税。他们首先攻击了黑斯廷斯的许多无投标合同。

区区两三百人的公司职员管治上百万的人口，公司几乎所有的基础服务都有赖于承包商。为国际贸易供货，需要签订鸦片、食盐、丝绸和大米的合同；为公司的军队提供大象、轮船和帐篷，也需要签订相关的合同。合同是维持公司运转的基石，也是一种暗中分配利益的方式。它们往往会被交给那些根本不会参与实际工作的人，或者被当作保护壳一样被分成许多块，每个参与其中的人都能从中分一杯羹。利用合同挪用公款的行为是如此普遍，以至于有时候总款项的三分之二甚至更多都会被挪用。[371]

虽然黑斯廷斯给出去合同是为了增强自己的影响力，但希基的通讯员坚信，合同应当根据法律规定的那样，公平地给到报价最低的投标人手上。他们指出，虽然公司的董事们已经规定所有合同都要经过竞争投标，议会的《管理法案》也将这一规定变成了法律，但黑斯廷斯仍然将合同签给了自己看得上的人，或者是那些在英国有权有势的朋友。[372]有人写道："那些利润丰厚的合同并没有按照公平正义的要求……通过公示授予报价最低的投标人，而是常常授予了那些谄媚的追随者，或者一些在老家有利害关系的人。"[373]

希基的撰稿人将注意力集中在了几份最臭名昭著的合同上面。其中名声最不堪的是军需合同，也可以说这是公司最重要的合同。这份合同是为了采购士兵的食物和驮运军队补给、大炮的小公牛而签订的。1779 年，黑斯廷斯推出了一项措施，重拟了这份合同，并在没有进行任何投标流程的情况下，将它签给了职员查尔斯·克罗夫茨（Charles Croftes），此人在英国结交了一些有权有势的朋友。

黑斯廷斯使这份本就利润可观的合同变得更能让人获利了。他把合同的价值提高到之前的 2.5 倍多，从每年 390 704 卢比提到了每年 996 174 卢比。[374]而在实际操作中，他赚得更多。与旧合同相比，公司为每头供应的公牛向承包商支付的费用是以前的两倍多，为每个士兵的食物支付的费用比以前多了超过 30%。他还授权承包商在战时按需采购公牛。因为公司几乎一直在打仗，所以这份合同的效力实际上就是无限的。

希基转而用讽刺的语言形容它。他开始给克罗夫茨取绰号，把他叫作“查理·小公牛”（Charley Bullock），并讽刺地称他为“破产商、闲人查理”（Idle Charley the Bankrupt Merchant）。希基的撰稿人十分气愤，因为他们认为，在所有的合同中，军需合同中最不应该有腐败存在，因为构成英国军事优势核心的大炮和成千上万士兵的温饱问题都有赖于它。用一位通讯员的话说，军需合同是“有史以来性质最特殊的合同”[375]。

希基的通讯员声称，这份合同能带来如此丰厚的利润，是因为黑斯廷斯将它作为保护伞，给他的朋友输送好处。他们认为，真正的战利品不仅仅是给克罗夫茨的，也是给别人的。有人说：“查理卖掉了它。”[376]

他们还对合同的规模之庞大感到震惊。这种规模的合同将使持有它的人富有到几乎超乎想象的程度。根据一位通讯员的说法，一旦将合同里所有的额外好处都加起来，仅采购小公牛一项，每年的价值就高达1 077 500卢比。另一个通讯员估计，整个合同每年让公司花去了大约400万卢比。[377]

希基关注的第二份合同是河堤合同（Poolbundy Contract），这份合同为修复河堤而签订。1778年，黑斯廷斯和巴维尔将布德万（Burdwan）地区的河堤合同签给了一个名叫阿奇博尔德·弗雷泽（Archibald Fraser）的人。和克罗夫茨一样，弗雷泽拿到的利润肯定也高得惊人。以前的承包商每年能拿到2.5万卢比，而同样的工作，弗雷泽每年能拿到将近9万卢比。弗雷泽还获准以任何额外工作的名义提交账单，这也使这份合同的效力几乎没有限制。

让希基感到恐惧的是，有一种东西比利润更加可怕。弗雷泽是首席大法官以利亚·英庇的表弟。弗雷泽还住在英庇的别墅里，是最高法院的盖印人和审查官。因为这些职务，他每年已经能拿到 8 000 卢比的高薪。

最高等级中潜藏着利益冲突。[378]希基认为，这份合同签下的原因很明显：黑斯廷斯希望对英庇施加影响。

1781 年 4 月，希基得知英庇确实从利润中分了一杯羹的时候，他的担心成真了。他的一位通讯员声称，弗雷泽给了英庇的孩子们 10 万卢比，暗指英庇太聪明了，他知道这是不合法的，所以不会直接拿钱。“我确信［这么做］一定会给孟加拉的人民带来无限欢乐，”这位通讯员不无讽刺地写道，“因为［英庇］在独立维持司法公正和反对专横残暴的［政府］方面毫无偏见、意志坚定、冷静可靠。”[379]因为这份合同，希基给英庇取了一个绰号，叫他“河堤大人”（Lord Poolbundy），既是用来批评英庇的腐败，也是为了抨击他的精英主义。

河堤合同动摇了希基对最高法院独立性的信心。如果他将河堤合同看作法院腐败的第一步，那么他就会得出这样的结论：黑斯廷斯任命英庇就职于中央民事法院一事是对法院廉正的致命伤害。在一首诗中，他有位通讯员给弗雷泽取了个绰号，叫“阿奇博尔德·盖印人”（Archibald Sealer）。① 在诗中，这位通讯员描述了英庇如何将“阿奇博尔德·盖印人”像学生一样置于自己的羽翼之下，告诉对方：如果

① 弗雷泽是最高法院印章的保管者，这个绰号就来源于此。

想发财，就得摒弃一些原则。公司可能会损失点钱，但放到一百年后再看，那些钱也就是微不足道的损失而已。印度的财富就是用来攫取的。弗雷泽需要做的就是让自己的良心安宁。[380]

河堤曾对知情的阿奇博尔德·盖印人高调吹嘘！

深情的黑斯廷斯先生，是一位公正、富有感情、充满智慧的人，

他已经任命了几位法官，而那些人的薪水，

我亲爱的小阿奇！通常都由我来负责……

即使公司因此损失了几便士，

他们在一百年后也觉察不出来。

只要我们能共同掌好舵，

这是毫无疑问的，而我在萨德尔［中央民事法院］的职位上待得很舒服。

当我与罗伯特爵士或亲爱的兄弟海德谈话，

让他们摒弃疑虑，将顾虑丢在一边的时候，

他们却吹捧起了旧有的良知，直到我丧失了所有的耐心，

而将他们可怜的坚持抛置于他们自己的冥想之中。

至于你，我的朋友盖印人，

在我光辉的榜样和坦率的建议下，

我相信你已经变得明智，

千万别让良心干扰或冒犯你，

我们在印度的时候，良心应当一直沉睡……[381]

希基认为，中央民事法院的任命就是赤裸裸的贿赂。而且他相信，英庇的腐败会导致更广泛的司法腐败，最高法院会将金钱置于宪法价值观之上，人民将不再受保护。[382]

希基很快就经历了一场他曾担心的腐败事件。1781 年 1 月 9 日，最高法院一致表决通过了一项附则，也就是最高理事会在 6 月提出的那份条例。该项条例禁止搭建草屋，并征收 14.7%的财产税，用以修复城市道路。[383]

在附则首次公布的时候，希基沉默了。实际上，正是他关于火情的报道，首先促成了提案的诞生。但如今情势已经发生了巨大的变化。他在用报纸发出倡议。他看问题的角度发生了改变，他不再关注这项附则会减少火灾、改善道路的事实，而是将关注点放在了它的制定未经过公众同意上面。[384]

希基认为，腐败是最高法院的法官让这份附则通过的原因。他指控英庇被黑斯廷斯收买，指控钱伯斯涉及利益纠葛。钱伯斯不仅是法官，还是警长，他不仅监督附则规定的税收情况，也有权为自己发薪水。通过附则与他的切身利益相关。[385]

希基开始在他的报纸上嘲弄钱伯斯为“瓦伊纳·顺从先生”（Sir Viner Pliant），暗指即使一个正人君子也会被诱惑缠身。钱伯斯曾一度是牛津大学久负盛名的瓦伊纳法学教授①。希基认为，在所有的法官中，只有约翰·海德法官的投票是问心无愧的，因此赠予了他一个

---

① 指英国法学家查尔斯·瓦伊纳（Charles Viner）1755 年在牛津大学资助设置的普通法教授职位。钱伯斯于 1767—1777 年担任第二任瓦伊纳法学教授。

“正义天平”（Justice Balance）的绰号。

希基让英庇和钱伯斯因参与“附则事件”而臭名昭著。他的通讯员确信这份附则就是一个巨大的骗局，为的是养肥法官和他们的党羽。一个笔名为“反对河堤”（Anti Poolbundy）的通讯员声称，黑斯廷斯打算用附则安抚英庇和其他人，因为他们都在叫嚷着索要贿赂。他的通讯员写道，这种做法将堵住“麻烦的哈比①的嘴，并将财富丢进自己钟爱之人和寄食于自己之人的口袋中”[386]。

其他通讯员的指责则更加直截了当。一位笔名为“贿赂之敌”（An Enemy to Bribery）的通讯员透露说，议会曾否决过一项花费更少的提案。该提案提出，将使用公司财政修补城市道路。“贿赂之敌”声称，之所以通过征税来替代，是因为英庇、钱伯斯和钱伯斯的兄弟想瓜分这桩“可耻的生意”所获得的利润。“贿赂之敌”估计，附则中这项“违宪且数额惊人的”税款，会有四分之三被用作贿金，每份有10万卢比。英庇拿三份，也就是30万卢比，钱伯斯拿20万卢比，剩下的就给了钱伯斯的兄弟和其他人。[387]

希基的通讯员像指责附则的腐败一般攻讦制度。附则是由两个不民主的机构，也就是最高法院和最高理事会通过的。他们认为，这套制度有效地将穷人拒之门外。一名通讯员写道：“巨大的不平等已使代表制的原则误入歧途。”[388]没有了代表权，大部分人的忧虑就无法被听到，除了那些与黑斯廷斯关系密切的人。他们的人脉使他们的财富有了保障，而穷人却在苦苦挣扎。

---

① 哈比（Harpies）：传说中的鹰身女妖，以残忍贪婪著称。

尽管他的通讯员都在谴责附则，然而希基却对此情绪复杂。他认同的是，必须采取一些措施来遏止大火造成的破坏。不过他也觉得无代表的征税带来的弊端压倒了该法律带来的好处。他将附则看作一种暴政，剥夺了人民参与政事的权利，让他们如奴隶般屈从于独裁者的意志。人民没有代表权，无法让自己的声音被听到，也无法维护自己的权利。虽然黑斯廷斯的朋友会受益，但其他人会遭受苦痛，尤其是那些付不出钱的穷人。

希基在报道时特别关注了附则对底层人民的影响。他报道说，对穷人来说，此事相当难以理解，以至于他们唯一的理解方式是从几乎天启的角度来看待它。他们使自己陷入宗教的狂热之中，认定这是一种神惩，是“惩罚天使令其承受的”，因为他们有罪。[389]

就像他报道的穷人一样，希基自己也开始激烈地反对附则。他公开宣称，黑斯廷斯和法官们应当为他们的罪过受到惩罚，并为自己死后的生活做好准备，因为死后，在上帝面前人人平等。他写道：“富有的暴君，（此地无依无靠的穷人的）压迫者应当回顾自己过去的行为，而后……为过去犯下的罪做出小小的补偿，准备让自己的灵魂进入另一个没有等级之分的世界。”[390]如果他们这辈子不能接受惩罚，那么希基希望他们在下辈子受到惩治。

希基肯定明白，把这些话刊印出来会很危险。因为社会上的许多人——尤其是上层人士——都会把它们看作一种侮辱。在那个连最广泛意义上的代表都只包括拥有土地的白人男性的时代，希基的与众不同之处在于，他认为政府不应当仅仅为富人服务，也应该为穷人服务。

他警告说，没有代表权的征税行为会招来后患。它曾在美国招来了一场革命，它也会在加尔各答招来一场革命。美国人起义了，他们不愿意向一个不代表他们的政府交税，而如今，用他的一名通讯员的话说，他们正在“浴血奋战，付出光荣的努力”来争取独立。[391]同样的事也会在加尔各答发生。

与区区数月之前相比，希基大不一样了。他不再嘲弄美国人，如今的他追捧他们。他曾公开支持英国在美国的战争，而今他称之为“荒唐的闹剧”。[392]他希望他的读者可以看到，那些在美国发生的，也可能会在加尔各答发生。如果那个腐朽、残暴、专制的政府可以不经人民同意而强行征税，那么人民应当站起来捍卫自己的权利。

他已经完成了一次转变，从将他的报纸看成一项公共服务，转而视自己为人民权利的捍卫者。在那些合同与附则中，他看到了对生命和自由概念的侵犯，如今他认为自己的使命是保护它们。他希望唤醒自己加尔各答的同胞，让他们看清自己身处的暴政的国度。

不久之后，他开始发表的文章就不再是简单的对革命的警告，而是对革命的呼吁。接下来，他转向了这片危险的领域。

上校皮尔斯

问：最大的恶行是什么？

答：贫穷。

问：最主要的美德是什么？

答：财富。

——詹姆斯·奥古斯都·希基，《希基的孟加拉公报》

1780 年 11 月 11 日

1781 年 2 月 10 日，周六，孟加拉边境，萨巴纳莱克哈河（Subarnarekha River）南岸

五千人的目光都聚集在上校皮尔斯身上，因为他将一名逃兵绑在了大炮的炮管上，然后举起了一只手。

他犹豫了一秒钟，手没动，他在快速思考着。黑斯廷斯对他下了命令，要他组建一支军队，开赴战场。他需要维持军纪。他需要让他的军队团结一心。如果不得不用一个人的死亡来警告其他人，那就这么办吧。

他理清了思路，给出了信号。

大炮轰鸣如一团红色焰火。肉与骨的碎片呼啸着飞上天空，在空中停留的一瞬无比漫长又令人作呕，随即又一块块地掉在泥泞的土地上，发出沉闷的撞击声。炮筒中灰色的烟雾袅袅升起。曾拴着逃兵的绳子的碎片落在地上。

五千人肃静地站着，注视着他。

肃静撕开了雨与雾，撕开了数月的行军，也撕开了即将来临的许多日子。

越走近边境，越多人逃走。一开始只是几个人。但是之后，一夜之间，56 人不知所踪。

他知道他的士兵们正在脑海中默念，认为这不是他们的战斗，这不是他们的战争，这也不是他们长途跋涉，去与一个素未谋面的敌人作战的时候。

他认为，用大炮处决一个逃兵能让他们安静一些。[393]

“我希望这能杜绝逃兵现象……我的感受差点让我选择饶恕他而不是给出信号，但现在不是让步的时候。”他写信给黑斯廷斯说。

慢慢地，他放松了下来。他深吸了一口气，命令自己的士兵整好队形。他现在不能让黑斯廷斯失望，也不能让所有寄托在他身上的希望落空。

他手里拿着黑斯廷斯的信件。

信上写着：“前进。”

在他与马德拉斯之间的贝拉尔（Berar），驻扎着一支由王子齐姆纳吉·邦斯勒（Chimnaji Bhonsle）指挥的三四万人的部队。他不知道他们是朋友还是敌人。一方面，他们看上去蓄势待发；而另一方面，他们却移动得十分缓慢。如果他们想发动攻击，几个月前就已经这样做了。[394]

“强行通过。”信上写道。

接下来的数周就会决定，等待他的会是双臂张开的拥抱，还是出鞘的利剑。他知晓，黑斯廷斯已经派出使节，带着和平条约和黄金去见齐姆纳吉了。但自己有可能在条约签订之前就到那儿了。他将会成为一根大棒，相比黑斯廷斯给出的胡萝卜，他会成为一种威胁，说服齐姆纳吉坐上谈判桌。

“给他们点警告，不要成为侵略者，但也不要停止前进，而去和他谈判。”信上写着。[395]

他很紧张。超过1 500千米泥泞、陌生的道路，还有未知的土地将他与马德拉斯分割开来。之前从未有过英国军队尝试在印度东岸这样行军。他的士兵对此没有准备，也毫无斗志，军队充斥着腐败。军需已经逐渐耗尽，他不能为士兵找到足够的食物，为此他派出了搜寻队去抢来那些人们不同意给他们的食物。

他在给黑斯廷斯的信中写道：“您会听到人们可能会说这是一种掠夺，但是当我下达的命令摆在您面前时，您就会明白我是被逼无奈的。”

但是，他觉得自己能做的不多。因为应当对军需负责的人是公司的承包商，而不是他。他们应当解决那些问题。很显然，他们在偷工减料。他的公牛虚弱不堪，已经死了很多。[396]他的印度兵没有帐篷，只能露天睡觉。他的军官的帐篷质量极差，他觉得它们没法撑到行军结束。

他写道："第一阵刮来的西北风就会把一半的帐篷撕成碎片。"[397]

对于士气，他觉得自己能做的也不多。一个营的印度兵已经六个月没领到军饷，而且每天要行军 30—40 英里①才能到达他们的集合点。他们卖掉了自己的一切，包括妻子的珠宝，来换取食物。抵达加尔各答之后，他们威胁着要发动暴乱。直到他发现他们的指挥官挪用了军饷之后，这个问题才得到解决。他将这名军官交由军事法庭审判，并把剩下的印度兵送到了其他的部队里。[398]

他希望自己可以做得更多。召集自己的部队清点之后，他震惊地发现，他的军队有半数都只存在于纸上。他的部下一直在吃空饷。虽然士兵人数短缺令他担忧，但真正让他担心的是他无法信任手下的下级军官，那些他必须在战场上信任的人。

他写给黑斯廷斯说："我坦率地告诉您，您绝对不能相信任何有可能戏弄您的部队的人。"[399]

他打起精神，开始思考用大炮处决逃兵是否是个正确的决定。这能说服自己的手下服从命令吗？他们会一路行军到马德拉斯吗？或者他们会发泄自己的愤懑？他们会不会责怪他？

他希望行军速度能快一点，但是他也只能希望了。

接下来的几个月的确会十分漫长。

① 约合 48—64 千米。

蜗牛上校

征求创意非凡的广告：

不行贿的决定，或不受贿的决心。

失去——在对鸡毛蒜皮之事的关注中，失去了高贵生命的尊严。

偷盗——滨海大道[①]的居民进入了印度。

迷失——真诚和普遍的诚实已经迷失。

发现——自由的意志，已迅速向奴隶制堕落……

售卖——为了赚取现金，售卖只应用美德来换取的东西。

食腐动物，合同——任何想要压迫穷人的人，都能了解到充分就业的消息。

——《希基的孟加拉公报》，1781 年 5 月 5 日

1781 年 1 月 13 日，周六，罗陀集市 67 号，希基的印刷办公室

发泄愤懑正是皮尔斯的手下干的事，他们直接去找了希基。

---

① 滨海大道（Esplanade）是加尔各答最富有的居民（多为英国人）居住的地方。

希基鼓励了他们。这场示威将皮尔斯拉回了公众的视野中，希基看到了自己报仇的机会。就像皮尔斯搅黄了他与库特的合同一样，他想破坏皮尔斯的名声。

他从示威伊始就开始批评皮尔斯，抨击皮尔斯的腐败和他的行为有失英国军官的身份。他声称皮尔斯拥有一个“后宫”，他像莫卧儿统治者一般的生活方式让军队蒙羞。[400]他还嘲弄皮尔斯说，在离开加尔各答之前，为了让他的“后宫”记住自己，他还让人给他画了一幅全身像。希基还暗示，画中完整的和立着的东西可不只有皮尔斯的身体。

他写道：“他立着的阴茎被完整地画了出来，周围是他满是东方处女的后宫。”[401]

军队给希基送来了消息，他之后把它们刊登在了报纸上。根据他们给他的信息，他进一步攻击了皮尔斯的名声，指责皮尔斯对他的“后宫”，特别是他最喜爱的情妇萨尔（Sall）的关心多过对自己军队的关心。[402]他写道，皮尔斯格外看重萨尔，有时候在发布命令时都会不小心说出她的名字。“他的军官都了解这个事实，实际上，他提得如此频繁，以至于他下令的时候，通常都把‘萨尔’作为假释的代名词。”他写道。他还报道说，皮尔斯送给萨尔很多礼物，包括每月1 200卢比的大额津贴，一辆可以在加尔各答的马场上比赛的双人敞篷马车，甚至还有一座私家花园别墅。[403]

在另一篇文章里，他讽刺地写道，皮尔斯在离开之前，为了取悦身为穆斯林的萨尔，还自愿接受了割礼。希基还报道说，皮尔斯热情地同意了接受这个手术：只要能证明他对印度女性的忠诚，他什么都愿意做。

> 严肃的P上校对女子是如此殷勤备至，他对印度斯坦的本地美女具有如此宗教般的虔诚，由此我们听说他同意了接受割礼，以方便他接近萨尔，向她表达敬意，使那位女士感到更为愉快。这位女士相当顽固，除非上校接受她的方式。祝他多情的名声永固！军队的指挥官热情地接受了这个手术。[404]

皮尔斯离加尔各答越远，希基的报道就越刺耳。皮尔斯的下级军官透露的信息让希基进一步报道说，皮尔斯把这次行军看作一场私人购物之旅，而并非军事远征行动。希基指称，皮尔斯在克塔克（Cuttack）停留的时候收集了许多印度古玩，并派遣武装卫兵将它们送往他的“后宫”，他还写了一封信给萨尔，承诺永恒的爱，保证自己会在再次见到她之前克制欲念。

“她是他夜晚的梦、白天的念想，”希基尖酸刻薄地补充道，“如果他能多花一点点时间照看他的军队的话，他的军队就能表现得更好了。”[405]

希基将逃兵的问题归咎于皮尔斯，认为如果皮尔斯对他的属下多加照顾，他的属下便会以服役为荣，士气也会提高。他指责皮尔斯畏畏缩缩的态度，如懦夫一般在夜里行军，导致众多士兵逃逸。

> P上校以如此卑劣的方式行军，这实在是英国军队的耻辱……［这］已经成为部队产生不满的原因，因为没有一个有

> 志气的士兵能安然接受如此的羞辱……这支部队很适合进行真正的战斗，很遗憾他们没被允许与齐姆纳吉的军队进行一场野战，不然就可以阻止部队中的逃兵现象了。[406]

他的文章就像一个信号，告诉军队中的下级军官，是时候在他的公报上抨击皮尔斯的行径了。[407]他们踊跃地接受了希基的邀请，写了许多的信让希基发表，将他们的不快公之于众。

起初，他们对一名炮兵军官被选来指挥步兵部队的做法表示不满，声称黑斯廷斯挑选皮尔斯当指挥官是因为他的忠心，而不是因为他的能力。一个人这样写道："你们步兵校官的死亡率肯定不会如此之高，以至于需要这样来创新。"[408]他们还抱怨说，皮尔斯专注于无谓的文书工作和复杂的命令。"P上校给我们的命令太长了，带来了一堆无意义的麻烦。"另一个人写道。[409]

一些士兵不惜强调，他们对希基比对皮尔斯还要忠诚。一个化名为"无暴君"（No Oppressor）的人写道，尽管他们已经不在加尔各答了，但皮尔斯的所有军官还是希望能继续收到希基的报纸。"无暴君"说，他们甚至同意聚在一起，大量购买希基的公报，这样也就值得希基花钱请信使来送一趟了。"无暴君"写道："你得到了来自各方的支持。"他补充说，黑斯廷斯的镇压是"最蛮横的行为"[410]。因为这种特殊的联系，这些士兵会继续收到希基的公报，也继续给他写信。

沿着印度的海岸线一路向南行进时，士兵们的挫败感也越来越强烈。他们报告说，皮尔斯曾让部队在奥迪萨（Odisha）停了十天，以接受一个当地拉贾①的贵重礼物，包括一头大象、两头骆驼、一顶轿子、一些衣物和马匹。[411]他们十分羡慕地说，当他们住在破烂的帐篷里的时候，皮尔斯却享尽奢华，还骑着大象指挥他们。他们为皮尔斯取了个绰号——“蜗牛上校”，希基将其刊登了出来。他们说，皮尔斯就像一只蜗牛，又矮又胖，“黏糊糊且脏兮兮的”，还行动缓慢。一名士兵写道：“任何与他接触的东西都会粘在他的身上。”通过希基的报纸，他们希望这个绰号能“像蜗牛背上的黏液一样粘在他的身上”。[412]

但真正让他们担心的是，如果他们遇袭，会发生什么。他们担心，自己就像易受攻击的目标，两两一行排成长长的队伍，一直延伸到地平线的尽头。这种队形没有防御的可能性。他们还带着松掉的刺刀行军。“你能忍住不笑吗，朋友？”一个士兵以听天由命的幽默感写信给希基。[413]

希基担心，齐姆纳吉会将皮尔斯的行军当作一种宣战的行为，因而会攻击孟加拉地区。一位通讯员给他寄了一封被截获的密信，是贝拉尔国王、齐姆纳吉的父亲慕达吉·邦斯勒写给莫卧儿帝国最高将领米尔扎·纳杰夫·汗（Mirza Najaf Khan）的。在信中，慕达吉建议他们结盟，一起攻击英国人。[414]

慕达吉写道，所有的印度人，包括印度教徒和穆斯林，需要团结起来，与公司作战。否则，他们将会被一个接一个地击倒。公司侮辱了他的莫卧儿皇帝陛下，使阿瓦德的纳瓦布舒贾·道拉和孟加拉的纳

---

① 拉贾（raja）：旧时印度的王公、邦主、统治者的称呼。

瓦布米尔·贾法尔臣服，甚至欺骗他们自己的盟友，把答应给他们的土地据为己有。[415]公司在印度没有朋友。把它赶出印度，要么是现在，要么永远不可能。

希基把这封信刊登了出来，因为他觉得公众迫切需要知道皮尔斯的行军所带来的危险。贝拉尔王国在计划向英国人发起进攻，慕达吉还在召集诸如莫卧儿帝国的其他势力加入战争。尽管莫卧儿帝国与从前相比已是日薄西山，但莫卧儿皇帝依旧是印度大部分地区名义上的统治者。他加入战争带来的象征意义是重大的。希基明白公司已是捉襟见肘、寡不敌众了，还进行了多次战争，无法承受又一个敌人带来的打击，他希望公众知道黑斯廷斯的决定可能招致的后果。

这封信将英国人比作劫掠印度的秃鹫。希基刊登了这封信，希望能传达一种观点：他的英国同胞并不比他们所统治的印度人更好，还有可能比他们更坏。最重要的是，他并不畏惧在自己的报纸上表露这种看法。

> 在前往尼吉夫·科恩（Nigif Cawn）营地（近阿格拉）的道路上截获的信件的摘录，在坎普尔译出。
>
> 你大概能肯定的是，我在这件事情上非常认真。这些不安分、贪得无厌的外国人的目的是要征服全世界，这个道理难道不是像太阳一样清楚？无论大小，我们必须团结起来，结下友谊，结成联盟。全世界都可以见证他们的不忠，对奥古斯特陛下的恩将仇报，对您——陛下的得力助手——也是如此。他们难道没骗

过人？舒贾·乌德·道拉的儿子和米尔·贾法尔的家人情况如何？难道这些很会钻空子的英国生意人没有像秃鹫一样吸食他们的要害部位吗？那个不起眼的戈赫德（Gohad）的柴明达尔是他们在这场战争中唯一的盟友。作为他的盟军，他们出其不意地将瓜廖尔占为己有，却把这当作自己的秘密，这让他看清楚了他们的真面目，总之，他们在印度斯坦一个朋友都没有，卡纳蒂克（Carnatic）也不在他们的掌握之中。我们希望你能考虑一下这些事情，为了集体利益而倾听……不再需要做双面派，或者说言不由衷的话。我儿子齐姆纳吉和一支强有力的军队很快就会说出我的心声……愿我总能听到你身体健康的消息。愿你的幸福日久天长。我还能说什么呢。

印章上唯一清晰可辨的部分是：

慕达吉。[416]

接下来的几周里，希基有关皮尔斯会被攻击的预言似乎成真了，各种小道消息传到加尔各答，声言齐姆纳吉已经攻击了孟加拉地区，正在洗劫村庄，但是不堪重负的公司边防军却躲在他们的堡垒里，村民都逃进了丛林，留下一片荒无人烟的土地。[417]

希基的报道在加尔各答引起了恐惧与痛苦。一些人认定，这些侵略者是入侵的先锋。人们大胆估计他们有 7 000 人，而且认为在他们抵达加尔各答之前，无法被任何人阻止。他们摧毁了行进路上的一切。一名边防兵写信给希基说："他们不满足于抢劫，还杀死了男人、女人和孩子，犯下了最可怕的残暴罪行。"[418]

希基在他的报纸上散布着恐慌。加尔各答的恐慌每时每刻都在增加。他的撰稿人担心这座城市会像1756年那样被洗劫一空。① 他的一些撰稿人甚至公开质疑公司是否应当承受一次这样的入侵。也许这是一次对公司贪得无厌与攻城略地的报复。有个人写道，当“敌人如潮水般涌入”的时候，“孟加拉的居民，你们的黄金之梦就破灭了，你们将哀悼你们的傲慢、疏忽和腐败”[419]。

他的通讯员们相信，皮尔斯的行军会使公司走向灾难。他们指责黑斯廷斯先发动了战争，还指责他的严重失职和无能。一个署名为“一位旁观者”（A By Stander）的通讯员写道，将皮尔斯派遣出去的这个战略部署不仅糟糕，还不负责任，十分危险。它让孟加拉毫无防备，也将数千人的生命置于危险之中。此外，公司无法击退袭击者的事实使英国人丢尽脸面，因为这表明他们无力自卫。他的通讯员预言，其他人会利用公司的弱点，制造更多的混乱。

> 这种入侵会使我们的军备，甚至还有我们的名誉蒙受不可磨灭的耻辱，它一定会无可挽回地让我们在本土势力的舆论中走向失败。这一定会对我们目前在沿海地区的军事行动产生十分恶劣的影响，因为人们会看到我们无法像样地将这些入侵者打退，抑或使我们陷入跳梁小丑般的境地，不得不用我们雇主的资产与财富去收买他们，让他们抽身离开，或者使他们安静下来。不朽的

---

① 1756年，孟加拉的纳瓦布为驱赶英国殖民者，攻击和洗劫了加尔各答，并制造了著名的“加尔各答黑洞事件”，前文曾有过描述。

克莱武之魂，如果您仍然关注世俗之事，看到现状，您该有多么难受啊！从前这些劫掠者是您的属民，在您的教育下，他们听到英国人的名字就浑身颤抖……如今他们却举着反旗，在那片您凭借天才的头脑，历经千难万险，才将其纳入大英帝国权力版图中的领土上行进！请分出一点您那永不衰减的勇气，在您那糟糕的继任者身上洒一点您无与伦比的智慧之光吧，他玷污了为整个国家增添光彩的职位，辱没了不列颠人的名誉，使它遭受了侮辱与轻蔑！……

一位旁观者[420]

如果这篇文章只批评了黑斯廷斯的战略，那么它可能不会被注意到。但它将黑斯廷斯称作克莱武的“糟糕的继任者”，并指责他辱没了英国人的名誉，使它遭受了“侮辱与轻蔑”。这些话只能被看作人身攻击。

尽管希基预言了厄运的到来，但他错了。经过旷日持久的谈判后，黑斯廷斯与齐姆纳吉签订了条约，两人成了盟友，而非敌人。条约签订之后，皮尔斯可以继续向他的终极目的地马德拉斯进发，而不必担心沿途受到攻击了。

作为达成和平的报酬，公司给了齐姆纳吉一笔 160 万卢比的巨款。[421]公司还把军队借给贝拉尔，以帮助这个王国征服邻国的土地。

希基第二天就报道了签订条约的事情，但他是以厌恶的口吻报道的。他认为，黑斯廷斯既为和平付了钱，又允许贝拉尔将公司的士兵作为雇佣兵，这种做法有损公司的荣誉。他认为贝拉尔只是黑斯廷斯希望征服的下一个邦国，而这项条约再次证明黑斯廷斯一心想要彻底统治这个国度。他会迫使公司一直陷入不合法的战争之中，直到整个印度被征服。他将条约看作黑斯廷斯的标准战略：首先出借公司的军队，然后利用他们获取特权，最后利用他们来攻城略地，就像他发动的对库奇-比哈尔、阿瓦德和罗希拉人的征战那样。

希基告诉他的读者，真正的受害者是那些可怜的“约翰”，就是那些为黑斯廷斯（“莫卧儿大帝”）的征服之梦奋战和牺牲的士兵。

> 我们被明确告知，一项条约正在洽谈中，可怜的正走下坡路的约翰公司[①]的代表是“莫卧儿大帝”，而贝拉尔酋长的代表是拉贾拉姆·庞蒂特（Ram Pundit）。
>
> 我们还未曾了解这项计划中的这一异乎寻常的联盟的种种细节，但公众可以期待，一旦我们真实而准确地了解了此事，我们就会向他们展示并描绘事件的全貌。然而，人们确信，这样做可能的后果是给公司带来一场持久的战争，给我们的军队带来恶名和耻辱，给可怜的正在走下坡路的约翰带来不可避免的毁灭——对他而言……如果他没有闭上眼睛，没有失去理解能力，可能早就可以预见到并阻止即将发生的灾祸，因为他的代理人是昏了头、极度专横的“莫卧儿大帝”，他采取了那些野蛮、怯懦、可耻、邪恶的政策，从而招致了灾祸。
>
> 我们被告知，最近有大量钱财趁夜被偷运出定居点，并由送

① 约翰公司（John Company）为英国东印度公司的别称。

货人送至齐姆纳吉的营地，但我们希望消息是假的。当然，国家是不可能沦落到向这个帕吉酋长上贡的。我们应当以最轻蔑的方式对待这位酋长，让他在我们的力量面前颤抖……

据报道，“莫卧儿大帝”意志消沉，被政治上的绝望情绪裹挟着，公司雇员都认为他的“生命之泉”已经坏掉了。[422]

同样地，希基的这篇报道本可以不被注意到的。但是他又一次对黑斯廷斯进行了人身攻击，把黑斯廷斯形容为“极度专横的‘莫卧儿大帝’”，并影射说战争的压力损害了黑斯廷斯的“生命之泉”，使黑斯廷斯出现了勃起功能障碍。

在一个个人荣誉比生命更重要的年代，希基肯定清楚这种嘲弄是最为无礼的举动。像谈论某人的浪漫生活等事情，只会被视作一种人身攻击，更别提谈论别人身体的私密细节了。这样的事情是不能被拿来讨论的，至少是不能公开讨论的。如果他之前还没有树敌的话，他现在可以肯定自己有了新的敌人。虽然他的人身攻击可能是粗鲁无礼的，但他愿意让自己的报纸成为委屈的下级军官的传声筒，这就意味着他开始被视为对权威与规训真正的威胁了。

他说的这些话是无法不引起注意的。

行　军

上帝啊，这个男人的恶行到底什么时候才能到头？

——托马斯·迪恩·皮尔斯上校致
沃伦·黑斯廷斯的信
1781 年 3 月 25 日[423]

1781 年 3 月 18 日，周日 11 点整，奥迪萨，根贾姆（Ganjam）

昨晚的圣帕特里克节庆祝活动之后，皮尔斯上校宿醉未醒，他的头阵阵作痛。他通常是不喝酒的，但上个月地狱般的生活使他需要喝一杯。大雨倾盆，烈日炎炎，还有散架的帐篷和枯瘦如柴的牛群，这一切就像是上帝在跟他作对一样。

他已经几周没有收到黑斯廷斯的信了。他现在感到越来越紧张了。可能有什么事情发生了，也可能他的信使在路上被拦下了。

皮尔斯担心黑斯廷斯一直在读希基的报纸。也许黑斯廷斯相信了希基的谎话。也许这就是漫长的几周里他都没得到只言片语的原因。也许黑斯廷斯的沉默是对他的毫无进展的惩罚。

他十分担心，焦虑不安。

他比原计划晚了几周。此地环境十分恶劣，以至于他每天的行军距离都不到十千米，还有一千多千米要走。

长途行军对他的士兵产生了不良影响，他的部下很不高兴。他们的帐篷大多已经散架，他的印度兵只能露天睡觉。许多公牛都死掉了。整个部队的士气都很低落。用大炮处决逃兵对于遏制擅离职守的行为没什么作用。他的五千人部队中已有四百多人都离开了他。[424]

他写道："我们的人对这种气候毫无准备。"

此外，在条约签订之前，齐姆纳吉已经让他的行军变得十分悲惨。齐姆纳吉的骑兵拦截了他的信使，鼓励他的印度兵逃走，还把当地商人吓得不敢向他出售食物，除非他出高价。他的印度兵抱怨说，他们很饿，却买不起大米。

他满腹牢骚，所有的负面情绪都随着宿醉出现了。他听说，因为希基，就连他最好的朋友都在加尔各答嘲笑他。这已经够痛苦了，但他还不能忍受失去黑斯廷斯的友谊和信任，因为这是他在这个世界上最珍视的东西。他乞求黑斯廷斯给他写信：

> 我看到了希基的胡编乱造。我比较了您最后一次写信的日期和那些刊登谎言的印刷品，还有那些我从朋友们那里收到的信件，他们告诉我，由于这些胡说八道，我［甚至］被最好的朋友嘲笑和责备——我觉得您已经被影响了，您对我的关心至少减少了一部分，在那个关键的时刻，一些嫉妒成性的魔鬼向您暗示我会在苏班里卡（Soobunreeka）浪费时间，导致您在2月13日

的时候给我写信，催促我继续行军。当我继续思考下去就发现，我没有收到哪怕一行字的信件，尽管您一定收到了告知您我的行军和进展的信件。这使我确信，我失去了您的尊重。但是我不会让这种想法在我心中停留，因为我知道我没有做过任何让自己羞愧的事情。我确信我还没有失去这个世界上我最珍视的东西。然而，如果您能抽出一刻钟的时间给我写封信，我还是会觉得不胜荣幸……

亲爱的先生，

敬候您的差遣

T. D. 皮尔斯[425]

他在信中补充道，好的一面是，当地的羊体型庞大、肉质鲜美，至少和他曾吃过的流浪狗一样好吃。

他又说："为了做出补偿，大自然给予了绵羊足够大的体型，比流浪狗的更大，但在口味上与它们无异。"[426]

他把信封好后寄了出去，第二天早上又继续行军了。

在接下来的几周里，他经过了一个看起来像木匠店的地方，里面摆满了零碎物品。[427]陡峭的黄色岩石从深红色的泥土中突出来，沙子和蓝绿色的咸水池星星点点地布满了土地。他的部下艰难地跋涉着，白天行军，夜晚就睡在露天的地方。

早晨，灰白色的雾气遮挡着他的路。白天，阳光炙烤着他的皮肤。傍晚，长风掠过岸边。夜晚，当大雨来临，他甚至可以透过他的大衣感受到潮湿的侧风。

行军还在继续，一些可怕的事情开始发生。他的人开始成百上千地生病，呕吐、发热、瘫倒。许多人都在原地死去了。[428]

每天，迎接他的都是新的死亡人数和新的沮丧。很快，接近2 000名士兵病倒了，几乎占了他军队总人数的一半。他开始把人留在沿途，希望他们随后能好起来。他营地里的随从、仆人、牛倌、信使开始逃跑。

他满怀恐惧。当他开怀畅饮的时候，他的军队正在死去。

他写道："我们欢欣鼓舞之时……我们的营地却充斥着死亡与毁灭的气息。"

他把疾病归咎于当地人用大戟——一种有毒植物——的汁液清洗衣物。他的士兵在行军途中往水壶里灌满了池塘的水，然后喝下了这些有毒的水。

他担心疫情的新闻会传到希基那里，而公司的敌人会读到这个消息。他不能承受在如此动荡的时期出现消息泄漏的情况。他担忧自己的下属会写信给希基，告诉他这个消息。他坚持认为，黑斯廷斯不应该相信任何新闻贩子可能散播的被夸大的故事。

亲爱的先生：

虽然我决意不惊动您，但因为我们的新闻贩子已经做好充足的准备，打算搞破坏了，所以我请求您允许我告诉您，我的军队正面临着一场完全预测不到的灾难。简言之，就是所有人都喝了有毒的东西，很多人已经中毒身亡，很多人奄奄一息。

看起来这里的人用大戟汁做肥皂，而我们的人并不知情，从那些人洗衣服的池塘里取水喝——许多人倒下了，其他人快要死去……直到今天早上，我才偶然间得知了这一可怕疫病的缘由，现在已经采取了一切预防措施。

尊敬的先生，

敬候您的差遣

皮尔斯上校[429]

1781 年 3 月 23 日

他龟缩在一个小村庄里，他的军队病得不能行军。他命令村民离开，而他的士兵在这里等待灾祸结束。

这种做法起效了。慢慢地，他的士兵开始恢复。到疫情结束时，他损失了近千名士兵，占他 5 000 人军队的五分之一。[430]

他写信给黑斯廷斯："亲爱的朋友，我经历了这样一场几乎无法用语言描述的磨难……死亡在我的营地中肆虐，简直恐怖得无法形容。"[431]

情况开始好转了。他采取措施来照顾他的士兵。他找到了帐篷，这样他的印度兵就不必再睡在野外了。他用印地语和英语一起发布命令，以便印度兵知道他们的权利，他还要求给他们发放全额工资。而且，尽管因为错过了轻松赚钱的机会，他的下属军官说他是个傻瓜，但他还是拒绝从随军商贩卖给他军队的货物里抽成。

士气有所恢复。

印度兵告诉他："这事儿新鲜，但对我们来说确实是好事。"

重新振作后，他又开始行军了。地形变得好走了，他的病也好转了。终于，行军的速度加快了。

然后，消息传来，黑斯廷斯与贝拉尔签订了一项和平条约。皮尔斯得知这项条约后十分高兴，但令他震惊的是，希基嘲笑黑斯廷斯是“极度专横的‘莫卧儿大帝’”，还有勃起功能障碍。

皮尔斯写信给黑斯廷斯说，希基需要被禁言。希基侮辱了他们的职业，也侮辱了他们的人格。全世界都能看到这一点。如果希基的撰稿人像懦夫一样躲在暗处中伤他们，而他们却不采取任何行动，那么世界会怎么想？最后，他能说服黑斯廷斯的是，希基威胁到了他们的名誉，甚至他们的性命。大规模叛变，甚至革命的风险都很有可能存在。

他曾警告过黑斯廷斯，让希基印刷报纸一开始就很危险。现在，自己再次警告他：希基必须被禁言。

> 我真的很惊诧于您的耐心，竟能容忍希基这样一个无赖在每周六发表大量污言秽语。我们这里没有［报纸］，这六周还是没有，但我们从其他地方听到了那些谩骂，这同样让我们震惊。的确，文章的作者不是希基这个小人，而是其他一些不敢公开承认自己的无礼行为，却希望在暗地里捅刀子的可怜虫。但是，像公报这样的东西在这样一个地方是不被允许的，当您特别爽快地同意首次出版一份报纸的时候，我觉得您真是个善人。我当时就告诉过您，它在不到一年的时间里就会成为个人和公众谩骂的渠道，现在就是这般景象了。
>
> 尊敬的先生，
>
> 敬候您的差遣
>
> T. D. 皮尔斯[432]

在这个荣誉比生命更重要的地方，希基的行为将其置于十分危险的境地，他将为他的言论付出代价。

但这还不是他要做的全部。

为了传教所的利益

对镇子上的人来说，这是极大的乐趣——真是好笑，那个灰胡子老头终于受到了严厉的谴责。

——匿名诗人，《希基的孟加拉公报》，1781 年 5 月 12 日

1781 年 3 月 31 日，周六，罗陀集市 67 号，希基的印刷办公室

取到约翰·克里斯蒂安·迪莫寄来的包裹后，希基知道自己有了一个抢先报道的黄金机会。[433]

这包东西解释了一切。基尔南德是如何挪用孤儿基金的钱，如何把祝圣过的字模给了梅辛克和里德，将仓库租赁出去，甚至想把自己的传教所卖给公司。

希基终于明白梅辛克和里德是怎么得到他们的字模的了。

他得到了曝光神职人员腐败的机会，这个机会让他能揭露一个神圣之人是如何在房产与财富面前屈服的。最重要的是，他看到了自己复仇的机会。

他收集信息。攻击基尔南德这位既有钱，又有人脉的人将会涉及极大的风险。

不过，希基认定曝光基尔南德是他的职责。他相信，自己揭露使宗教堕落的贪婪，实际上是在维护宗教。此外，令希基感到愤怒的是，基尔南德近期宣布他将开始为公众印刷文件，这种行为将进一步挤占希基印刷业务的生存空间。[434]

3 月 31 日，利用迪莫提供给他的文件，希基在头版发表了一篇文章，让所有人都惊诧不已。在文章中，他指责基尔南德严重腐败，还有贪财和不诚信的行为。

他指责基尔南德忘记了自己牧师职务的神圣性，放弃了他必须避世的誓言。他指责基尔南德贪财，其所作所为完全与《圣经》中虔诚的撒玛利亚人相反，后者是出于善意而帮助他人。他指控基尔南德卖掉了已经奉献宗教之用的字模。他还指控基尔南德挪用格里芬船长的遗产，向公司出租仓库，并将孤儿基金据为己有。

对任何人来说，这些指控都能判他有罪；而对于一个牧师来说，这些指控则是致命的。[435]

为了传教所的利益

近期，牧师、传教士基尔南德大人在梅斯的里德与梅辛克的《监督公报》(*Monitorial Gazette*) 上发布了一则广告，告知公众，他已经开始从事业务种类众多的印刷生意。由此可见，一部分本应代表传教所被送去海外，以服务于传播福音这一虔诚目的的字模，如今居然被用来印刷传票、令状和特殊的拘捕令这些法律的“膏药”。[436]

此外，基尔南德先生忘记了对我们最神圣的宗教应有的敬畏，忘记了他特殊职务的神圣性，也忘记了伦敦基督教福音派对他虔诚传播福音的信任。基尔南德先生将上述祝圣过的字模或卖或送，给了剧院的梅辛克先生，以便他能（在那个崇高的机构——请原谅我用词不准确，我指的是最高理事会——的支持下，）毁掉希基先生和他无辜的家人。

那个行将就木的人正迅速被死亡的阴影所笼罩，他白发苍苍，头低垂着，承载着坟墓之花的重压，墓穴已经张开了口，即将把他吞噬。这样一个人，在如此神圣的职责中，竟然动了其他的心思，受了不义之财和可恨的贪心的影响，去卖掉这些字模，以达成最卑劣、不公和刻薄的目的，对希基先生做出如此卑劣和不厚道的事。但事实确是如此。希基先生（这位勤勉而苦苦挣扎的同胞）对这个虔诚的撒玛利亚人，也就是基尔南德先生慷慨的善意负有这样的说明义务。

希基随后列出了针对基尔南德的一连串指控，包括挪用公款、不诚信、贪婪以及侵吞遗产。他还攻击公司的牧师，指控他们为攫取财富，像经营教会的农场那样经营慈善事业：他们就像收割蔬菜那样对待捐款。他暗示，基尔南德并非唯一一位寻求不义之财的牧师。

最后他引用了《圣经》，预言基尔南德将会因为自己的行为受到谴责。

希基先生没有打听格里芬船长的财产有多少，根据促进会的说法，这些财产作为遗产留在了基尔南德先生的手中。希基先生也没有过问，基尔南德以何种资格从英国的一家慈善基金会募集了资金，用来在大型水池附近建他所谓的教堂。他又有什么权力或权威擅自向孟加拉总督和理事会售卖或出租该教堂（虽然他们拒绝了）。希基先生也没有询问自教堂建成以来，它每年给基尔南德先生带来了多少利润和好处，或者这些利润是否比在神圣的公共用地上建造仓库，然后让虔诚又完美的贸易委员会毫无顾忌地占用它们获取的利润更丰厚，还是两者的收益一样多。

希基先生只是想要问问那些虔诚而博学、为加尔各答讲道坛带来诸多荣誉的神职人员，上述教会农场产生的教会会费和其他费用从法律权利上说，是否既不属于孤儿基金，也不属于慈善协会的合股资本。还有教堂是用谁的财产建造的，格里芬船长遗产的专属使用权打算留给谁，现在又全都属于谁，以及其他许多笔类似的遗产，它们在最近15年或20年的时间里已经到了现任教长的手中。希基先生现在附上基尔南德先生写给福音协会的信，他用《圣经》中的句子引出了这封信，它很适合这个场合。

你口中的话定你有罪，必有许多披着羊皮的狼出现……他们的神就是自己的肚腹——宁可选择不义之财，也不选择敬神。

这些恶行是免不了的，但那作恶的人有祸了。

拿单对大卫说："你就是那人。"[437]

在这篇文章之后，他附上了基尔南德每年都会寄给促进会的《传教报告》（*Mission Report*）。在报告中，基尔南德说，格里芬将自己的遗产留给了传教所，而促进会和哈雷的教授们将成为受托人。格里芬的遗产会被用来支付教堂的维修费用和相关人员的工资。

因为希基已经在上述文章中报道过，格里芬的遗产已经落入了基尔南德之手，因此对希基来说，基尔南德的报告就是他挪用格里芬遗产的证据。希基引用了这份报告：

> 约翰·格里芬船长，已亡故……他已经将他剩余的遗产遗赠给加尔各答的新教堂；每年的利息直接用作上述教堂的修缮工作，以及一名或多名传教士和教师的工资；为了正确执行此项要求，指定基督教知识促进会，与位于萨克森州哈雷市的孤儿院的院长大人共同担任受托人。[438]

希基没有对基尔南德的报告妄加评论，他只是暗示：如果格里芬将他的遗产留给了传教所，而现在遗产消失了，那么一定是基尔南德窃取了它。

希基不仅攻击了基尔南德的工作，还对基尔南德本人进行了攻击。他攻击了二十多年来基尔南德在加尔各答建立的声誉。任何无辜之人都不应该默默忍受他写的东西。

他的主张将传至加尔各答、印度乃至其他地方的每个人的耳朵里。全世界都能读到他的报道。通过他的报社，他可以毁掉基尔南德的声誉，甚至有可能毁掉基尔南德的传教所。

他发出了重重一击。有些人可能还会把另一半脸颊转过来。[1]

但基尔南德不是这种人。

① 《圣经·马太福音》中的典故，耶稣说："不要与恶人作对。有人打你的右脸，连左脸也转过来由他打。"

黑暗之中

直到我进入无声的坟墓，不能再为自己辩护，那时候那个骗子和诽谤者就可以凯旋，而声名狼藉的我将被驱出这个世界。

——约翰·撒迦利亚·基尔南德致促进会秘书迈克尔·哈林斯的信

1783 年 10 月 27 日[439]

1781 年 4 月 12 日，周四，传教所

基尔南德听着一个名叫克里斯托弗·迈耶（Christopher Meyer）的年轻人为他大声读出希基的文章。他因白内障失明，不能自己阅读。他听着自己被指控的可怕罪过。他知道这些话不过是谣言。[440]

迈耶读道："牧师、传教士基尔南德大人……将上述祝圣过的字模或卖或送，给了剧院的梅辛克先生，以便他能（在那个崇高的机构——请原谅我用词不准确，我指的是最高理事会——的支持下，）毁掉希基先生和他无辜的家人。"

迈耶继续读道："那个行将就木的人正迅速被死亡的阴影所笼罩，他白发苍苍，头低垂着，承载着坟墓之花的重压，墓穴已经张开

了口，即将把他吞噬——”

基尔南德之前听到过这些说辞。他马上就知道他们听起来像谁写的了。这是迪莫的话。它们不仅是像，简直是一模一样。

迈耶继续读道：“这样一个人，在如此神圣的职责中，竟然动了其他的心思，受了不义之财和可恨的贪心的影响，去卖掉这些字模，以达成最卑劣、不公和刻薄的目的，对希基先生做出如此卑劣和不厚道的事。”

基尔南德怒火中烧。他知道自己并不是因为不义之财和贪心出售字模的。对于一个不屑于与世人交易的神职人员来说，这是一项严厉的指控。

这些话一句接一句，一句比一句更刺耳。

“每年给基尔南德先生带来了多少利润和好处……

“在神圣的公共用地上建造仓库……

“教会会费和其他费用……

“属于孤儿基金……

“格里芬船长的财产……

“到了现任教长的手中。”

迈耶念完了：“这些恶行是免不了的，但那作恶的人有祸了。”

基尔南德大发雷霆。这些是迪莫的话。基尔南德不打算让这件事过去，他知道他必须要做什么，他要起诉希基。[441]

流言迅速传开。后来，公司一位名叫威廉·约翰逊（William Johnson）的牧师来找他，问他是否有意起诉希基。

“如果加尔各答有那么多说谎的魔鬼，就像所有房子的墙上都有砖头一样，那么我将在最高法院的法庭上直面他们。”他说。

“你不应该表现得这么激动。”约翰逊说道，试图让他忘掉这件事。

“不，我做不到。”他愤愤不平地说。他知道自己必须反击，来维护自己的声誉，使之不受希基影响。

“希基发表了一些针对我的玩意儿，内容更加不堪，但我看都不看。”约翰逊看着他，说道。

基尔南德心想，良心的谴责是不会自行消失的。他是清白的，约翰逊则不然。实际上，那个在神圣的土地上建造仓库的人正是约翰逊，而不是他。[442]

希基的文章来得太不是时候了。基尔南德觉得自己虚弱无力，四面受敌，没有力量击退希基的攻击。

“我患了重感冒，这让我的眼睛很难受……以至于我之前恢复的那一点视力也丧失了，所以我现在完全身处黑暗之中，”他在一封信中补充道，“传教所陷入了巨大的困境，传教士面临着许多困难。”[443]

四处都是伤心事。痘疫带走了他的许多学童，再加上迪莫从慈善机构里带走的孩子，他一共只剩下了 42 个学生，这只是他曾拥有的学生数量的一小部分。[444]他的大部分传教士也病了。他的校长生了病，所以过去的一年只有他的儿子和几个助手在经营学校。[445]

他的传教士同伴也感到了绝望。海德尔·阿里的军队正步步逼近马德拉斯，在后方抢劫一切。在特兰奎巴，军队抢劫了住在镇子的堡垒外的传教士。[446]虽然那些住在堡垒里的传教士躲过了海德尔的军队，但他们没躲过饥荒。“我们镇子的街道上，每天都有七到二十人因饥荒丧命。”[447]传教士们写道。“那里的人都像行尸走肉一样。”[448]

在印度，似乎基督教都遭到了攻击。5月，一位医生治疗了基尔南德的白内障，让他恢复了一些视力。重新振作起来的基尔南德准备参加他最重要的审判。他决心获得他所期望的平反。

接下来的几周里，他询问加尔各答的律师们是否愿意代理他的案子，似乎所有人都害怕希基。所以他去找了钱伯斯法官，问他是否可以做自己的律师。[449]

钱伯斯让他不要担心。另一桩起诉已经在进行中了，而且是由本市最有权势的人发起的。

暗夜杀手

希基先生不会向大人物求助……他嘲笑他们的无能，并承诺会通过自家报纸对违法者进行有力的反击。

——詹姆斯·奥古斯都·希基，《希基的孟加拉公报》

1781 年 4 月 14 日

1781 年 4 月 5 日，周四，凌晨 2 点到 3 点之间，加尔各答

希基惊醒过来，跌跌撞撞地走向卧室的窗户。他向暗夜里望去，睡眼惺忪，感到十分疑惑。

他听到下面有喊声和尖叫声。

“怎么这么吵?”他打开自家窗户，大喊道。

他看到几个在暗夜中奔跑的身影。三个男人试图进入他的屋子，其中两个是欧洲人，他们用弯刀割开了他家拴着后门的绳子。

他飞奔下楼。但在他赶到楼下之前，那些人已经逃走了。[450]

他询问仆人们那些是什么人。

他们说，其中一人是弗里德里克·查尔斯（Frederick Charles），他是市里一家酒馆的老板，也是梅辛克在剧院的助手。

希基和查尔斯曾有过节。他在加尔各答行医的头几年里，查尔斯曾拒绝为他做的手术付费。希基不得不起诉查尔斯，以要回自己的钱。[451]

希基沉思了一会儿。这些人为什么要在深夜闯入他的屋子？为什么他们想攻击他？

现在，一切就像拼图的碎片一样拼合了起来。

在查尔斯的背后，他看到了梅辛克。而在梅辛克的背后，他看到了黑斯廷斯。

他相信，这是一次暗杀他的尝试。就算不是暗杀，至少也是一次威胁，想让他闭嘴。他担心有人会想再次谋害他，于是他雇了一些印度兵来守卫自己的家，然后告诉仆人们，没有他明确许可的情况下不要让任何人进屋。[452]

这种警告可能会吓到某些人，却让他变得无畏。如果这次威胁是想让他闭嘴，那么他就应该跟它对着干。他并没有被恐吓到。他情愿战斗到全身所有肌肉都失去力量，也不会将自己的出版权拱手相让。他开始相信，他需要唤醒人民的意识，向他们展示他们身处暴政之中。

他将自己视作暴君的受害者、言论自由的捍卫者，以及人民的守卫者。他认为自己是反抗腐败与压迫仅存的希望。在一个基本权利被破坏，人们生活在奴役中的地方，他相信像他这样的人，一个拥有一份不受禁锢的报纸的人，可以重建人民的权利，挽回他们的自由。

对近期试图暗杀原孟加拉公报出版者事件的反思

希基先生坚信，他命中注定应当到印度来，成为专横的恶人和自命不凡的阴谋家的惩罚者……希基先生决心要坚持和继续下去……不因当权暴君皱眉而畏惧（这些人愿意为了卢比出卖自己的灵魂和国家的利益）……

他决心在那些攻击中捍卫自己的人身安全，直到每一块肌肉、每一条筋骨都失去力量，如果他注定会成为卑鄙的当权掠夺者恶意之下的牺牲品……希基先生将心满意足地倒下，视自己为捍卫同胞财产和新闻自由的殉难者……

希基先生认为新闻自由对英国人和自由的政府来说至关重要。民众应当有充分的自由来宣扬自己的原则与观点，而每一种倾向于压制自由的手段都是暴政，对社会是有害的。新闻是在民众中传播观点的媒介，而人民之声即为神明之声；它是宪法的审查员和皇权王室的约束者，是贪官污吏的指控人，是保护人民抵御暴政与独裁最有效的机器。

新闻自由的重要性无可估量，如果宪法被破坏，人民陷入被奴役的悲惨境遇之中，一个拥有新闻自由的勇者就可能恢复宪法，解放民众，但如果没有新闻自由，世界上最勇敢的人也无法长久地保全他们的权利与自由。[453]

在接下来的几周里，希基的文章越来越尖锐，就像当地的气候愈发灼热一样。他不仅直指专制，而且呼吁人民与之斗争。他接下来的文章是他最极端的几篇。

两期之后，他发表了一篇文章，这篇文章作者的笔名为卡西乌斯（Cassius）。卡西乌斯告诉公司的军人，他们在为黑斯廷斯打仗之前应当三思，他声称，黑斯廷斯就像一个国王那样统治着，毫无顾忌地为了他征服一切的梦想牺牲掉他们的性命。卡西乌斯提醒士兵们，他们最终的效忠对象应当是英国人民，而不是这个“莫卧儿大帝”。如果黑斯廷斯不服从公司的董事，那么他们也没有理由服从黑斯廷斯。

甚至“卡西乌斯”这个笔名都是一种策略。卡西乌斯是罗马元老院议员，他领导了暗杀凯撒大帝、复辟罗马共和国的计划。这个名字本身就是一种警告：小心那些希望成为皇帝的人。卡西乌斯与古罗马和孟加拉之间的联系非常清晰。他给人的教训很清楚：在为时已晚之前，站起来推翻黑斯廷斯。

一次对印度公债持有人的远洋提示

> 最严重的是，我们担心“莫卧儿大帝”对迪万[①]当下明确的命令的漠视，将会给这个摇摇欲坠的帝国带来致命的后果……他摆脱了［董事会的］控制后，可以预见的是，那些被安置在独立指挥部的有才能的军官，如果出于对自身的考虑，将不再对他管理的政府负责。他只是政府的管理者，却好像政府是自己继承来的一样……你们应对李必达、安东尼和屋大维合而为一的趋势保持警惕，想想他们的禁令，仔细地想想你们在这个国家中认识的人，那些与你们关系或近或远的人，他们的生命可能都被献祭给了一个疯子的妄想。
>
> 卡西乌斯[454]

① 迪万（Diwan）指印度邦国的赋税和民政长官。

这篇文章中，希基近乎是在煽动叛乱。文章建议军队叛变，有可能的话甚至发动政变。它声称黑斯廷斯已经丧失了统治权，因为他为了征服一切的梦想置士兵的生命于不顾，将他们的生命献祭给了“疯子的妄想”。

希基将自己的角色从倡导者变成了挑衅者。他呼吁官员质疑自己的忠诚，这一举动十分危险。公司的军队并不总是最忠诚的，它有过叛变的历史。例如，在 1764 年，一场欧洲人的兵变引发了第二次印度士兵叛变，直到叛变首领被大炮炸死，这场叛乱才平息下来。[455]就在几个月前，维萨卡帕特南①的印度士兵没有坐上船去参加马德拉斯的战争，而是发生了暴动。[456]

希基为这一柴堆再添了一朵火花。他的报纸是军队下级军官的话筒，让他们和他们的战友得以发表观点。在生命、自由和平等的理念的鼓舞下，下级军官利用他的报纸来发出政变之声。一场政变可以一举结束黑斯廷斯的事业，还可能要了他的命。如果希基继续发行报纸，这就是黑斯廷斯要面临的风险。

一篇又一篇文章，希基撰稿人的口气让人联想到革命。他们呼吁人们站出来捍卫自己的权利，特别是言论自由的权利。“没有什么东西比新闻自由……更加神圣。我相信，数以百万计的人会成为它祭坛上的殉道者，捍卫它是一项光荣的事业。”其中一人写道。[457]“英国最卑微的人……的生命、自由与财产也和最伟大的人受到一样的保护。”另一个人写道。[458]“没有崇高的斗争和出于爱国之心的反对，隐

① 维萨卡帕特南（Visakhapatnam）：印度东部港口城市，位于孟加拉湾畔。

私会受到侵犯，［人民的］自由也会被剥夺。”又一个人写道。[459]

但是，这些文章只是把造反当成一个抽象的概念来讨论。

希基的一名撰稿人打算进行真正的革命。他的这位化名为布列塔尼库斯（Britannicus）的撰稿人声称，如果公司未经人民允许向他们征税，那么人民有权反抗，而且应当反抗。如果他们别无选择，那么至少他们可以起义。

布列塔尼库斯说，几个世纪以来，英国国民受普通法和《大宪章》（Magna Carta）等法律文件保护的权利受到了侵犯。他说，在孟加拉，人民交税，却没有权利。他们没有议会，没有独立的司法机构，他们只有黑斯廷斯。

而他们只有一个答案：革命。

致孟加拉的居民、同胞和朋友……

我不会误解你们的想法与感受，不会认为你们对现在所受的压迫一无所知或无动于衷。但我希望能给予你们更多激励——向你们揭露你们的压迫者的弱点与劣势。向你们展示相较之下你们的伟大，向你们展现你们的力量……

最初的契约是，政府应当考虑人民的福祉，而人民应当以此为条件服从政府。当这一条件被忽视或违反时，人们就不再有义务去服从了。

我们已经看到——但愿不会出现反例——人民能够且可以在受到直接侵犯的时候维护和捍卫自己的自由……宪法的精神要求人们具有充分而平等的代表权。征税权取决于这一点，也仅取决于这一点。如果人民的代表权不公平或不完善，或者完全没有代表权，那么征税权也就化为乌有了……

如果《大宪章》的精神没有完全消亡，那么［人民］将会获得充分的救济；但是如果法律与公正都被毁掉，如果英国宪法从根基上被摧毁，如果自由的丧失已无可挽回，那么每个英国人都应该感受加图的情绪——生与死对我来说没什么区别。

布列塔尼库斯[460]

“生与死对我来说没什么区别。”——希基的撰稿人让公众想起了加图的最后一句话。这位古罗马元老院议员曾为共和而战，情愿死于自己的剑下，也不屈从于凯撒。[461]这句话的意思很明确：他们也应当为自由而战，因为如果他们不这样做，那么无论活着还是死去，对他们来说都没什么区别了。在暴政之下，一切都没有区别。

这已不再是某个偏远地区对压迫思想的反抗了，而是此时此地的反抗，对黑斯廷斯的反抗。

周二的重击

一个希望新闻机构闭嘴的总督也许就像那些专制暴君一样，将他们奴隶的眼睛挖出来，这样奴隶们才能更愉快地推磨。

——布列塔尼库斯，《希基的孟加拉公报·特刊》

1781年6月25日[462]

1781年6月12日，周二，下午2点，加尔各答

希基从窗格的缝隙中窥探着，一群欧洲和印度警察包围了他的家，还用大锤持续不断地砸着他的大门。他们胸前的徽章上写着CP①，说明他们是加尔各答的警察。[463]

上百名围观群众聚集在外面，想看看发生了什么。这么多全副武装的人在镇子的这片区域出现是有点古怪的。

警察砸开了希基的大门，冲进了他的院子。

希基抓起他的剑，跑到外面与他们对峙。

---

① CP是Calcutta Police（加尔各答警察）的缩写。

“哪两个人敢再向前走一步，我就先把他们杀掉，”他补充道，“谁派你们来的?”

“最高法院首席大法官以利亚·英庇先生。”副警长宣布说。

“出示合法授权令来证实你的话。”

“在这里，先生。”

他读了授权令。他们以诽谤罪来逮捕他。

他让他们等着。

“我不会让人动我一根手指。回法院去，向首席大法官带去我充满敬意的赞美。通知他，我会遵从我的国王与国家的法律，我以我的名誉声明，我穿戴整齐之后就会上法庭。”

45 分钟后，他穿戴完毕，来到了法院。但是法官们已经宣布了休庭，明天才能保释。于是他们把他扔进监狱过夜。

第二天早晨，他被拽到法院，来到了法官们的面前。他走近他们，法官们穿着红色的法袍，坐在房间中央的一张绿色的桌子旁。律师、法官助理和官员像一窝蜜蜂一样快速地走来走去。

一个由 23 人组成的大陪审团坐在一边。希基认出了他们中的几人，他们几乎都是公司的职员、承包商，或者与黑斯廷斯有着千丝万缕的联系。

他心想，我常常听说，耶稣被钉在两个窃贼之间，而我即将在一堆就值 50 便士的骗子中间被提审。[464]

法院宣读了对他的指控。

五项诽谤罪的指控，其中三项由黑斯廷斯提出。第一项针对的是他的文章指责黑斯廷斯是克莱武“糟糕的继任者”。第二项是他称黑斯廷斯是“野蛮、怯懦、可耻、邪恶”“昏了头、极度专横的‘莫卧儿大帝’”，并影射黑斯廷斯有勃起功能障碍。第三项是因为他号召军队叛变，甚至发动政变，因为他们的生命“可能都被献祭给了一个疯子的妄想”。

另外两项指控来自基尔南德，都因为希基发表的文章《为了传教所的利益》。第一项指控针对的是整篇文章，因为它讽刺地将基尔南德称作“虔诚的撒玛利亚人”，受“不义之财和可恨的贪心”所驱使，并暗示基尔南德“在神圣的公共用地上建造仓库”以谋求个人的利益，他声称，基尔南德从孤儿基金以及格里芬的遗产里挪用款项，指责基尔南德像经营“教会农场”那样经营传教所。第二项指控只是一项保险措施，如果基尔南德无法说服陪审团，使他们相信通篇文章都是诽谤，那么他就会采用这项指控。它仅仅指控了希基将基尔南德称为“虔诚的撒玛利亚人”，受了“不义之财和可恨的贪心”的驱使。

大陪审团同意对五项罪名都提起刑事诉讼。海德法官刚开始建议将保释金定为 4 000 卢比，但是英庇提出来的 4 万卢比得到了钱伯斯的认可，成了保释金的额度。[465]这是一个天文数字，是希基每年从他的报纸中赚取的利润总额的两倍。这远远超出了他的支付能力。

希基向法官提交了两份请愿书，要求降低保释金的额度。他引用了一份英国的基础文件，也就是《权利法案》（Bill of Rights），来告诉法官们，他们侵犯了他合理保释的权利。《权利法案》中的条款写道：“不得要求过多的保释金。”他还引用了当时主要的法律书籍，比如威廉·布莱克斯通（William Blackstone）的《英国法释义》

(*Commentaries on the Laws of England*)，威廉·霍金斯（William Hawkins）的《刑事诉讼论》(*A Treatise of Pleas of the Crown*)，还有爱德华·科克（Edward Coke）的《判例集》(*Reports*)。这些书都在说，巨额保释金是对被告的“巨大伤害”。他甚至引用了朔姆贝格公爵诉默里（the Duke of Schomberg v. Murray）这个不起眼的案件。在这个案件里，默里被指控恶语中伤一名英国公爵。这项重大指控被称作“诋毁权贵”，但依然规定了合理的保释金。[466]

与此同时，希基向公众发出了呼吁。他在自己的报纸上刊登了两份请愿书中的一份，并评论说，当他被要求支付巨额保释金的时候，英国国内记者的保释金却十分合理，即使他们被指控犯了大罪。亨利·桑普森·伍德福尔的保释金只有他的一半，而伍德福尔的罪名是诽谤国王。

希基写道：“那些对我采取的措施真是一种少见的折磨和迫害，似乎它就是为这个国家保留的，为了推翻英国的法律为守护国民的自由而确立的观念。”[467]他的意思很清楚：孟加拉人民的权利已被破坏，他希望全世界都知道这一点。[468]

但是法官们拒绝了。

无法交纳保释金，希基只好尽可能地在监牢里为他的审判做准备。

虽然身处监狱，但他依然在发行报纸。他转而使用自己最好的武器：嘲讽。在第二周，他印刷了一张编造的演出节目单，嘲笑黑斯廷斯、英庇和基尔南德的暴政与贪腐。他的标题《暴政肆虐》(*Tyranny in Full Bloom*）毫不隐讳地指出了公司已腐败到极点。黑斯廷斯作为反派，“扮演”了四个不同的角色：残暴的“土耳其君主”（grand Turk）；专制的“莫卧儿大帝”；误入歧途的“堂吉诃德”（Don Quixote），与无形的敌人作战[①]；嗜血的战争贩子“战争之虎”（Tyger of War）。

英庇的角色是热爱判处绞刑的“杰弗里法官”（Judge Jeffreys），这是一个历史上的英国法官，因将数百人送上绞刑架而知名；他还有个角色叫“文·河堤”（Ven Poolbundy），得名于河堤合同。钱伯斯法官的角色是“易弯腰先生”（Sir Limber）和“瓦伊纳·顺从先生”，因为他牺牲了自己的名誉，屈从于黑斯廷斯的意志。唯有海德法官幸免于难，分配给他的角色是超重但诚实的“胖火鸡”（Cram Turkey）和“公正的法官”。

希基为基尔南德保留了一个特殊的角色，单把他挑出来作“财神玛门”（Mammon），它是七宗罪[②]之一——贪欲的化身。

之后，希基又将矛头对准了黑斯廷斯的同伙。他给黑斯廷斯的律师亨利·戴维斯（Henry Davies）的角色是不择手段的“收双倍费用、四处搜寻的婊子”（Double Fee Ferret Whore），因为他过去的工作是在伦敦臭名昭著的马绍尔西监狱对债务人提起公诉。梅辛克的角色是个卑微的“持火炬的男孩”（link boy），为他的主人黑斯廷斯照明。起诉他的大陪审团“扮演”的则是忠于黑斯廷斯和英庇的“奴隶、权贵的下手、谄媚者和马屁精”。

---

① 指塞万提斯笔下的堂吉诃德将风车看作巨人，与之搏斗的故事。

② 天主教对人类恶行的分类，指傲慢、贪欲、色欲、嫉妒、暴食、愤怒与懒惰。

他把他的敌人塑造成腐败和邪恶的愚人，而将自己塑造成著名的古罗马元老院议员、为拯救罗马共和国赴汤蹈火的加图。他将自己的希望寄托在小陪审团身上——他将在他们的面前接受审判。希基把他们称作他的“诚实、独立、无私的自由男孩”，希望能对他们施加影响。他向他们承诺，如果他们为他和言论自由辩护，他们就将得到公众的崇敬。

演出节目单（特别版）

在法院旁的新剧院里排练中

基于闹剧《一切皆错》的剧本

悲剧名为《暴政肆虐》，又名《后患无穷》

戏剧人物

角色	演员
F. 朗黑德先生	土耳其君主［黑斯廷斯］
杰弗里法官	文·河堤［英庇］
易弯腰先生	瓦伊纳·顺从先生［钱伯斯］
公正的法官	胖火鸡［海德］
噼啪抽打着假阳具的法官男仆	原生态小镇的豚鼠［乔治·沃顿］①
摸着四十块银币的加略人犹大	尊敬的“呔嗬”先生 ［威廉·约翰逊牧师］

① 这里指海德的助手沃顿初来加尔各答，而且他很讨人厌。

续 表

角　　色	演　　员
与风车搏斗的堂吉诃德	通常被称作“战争之虎”的莫卧儿大帝［黑斯廷斯］
收双倍费用、四处搜寻的婊子	马绍尔西的阿维斯［亨利·戴维斯］
破产商、闲人查理	小公牛先生［查尔斯·克罗夫茨］
呆子·牛头	布德万·法莫伊
加图，也是真正的英国人	希基先生
财神玛门	德国传教士［基尔南德］
持火炬的爱尔兰男孩，叫喊着（给点小钱吧，阁下）	巴纳比·灰头发先生［梅辛克］
奴隶、权贵的下手、谄媚者和马屁精	大陪审团
自由男孩	诚实、独立、无私的小陪审团

在演出与闹剧之间，将引入加尔各答的律师与他们的助理献上的复仇恶魔之舞——舞蹈将在以下歌曲中结束。

在凡人的叹息声中，
我们汲取他们的呻吟，
让他们的哀伤，
变得像我们自己的一样。

巴纳比先生承诺将在他的印刷友商、德国传教士（基尔南德）的帮助下，用巴松管伴奏。为使角色更加多样，两个鬼魂的角色被加了进去。

第一个鬼魂由南达·库马尔扮演

第二个鬼魂由彼得·尼姆马可（Peter Nimmuck）① ［里德］扮演

来自戈特兰（Gothland）的议员穆德·英格利希（Murder English）将用手摇风琴演奏一首悲伤的小曲，讲述自己在“河堤夫人”的大型晚宴上输牌的经历，来为观众带来欢乐。[469]

如果说他的演出节目单说明了什么的话，那就是他不会被吓倒。

加尔各答的新闻自由即将受到审判。希基来到法院，准备抗争，他预料到法院里会座无虚席。

① “Nimmuck”意为“盐”，因为彼得·里德之前从事盐业贸易，所以希基为他取了这个绰号。

黑斯廷斯诉希基

总督与理事会握有权力，但我不认为他们能在本案中合法地行使这些权力。

——约翰·海德法官，1781 年 6 月 26 日[470]

1781 年 6 月 26 日，周二，加尔各答，最高法院

灼热的晨光下，一个信使站在法院裂开的台阶上，怀里抱着一沓《希基的孟加拉公报·特刊》，每期特刊都由两页组成。土褐色广场旁的大水池臭气熏天，来往的路人都很乐意能逃离广场，进入法院凉爽又黑暗的拱道之中。[471]他们在发霉、开裂的漆柱下阅读前一天出版的公报。

1781 年 6 月 25 日，周一，加尔各答

明天，对詹姆斯·奥古斯都·希基先生的重要审判将在加尔各答的法院举行，其命运很大程度上能决定新闻无价的自由，财产的安全，以及这个地方所有英国国民引以为傲的自由……

这些人必须明白，严格意义上讲，一个人被指控犯下的诽谤

罪，是指以印刷或写作的方式进行的恶意中伤，所以如果陪审团认为某人的行为不符合这一确切描述的话，那就应该出于公道认定他无罪。[472]

希基依然用公报特刊发出警告，说自己的案子并不仅仅关乎一家报纸而已。言论自由正受到审判。如果他输了这场官司，那么不只是他的报纸，人民的声音也将不复存在。他们最后的保护者将离去。

“在此之后，我们的境遇将如同羔羊……当我们的看家狗、我们的护卫离开，我们的屋子会在我们睡觉的时候遭到抢劫。”公报上说。

希基的公报上有一份控告他的大陪审团成员的名单。这样，他剥夺了他们的匿名权。他想让自己的读者知道，他的案子在开审之前就已经被操纵了，大陪审团里挤满了他的敌人。大陪审团里的人员要么是公司委员会的成员、承包商，或者是外国法院常驻官员，要么是与黑斯廷斯有某种联系的人。甚至邮政局局长都在大陪审团里，还有附则的收税员，以及军队承包商“查理·小公牛”——查尔斯·克罗夫茨。[473]

上午 9 点 8 分，法院内

希基站在法官面前的桌台前，法庭上一片闷热的寂静。他准备制造点混乱，首先，他反对英庇参加他的审判：“在我的审判继续之前，我要提个反对意见。我的敌人报告说，我在某些出版物中对首席大法官不敬。我没有意识到自己曾有过这样的冒犯，因为我对那位大人的能力与人品极为敬重。但是，那些出版物可能招致了一些偏见，因此我反对以利亚·英庇先生出席我的审判。”

英庇被激怒了。没人有权利暗示他会抱有偏见。他知道，自己永远不会向公愤低头。[474]

“这不能算是一项严肃的反对意见。审判继续。”英庇说。[475]

“希基先生必须明白，他没有权利提出这样的反对意见。”海德法官插话道。

这实际上不是英庇和希基第一次见面。他们认识的时候，希基是一名法务文员，而英庇是英格兰巡回法庭的律师。[476]

“民众的呼声不会使我忽视我的职责。我认为自己十分刚强，不会受到任何威胁的影响，而且我也很诚实，不会让任何偏见影响我的行为。”英庇告诉法庭。

希基的反对被否决了。但他还有更多的反对意见要提。

当法庭提出挑选陪审团成员的时候，希基反对公司任何职员坐在陪审团的席位上。他认为他们会像大陪审团那样对他抱有偏见。

英庇建议妥协一下，在完整的十二人陪审团组建之前，允许黑斯廷斯的律师亨利·戴维斯和希基对任何成员提出异议。如果到时候凑不齐陪审员人数，他们就要从那些被拒绝的陪审员里再选一遍。

在达成妥协之后，法院让陪审团宣誓。[477]

亨利·戴维斯开始了诉讼。今天，他告诉法庭，他将从黑斯廷斯提出的三项罪状中的第一项开始，也就是希基的撰稿人在文章里将黑斯廷斯称作克莱武“糟糕的继任者”一事。

戴维斯向审判人员读了这篇文章。他认为情况并不复杂。之前的判例都是站在他这边的。他需要证明的是希基出版了这份报纸，而黑斯廷斯就是那个被诽谤的人。

“有两点需要你们考虑，一是希基先生是否发表了这篇文章，二是克莱武先生的继任者是否指的就是黑斯廷斯先生。”他对陪审团说。

18 世纪时，诽谤的定义是内容有可能破坏和平的任何印刷品，因此印刷商几乎可以因为任何原因被起诉。[478]此外，印刷商要对他们的撰稿人写的文章负责，这就意味着他们可能会因为刊印一篇文章而被起诉，即使他们从未读过文章的内容。

最重要的是，决定诽谤罪成立与否的人是法官，而不是陪审团。陪审团唯一的工作是确定谁印刷了文章，谁被诽谤了。一旦陪审团确定了这几点，法官就会判断这些文字中是否含有恶意。如果这些话中含有恶意，那么印刷商就犯了诽谤罪。[479]

因此，要认定希基有罪，戴维斯只需要让陪审团相信，是希基印刷了这篇文章，而且“糟糕的继任者”几个字指的是黑斯廷斯。

“还有比‘糟糕的继任者’这几个字更轻蔑的字眼吗?”戴维斯询问陪审团，然后看着希基补充道，“他还说，黑斯廷斯先生使不列颠人的名誉遭受了‘侮辱与轻蔑’。”

而后，戴维斯向陪审团展示了希基那份讽刺性的演出节目单。

“所有在英国用来哄骗最底层民众的卑劣手段在这里被一再使用，以伤害由加尔各答的绅士们组成的陪审团。你们会被希基先生报纸上对大陪审团的辱骂吓到，他将他们描绘成奴隶、权贵的下手、谄媚者和马屁精。此外，被‘自由男孩’的描绘所哄骗，诚实的小陪审团尚未认定他有罪。”戴维斯说，他希望向陪审团展示希基是如何试图使他们产生偏见的。

上午 11 点 5 分

希基的律师安东尼·费伊（Anthony Fay）开始了他的辩护。费伊首先盘问了黑斯廷斯的证人。

他主张，这篇文章可能指的是米德纳普尔（Midnapore）的军官艾伦·麦克弗森（Allan Macpherson）少校，而不是黑斯廷斯。

“你难道不觉得‘糟糕的继任者’这句话也可以用来形容在米德纳普尔指挥军队的军官吗?”他问警察局局长托马斯·莫特（Thomas Motte）。费伊的计划是，证明这篇文章可以称任何一个人为克莱武“糟糕的继任者”。如果他能在文章所指之人的问题上引起足够的怀疑，那么陪审团就不能认定“糟糕的继任者”这几个字指的是黑斯廷斯，希基就会被宣判无罪。

但莫特很确定。“糟糕的继任者”只能指那个坐在克莱武的位置上、成为总督的人，也就是黑斯廷斯。

“我不认为它可以用来指米德纳普尔的军官。继任者的意思肯定是那个现在坐在克莱武大人的位置上的人，因为他写‘玷污了……职位’的时候用的是现在式。”莫特回答道。

费伊询问了下一个证人同样的问题。那个证人是公司的印刷商，查尔斯·威尔金斯。

“你知道除了克莱武大人以外，还有什么人配得上‘不朽的克莱武’这样的称谓吗?”

“我不知道还有谁能配得上‘不朽’这样的形容词。”威尔金斯回答道。

“难道没有其他人可能配得上这个称谓吗？虽然你的知识可能没有那么渊博。”

“万事皆有可能，但是我不知道这样的人。”威尔金斯说。

“你为什么要将‘糟糕的’这个无礼的词与黑斯廷斯总督联系起来？”费伊问道，期待威尔金斯能承认这种说法的模糊性。

“我以前曾发誓说，‘继任者’这个词指的是黑斯廷斯先生，而‘糟糕的’一定适用于同一人。我不认为‘继任者’这个词指的是米德纳普尔的军官。”

费伊面临着失败。没有一个证人做证说“糟糕的继任者”可能指的是其他人，而不是黑斯廷斯。

他依旧坚持自己的策略。

“恕我冒昧，”他停止了他的盘问，转向陪审团，“这些含沙射影的指责能出现，一定需要极大的创造力吧。如果不是涉及某人，那诽谤就不存在了。假设不确定针对的是谁，那就像一通漫无目标的扫射，达不到处决的目的。就像一份没写到底谁死了的谋杀起诉。这份报纸似乎并没有涉及黑斯廷斯先生，与之相反的说法只是含沙射影……”

“我情愿自己辩护，”希基跳了起来，转向费伊，“你好像不懂我的意思。”

希基受够了。很明显，问题不在于到底谁才是克莱武糟糕的继任者。问题是新闻自由。

他说道：“我的报纸在公共邮局被随意拦截。我被两百多名警察和劳工带走，未经任何程序就被拖进了一个臭气熏天的监狱，与小偷和杀人犯关在同一个屋檐下。”

而后，他转向了英庇。

“最高法院首席大法官、中央民事法院负责人以利亚·英庇先生，一个诚实而无私的陪审团是对新闻业的最佳保障。”

他的辩护很简单，也很激进。他声称自己是暴政与专制的受害者，他拥有印刷的权利，没有任何人或公司可以夺走这种权利。

他说：“纯粹的写作、印刷和出版并不能成为有罪的证据。要证明有罪，必须证明其有恶意或煽动性倾向。否则，他们就应当宣告被告无罪。现在，如果一个英国人说出了真相，那他立即就会以诽谤罪被起诉。”

他的目标是说服陪审团，是他们而不是法官有权裁定他是否具有恶意，是否构成了诽谤。在他的辩护中，他引用了一则著名的案件——“国王诉亨利·桑普森·伍德福尔案”（The King v. Henry Sampson Woodfall）。伍德福尔的案子与自己的案子有惊人的相似之处。伍德福尔因印刷了一封由菲利普·弗朗西斯（他用了化名）写的信而被国王起诉，因为弗朗西斯在信中威胁说，如果另一名记者约翰·威尔克斯不从监狱里获释的话，他就发动叛乱。令所有人都感到惊讶的是，陪审团违背了一百年以来的法律先例，拒绝认定伍德福尔有罪，认定他“只犯了印刷和出版罪”。他们认定他“只犯有印刷罪”，并暗示伍德福尔并没有恶意。因而，通过查明恶意是否存在，他们剥夺了法官裁定诽谤的权力。审判以无罪告终，伍德福尔获得了自由，并成了英格兰最著名的编辑之一。[480]

希基主张，伍德福尔的审判应当成为他自己案件的判例，他的陪审团像伍德福尔的陪审团一样，也可以判定他是否有恶意，从而确定他有没有诽谤。[481]

接着，希基辩称自己并没有恶意。他以新教牧师帕森·普力克（Parson Prick）的故事结束他的演讲，后者在 1585 年左右进行了一次反对天主教的布道。普力克背诵了福克斯（Foxe）的《殉道者之书》（*Book of Martyrs*）中的一段话。这本书讲述了天主教徒对新教徒的残酷谋杀，以及随之而来的神谴。这些遭受神谴的天主教徒中，有一人是格林伍德先生（Mr Greenwood）。根据福克斯的说法，格林伍德因为自己的罪孽死于上帝的惩罚。普力克说："格林伍德身患'严重的瘟疫'，'因为上帝可怕的审判，他的肠子都从身体里掉了出来'。"[482]

然而，在一次奇怪的命运际会中，这个格林伍德恰好出现在了普力克的布道会上，而且活得好好的。格林伍德实际上是一名新教徒，看到自己被称作"教皇党人"①，于是以诽谤的罪名起诉了普力克。令人惊讶的是，当案件进入审判阶段后，法官却认为普力克无罪，因为他只是转述了别人的故事，而且他说这话的时候并没有恶意。

希基辩称，普力克的审判开创了一个判例，也就是转述别人的文章并不构成诽谤。作为一名编辑，他希望陪审团能够意识到，他只是转载了别人的信件，并不带有恶意。[483]

希基突然停了下来，他完成了陈述，将自己的命运留给陪审团去决定，希望他们能够保障新闻自由和自己的言论自由。

---

① 教皇党人（papist）：某些新教徒对天主教徒的蔑称。

下午 1 点 22 分

在潮湿、炎热的午日，英庇向陪审团传达了自己的指令。

他明确表示，他们应当认定希基有罪，而且戴维斯对法律的解释是正确的。陪审团唯一的工作就是确定这篇文章是否提及了黑斯廷斯，至于它是否带有恶意，是否构成诽谤，决定权在他这里。

“被告人希基因恶意诽谤而被起诉。在这么炎热的天气下，在这个时候，我绝对不会给你们带来过多的麻烦。如果这篇文章没有起诉书的起草人所说的含义，那么你们就不能判定他有罪。你们要做的是搞清楚在通常的理解下，它是否具有起诉方所称的含义，而不是它是否可能还有其他的含义。该文章是否犯了罪，或者诽谤与否，不是由你们来决定的。”他说道。[484]

下午 2 点 57 分

这些话说完，案件就交到了陪审团的手中。他们排队走进私密的房间时，所有人的目光都聚焦在他们身上。

陪审团团长在 50 分钟后返回，他告诉法官，他们无法迅速达成一致。就这样，陪审团休会，到海德法官的家中进一步讨论。

陪审团坐了一整个下午和一整个晚上，然后又坐了一整夜。

新闻自由岌岌可危，这种状况无望结束。

裁　决

我受到了非法而残酷的对待。

——詹姆斯·奥古斯都·希基致以利亚·英庇的请愿书

1781 年 6 月 19 日

1781 年 6 月 27 日，周三，上午 9 点 50 分，最高法院

陪审团回来后，在公开法庭上宣布了他们的裁决。

无罪。他们说。

王室书记官逐一宣读了他们的名字。“陪审团的先生们，请听好你们的裁决，这已被法院记录在案。你们说被告没有犯他被起诉的不端之罪，你们已达成一致。”

有两名陪审员快把剩下的十名陪审员拖得饿死了。他们在海德的家里做了一个非正式的决定。但直到现在，他们才最终给出了自己的裁决。

英庇无法相信他听到的。他陷入了暴怒之中。尽管证据确凿，陪审团还是宣判希基无罪，他们褫夺了他作为法官的权力。

他告诉陪审团团长：“［我］不会允许这样的裁决被记录下来，

它显然是与证据矛盾的。”他要求他们重新考虑。

但是团长说他不会被吓倒。

他说：“我很清楚自己誓言的性质。它要求我在公开审判中，在双方，也就是君主与囚犯之间主持正义。我并没有急急忙忙或不经过深思熟虑就做出判断，我不会轻易地改变我的观点，更不会因受到威胁就给出一个不一样的观点。”

尽管如此，陪审团还是回房间待了几分钟。

他们出来后，给出了相同的裁决结果。

无罪。[485]

尽管困难重重，但希基还是赢了这场官司。他证明了，即使是与英治印度内最有权势的人对抗，捍卫新闻业也是做得到的。这是一场巨大的胜利。

不过，他还有三场审判要进行。

希基的第二场审判在同一天进行，这是黑斯廷斯提出的第二项指控。因为他在文章中把黑斯廷斯称作“极度专横”、身患勃起功能障碍的“莫卧儿大帝”。

这一次，希基面对的是不同的陪审团。这场审判的记录没有被保留下来，唯有一道裁决：

有罪。

希基还有两场审判要参加。他的抗争还没有结束。[486]

基尔南德诉希基

魔鬼不能亲自做的，他用工具去做。但是，如果上帝是支持我的，那么那个人或者那些魔鬼又能对我做什么呢？让他们用尽气力咆哮和争斗吧，我的清白将拯救他们所有人。

——基尔南德致弗里德里希·威廉·帕舍牧师的信

1782 年 2 月 5 日[487]

1781 年 6 月 28 日，周四上午，最高法院

希基计划再次制造混乱。

法庭试图让陪审团宣誓就职，但他对一个又一个陪审员提出了反对意见。他指责其中一位不适合担任陪审员，因为那个人是黑斯廷斯的朋友。第二位是英庇的朋友。第三位是黑斯廷斯的手下，在公司里有一份肥差。第四位，他甚至声称这个人曾因受贿而做出过有罪的裁决。[488]

他指责一位名叫约翰·莱德的候选陪审员持有偏见。他说，此人一旦进入陪审团，就会判自己有罪。

英庇说，他需要证据。

“证明莱德先生曾说过这样的话。传唤那些告诉你这话的人。”

“沃茨（Watts）先生告诉我的，但是他现在不在法院内。如果你给我时间，我可以证明。”希基说。

沃茨曾帮迪莫写过信，但因为欠债逃离了加尔各答。只有法院给予他豁免权，他才能出庭。

英庇拒绝了。

“你的意思是要推迟你的审判吗？传唤你的证人。”他说道，感到很沮丧。

“我对莱德先生还有另一项异议。他与阁下的家人关系亲密。他为英庇夫人购买帽子和头饰。”希基说道，他改变了自己的斗争策略。

英庇暴跳如雷：“这是最无礼的举动，但是鉴于你所处的情况，我不知道法院还能做出怎样的惩罚。把这句话记下来。”

“我无意冒犯。”希基说。他看着英庇。

“要是让那个奸商加入审判我的陪审团，那我还不如直接认罪得了。他会照着你的指示行事，完全听从你的命令，任你摆布。这个男人没有灵魂——这是个腐败、肮脏、卑鄙的人。他巴结首席法官，而且与首席法官的妻子打得火热。他为人还算坦率，但理解能力不足。此外，他整天跑来跑去，窥探镇子上的每一家欧洲商店，就为了给那位深受宠爱的女士购买华而不实的饰品。”

法庭上爆发出笑声，英庇对此嗤之以鼻。没有一个脑子正常的人会这样侮辱首席大法官，或者含沙射影地表示某个男人与另一个男人的妻子关系亲密。

海德法官插话道：“听了这些话的人都会认为这些话是存心

冒犯。”

“如果你无意冒犯的话，那你一定是有史以来最愚蠢无知的小人。”英庇说。

“可怜人说的所有话都是无礼的。如果莱德先生没有为英庇太太买帽子的话，至少她只会穿莱德先生点过头的衣服。”希基说道。[489]

上午 11 点 53 分

最后，两边都同意了陪审团的名单。钱伯斯法官进来了，就像往常那样，他迟到了。[490]

黑斯廷斯的律师亨利·戴维斯开始了基尔南德的诉讼。他朗读了希基的文章《为了传教所的利益》，然后提出了两项指控：第一，希基的整篇文章几乎都是诽谤；第二，希基称基尔南德为了“不义之财和可恨的贪心”把字模卖给梅辛克，这种说法是诽谤。

戴维斯盘问了他的第一个证人克里斯托弗·迈耶，那个给基尔南德念文章的年轻人。戴维斯选择了上次庭审时使用过的策略。他再一次尝试说服陪审团，让他们明白他们的唯一工作是确认这篇文章指的是谁，而法官则负责判定恶意行为。

戴维斯问迈耶：“你认为那个被‘不义之财和可恨的贪心’所影响的人是谁？”

迈耶回答道：“我的理解是，希基先生的意思是基尔南德先生可以被任何心思所影响。”

戴维斯问道：“你是怎么理解‘对这个虔诚的撒玛利亚人……慷慨的善意’的？”

“我的理解是，希基说他是个虔诚的撒玛利亚人，他在赞扬他。”迈耶说，他不理解其中的讽刺意味。

戴维斯又试了一次。

“你认为这是在赞美基尔南德先生是个虔诚的撒玛利亚人，或者你对这句话还有其他的理解吗？”

“我觉得他在报纸上说得像是在赞美他，但实际意在诋毁他。”迈耶现在理解了。

“教堂带来的利润‘是否比在神圣的公共用地上建造仓库，然后让虔诚又完美的贸易委员会毫无顾忌地占用它们获取的利润更丰厚，还是两者的收益一样多’，你认为这个问题在暗示什么？”

“希基先生的意思是，基尔南德先生造了仓库，把它们租给了贸易委员会。”

“你理解的‘教会农场’是什么？”

“我认为那是教堂的费用。”

“‘上述教会农场产生的教会会费和其他费用从法律权利上说，是否既不属于孤儿基金，也不属于慈善协会的合股资本’，先生，根据这个问题，你认为希基先生在暗示这些会费和其他费用属于谁？”

“我猜他指的是基尔南德先生。”

希基盘问了迈耶。

他问迈耶，基尔南德起诉希基时是否得到了协助，暗示钱伯斯曾建议基尔南德提起诉讼。这有碍法官的公正性，如果这一点被证实的话，会以无效审判终结他的官司。

“先生，现在请看着我，不要移开视线。看向我，把自己想象成囚犯，看向陪审团的先生们。先生，现在把你的手放在胸前，因为你曾在这座可敬的法院里宣过誓。在光天化日下环顾四周，你有没有听到过法院里的哪个人曾建议基尔南德先生提起这次诉讼？”

“没有，先生。”迈耶回答道。

希基又问了一次。

“你难道从来没有听到过哪个有权有势的人建议他提起这次诉讼？”

“没有，先生。”迈耶再次回答。

第二次盘问迈耶时，希基强调了他的观点。

“你多久排练一次，谁是教你解读那篇文章的老师或指导者？”希基问迈耶，暗示迈耶可能在做伪证。

“是教我念书的那个老师吗？”迈耶迷惑不解地问道。

“不是，先生。不是那个意思。”希基说道，然后就不再说话了。他暗示迈耶的证词是经人辅导过的，让听者自行揣摩。

戴维斯盘问了他的下一个证人托马斯·亚当斯（Thomas Adams），希望确凿无误地证明希基的整篇文章就是对基尔南德的诽谤。

“你怎么理解‘受了不义之财和可恨的贪心的影响’这句话？”戴维斯问亚当斯。

“那指的是基尔南德先生。”亚当斯说。

“你是怎么理解‘虔诚的撒玛利亚人……慷慨的善意’这句话的？”

“我认为这是一种讽刺。”

“你认为文章里‘在神圣的公共用地上建造仓库’这句话是在

说谁？”

“基尔南德先生。”

“你觉得文章里指的是谁把它们租给了贸易委员会？”

“基尔南德先生。”

“你是怎么理解‘教会会费’和‘教会农场’的？”

“就是基尔南德先生主事教会产生的费用。”

“你认为文章里说的将教会会费和其他费用据为己有的人是谁？”

“基尔南德先生。”

“你认为这些费用应当属于谁？”

“那篇文章暗示它们属于孤儿基金。”

“他说，原本留给孤儿基金和慈善协会、专供它们使用的遗赠已经失效了，现在到了现任教长的手中，你认为他要表达什么意思？”

“我认为它的意思是现任教长基尔南德先生已经挪用了这笔钱，将其用于自己的私事。”

戴维斯停止了盘问，很自信自己已经证明了希基的整篇文章都是在说基尔南德，而不是别的什么人。

之后，戴维斯将基尔南德带到了庭审台前。

“你从事什么职业？”他问道。

基尔南德答：“我是一名牧师和传教士，1739 年我成为牧师，1740 年被基督教知识促进会派遣出国。我在海边的库达洛尔传教所服务了 18 年。从 1758 年开始，我一直都在这儿工作。”

戴维斯开始一点一点地详细询问。

“‘那个行将就木的人正迅速被死亡的阴影所笼罩，他白发苍苍，头低垂着，承载着坟墓之花的重压，墓穴已经张开了口，即将把他吞噬。’他说的那个人指的是谁？”他问道。

“我想他指的是我。我现在站在这里，我符合这段描述。”

“他用‘不义之财和可恨的贪心’指控的是什么样的动机？”

基尔南德抛出了一枚重磅炸弹。他给梅辛克的字模根本不是促进会的，也不是祝圣过的。它们是他自己的，他可以用它们做任何他想做的事，甚至是把它们卖了赚钱。

“结合上下文来看，希基先生的意思是很明显的。我受到不义之财和可恨的贪心的影响，卖掉了属于传教所的字模。但是它们并不属于传教所，它们是我的个人财产。我可以随意处置它们。”

戴维斯继续盘问。

“你认为‘虔诚的撒玛利亚人’是什么意思？”

“这是他对我的冷嘲热讽，说我不虔诚，不像虔诚的撒玛利亚人。”

“基尔南德先生每年从教堂里得到的利润是否比在神圣的公共用地上建造仓库获取的利润更丰厚，还是两者的收益差不多，你怎么理解这个问题？”

基尔南德说，他从未为公司建造过仓库，也没有向公司出租过任何仓库，更没有从他的教堂里赚过钱。有时候，他甚至还要花自己的钱去贴补教堂。

“希基先生的意思是这样的：他暗示我每年都在收钱，把教会每年的利润、会费或其他费用塞进了自己的口袋，而从教堂建立以来，我从未做过这些事。不管需要什么物品，我都一年又一年地在不断为它提供支持。我可以说，唯一可以被视作教会收入的是每月最后一个周日，或重大节日、圣餐日在教堂进行的慈善募捐带来的捐款。这些钱每次都是定期收取的，而每一分钱都会记在传教所的账目上，用来支付传教费用，部分则用于济贫。我没有从这些募捐中得到任何好处。希基先生说，就像在神圣的土地上建造仓库一样，这肯定会带来利益和好处，但我从来没做过这些事，也没有将任何仓库租给贸易委员会。”

“你是怎么理解‘教会农场产生的教会会费和其他费用’的?”戴维斯问。

“我理解的是，他的意思是我利用教堂收取会费和其他费用。但没有教会农场一说，我不知道除了传教所或者教堂，他还能指什么。”

“文章里问，格里芬船长和其他人留给慈善协会、专供其使用的遗产是否到了现任教长的手中，你是怎么理解这个问题的?”

基尔南德说，格里芬的遗产到了传教所以后，已经分文不剩了。格里芬的船在孟买被扣押了之后，格里芬成功地争辩说，扣押造成的损失也在他的保险条款之内。但是他在英国的承保人并不认同这一点，所以在他去世之后，他们起诉了他，要回了他们的钱。当英国的法庭判决格里芬的承保人胜诉时，格里芬的遗产执行人基尔南德被要求向他们付款。这使得格里芬的财产急剧减少，以至于都没有足够的钱给遗嘱受益人了，更别说给传教所留下些钱了。

基尔南德补充道：“但他却指责我将其据为己有了。”

“那么‘必有许多披着羊皮的狼出现’这句话呢?”戴维斯问道。

“他的意思是我是那匹披着羊皮的狼。谁认为这句话还有其他意思，我都会指责他。”

基尔南德停顿了一下。

“我漏了一件事。他说，那些年来，许多其他的遗产已经到了现任教长的手中……如果还有更多遗产留给了传教所，我完全不知道……如果希基先生能好到去查找法院的记录，查看近十五或二十年内的所有遗嘱，为教堂或传教所找到更多遗产，那么将是对我的巨大恩惠。”[491]

最后，戴维斯希望确认，基尔南德是自己决定要起诉的。

“你是否听从了任何大人物的建议，还是你自己决定提起诉讼的？”

“完全是我自己的主意。我已经深深地卷入了此事之中，无法回避它。”基尔南德说。

戴维斯结束了盘问，确信他已经证明了通篇文章都是诽谤。

现在，轮到希基了。他盘问了基尔南德，试图证明自己从未怀有恶意，而基尔南德是受利益和贪心的驱使才贩卖字模的。

“希基先生从未想要伤害你。你是一个善良而圣洁的人。我希望你距离去天堂没有多少年了。先生，请你以誓言为凭，据实回答，你是否曾向梅辛克先生出售过任何类型的字模？”

“不，我没有卖给过他任何字模。我先是把我的一部分字模借给了他，后来，我把它们送给了他，不过它们都是我自己的字模。”

“你能发誓它们是你的吗？”

“能。”

“你从谁那里买到了它们？”

“我写信给基督教知识促进会的秘书，在我的要求下，他买下了它们，然后把它们借给了我。”

“哦，原来他这样做了！我们很快就会查到更多的信息。这是哪一年的事？”

“在我的印象里，应该是两年前的事了。”

“哪艘船运来的？”

“我不记得了。”

“你有没有说过，或者你的下属有没有说过，这些字模来自特兰奎巴？”

基尔南德说，他是从英国的促进会那里得到的字模。

“我给梅辛克的字模是我从英国的促进会那里得来的。但梅辛克先生谈到了特兰奎巴，他希望我为他从特兰奎巴买一套旧字模和一台印刷机。这些我都弄到了。它们送到了，他也收到了它们。”

“出于供传教所使用的目的，促进会有没有给你送过字模？”

基尔南德坚称，他卖掉的字模是他自己的。他没有提及，希基可能也不知道的是，他和传教所其实是一回事。他从未把传教所献给促进会。

“没有，哪怕一个都没有。但如果我有自己的字模，难道我不能使用它们，来为传教所服务吗？”

希基没有任何进展。他把问题转向了是否有人建议基尔南德起诉他。就像之前的审判一样，如果他能证明钱伯斯法官曾鼓励过基尔南德提起诉讼，那么他的审判可能会以无效而终结。

“毫无疑问的是，基尔南德先生，你可能倾向于起诉我。难道你从来没有通过别人的口信或暗示了解过，这个定居点里任何一位绅士都乐意支持你鼓足干劲，将我告上法庭？”

“没有任何绅士，也没有任何人向我暗示过这样的事，我是在不得已的情况下才这样做的。我十分抱歉，希基先生，起诉一个人并不会让我感到愉快。但是我的起诉是无可避免的。不仅是我个人的名声，传教所和促进会的声誉也危在旦夕。促进会有九百多名成员，其中包括英国和其他国家的一些声名显赫之人，这些人都受到了伤害。我更遗憾的是，希基先生居然受人之托（不论这个人可能是谁，我不知道此人的身份），将这些诽谤我的内容刊登了出来。”

“基尔南德先生，假设你被告知（我不认为你是自己读到的）报纸上有这样一封信，难道你不认为作为一名牧师，你更应该给我捎个信吗？然后我就可能会告诉你这封信是谁写的了。”

“我更有理由期待，在把这些信息排进你的报纸之前，你会告知我。你的所作所为就像把我放在一辆罪恶之车上，把我送去全世界各个国家招摇过市。”

“基尔南德先生，要是你跟我相交甚好，如同睦邻般友好，要是你从来没给过我任何机会去以恶意揣测你，那么你还可以这样期待，因为以前在许多相似的情况中，我发表反对言论前都会告知对方。你不是寄给我一份历书的手写本，还询问我印刷的价格吗？前一年在马德拉斯，你也给过我一本一样的，那本有 16 页。”

“我是给过你一份历书，还询问了印刷的价格。你的报价非常高，所以我没有印刷。”

“价格是多少？”

“价格太高了。”

“多少?”

“一份历书是一卢比。”

希基转向了陪审团。

“这份历书有32页。你前一年印刷的那份只有这份的一半厚，而你付了六法南[①]（半卢比）。你认为讲述一个没有恶意的故事能有什么坏处吗?”

希基告诉法庭，为了惹恼他，基尔南德曾把历书赠送出去。基尔南德把字模卖给梅辛克同样是为了伤害他。

英庇打断了对话。

“注意点，希基先生，你要证明明确的恶意吗?”

英庇询问基尔南德，是否有任何人曾建议他起诉希基。

“是否曾有任何在座的法官建议你提起本案的诉讼呢?”

“没有任何在座的人，或者其他地方的人曾建议我起诉希基先生。”基尔南德说。

“以我为例，你是否在本案诉讼开始之后见过我?”

“没有，我没见过，直到上周二在法庭上我才见到您。”

“你和我在那儿说过话吗?”

“没，我没有。在座的所有法官都没有同我说过话。”

“是否有任何与我相关的人曾暗示你，说我认可你起诉希基先生?”

---

① 法南（fanams）：一种长期流行在印度南部的小额货币。

“没有。”

“我的兄弟钱伯斯希望我请基尔南德先生回忆一下，基尔南德先生是否因这篇文章的刊登而深感苦恼，然后去找过他？”

“是的。但我去找他是为了律师的问题，他们似乎因为希基先生的缘故而不敢为我辩护。我想知道我是否可以为自己的案子辩护。有人告诉我，我不能既进行刑事诉讼，又进行民事诉讼，而我认为我是可以这么做的。另外，我还曾被建议完全放弃刑事诉讼，因为我被告知，作为一名牧师，这么做是不对的。但我觉得我不得不这么做。”

下午 3 点 5 分

希基开始盘问他的证人罗伯特·哈维（Robert Harvey）。他希望能证明自己的话并无恶意，因为基尔南德那时已经恶名在外，没什么可以伤害得了他了。

“你认识基尔南德先生多少年了？”他问。

“我认识基尔南德先生大约有九年或者十年了。”哈维说。

“那个时候，你有听到过别人对他出言不逊吗？”

“我想不起来。”

“难道你从来没有亲口跟我说过，他是个残酷无情的人？”

“我曾向希基先生说过一件与我自己有关的事情。”

“你没有向我暗示过，你希望全世界都知道他对你的暴行吗？”

“我想不起我曾这么做过。”

由于无法证明基尔南德的恶劣形象，希基开始对着法庭说话。

“我的意思仅仅是去展示他以前就有的形象，这篇文章不会损害他分毫。”

而后，他传唤了自己的明星证人——约翰·克里斯蒂安·迪莫。通过迪莫的证词，他希望能排除合理怀疑，证明基尔南德出售了属于促进会的、祝圣过的字模。

他询问迪莫，知不知道字模是否属于传教所。

迪莫沉默了。

他又问了一遍，字模是否属于传教所。

迪莫依旧沉默不语。

迪莫对所有问题都保持了沉默。他看上去很害怕，一直盯着法庭。法官许他离开，他跑出了法院。他的帽子从头上掉了下来，一个观众在他飞奔着下台阶的时候，把帽子扔到了他的身后。[492]

希基使自己镇定下来。他的明星证人让他失望了。他没能证明基尔南德因为利益和贪心出售了字模，也没能证明有人建议基尔南德去起诉他。他的审判看起来不容乐观。

下午 4 点 50 分

陪审团仅在 10 分钟后就回来了，并宣布了他们的裁决：

第一项罪名不成立。

出乎意料，不过也在情理之中。原因是诉讼程序上的一个细节。陪审团认为，希基的话并非全都针对基尔南德，尤其是“教会农场”这个词，他们认为它指的是公司的牧师。因此，他们不能认定他这项罪名成立。

第二项范围较窄的罪名成立。

陪审团认为，他把基尔南德称作“虔诚的撒玛利亚人”，还说他受不义之财和可恨的贪心的驱使，这是一种诽谤。[493]

希基可能逃脱了完全有罪的判决，但他仍被认定为有罪，而且他还有一项审判要进行。

社会渣滓

至于那些穷人，他们对着风发出抱怨，因为法庭距离他们太远，他们的故事无法被听到。

——匿名作者，《希基的孟加拉公报》，1781 年 6 月 30 日[494]

1781 年 6 月 29 日，周五，上午 9 点 32 分，最高法院

希基的第四场审判几乎没有留下任何记录。

戴维斯开始了诉讼，他读了希基的文章——《一次对印度公债持有人的远洋提示》。这篇文章呼吁公司的军官进行反抗，甚至发动政变。因为他们的生命被献祭给了“一个疯子的妄想”[495]。

“这种呼吁全军哗变的诽谤要比在其中一个营地里竖起叛乱的大旗严重得多。而文章的另一部分虽然可能会损害黑斯廷斯在英国人民心中的形象，因此确实应该受到惩罚，但是其性质没有文章中有关公司军官的部分那样严重。”他说道。

吸取了第一次失败的教训，戴维斯改变了策略，他争辩说，这篇文章不仅提到了黑斯廷斯，而且发表的时候具有明确的恶意。因此，即使陪审团的判断难以预料，他们仍然会认定希基有罪。

他还是提醒了陪审团，确定希基的刊印是否存有恶意是法官的职责，而非他们的职责，他们应当尊重这一传统。[496]

希基也坚持了同样的论点。他再次引用了帕森·普力克的言论。他告诉陪审团，他和普力克一样，并没有诽谤他人。他只是转载了一些言论，因此他应当被无罪释放。

英庇向陪审团总结了此案。他明明白白地表达了自己对希基的蔑视。

他说："希基先生是社会的渣滓，他在自己的屋子里养了印度雇佣兵。"

陪审团辩论了四十分钟，然后回到了法庭里。这一次，他们站在了戴维斯一边，同意法官有权裁定诽谤罪成立。他们宣布了裁决：

刊印该篇文章的罪名成立。

英庇宣布了法官们的决定：

诽谤罪成立。[497]

接下来的几周里，针对处罚的方式和条件，希基和戴维斯一直在争论。希基辩称自己的律师受到了恐吓，但他的律师们说自己并没有受到恐吓之后，法院驳回了他的要求。戴维斯认为，希基在第一次审判的时候刊印了讽刺性的表演节目单，还发行了公报的特别版，这些都加重了他的诽谤罪。

英庇同意戴维斯的观点。他告诉法庭，他认为新闻自由根本不是自由，事实上是通过恐吓人们来奴役他们。

"这种吹嘘出来的新闻自由，是真正的奴隶制的产物。希基先生威胁那些起诉他的人，基尔南德先生明确表示，他很难找到律师来为他的案子辩护。”他说。

“现在，这个案子非常复杂，涉及多种罪行、不端行为和藐视法庭罪。我还没有考虑好能够给出什么样的判决。如果我的同事已经准备好了，他们会说的。”他继续说道。

“我们还没准备好。”钱伯斯和海德回答道。

“那么法院将花些时间来思考怎么判刑……与此同时，犯人也可以从延迟判决中得到些好处。因为在检察官在做出判决时，可能会考量希基的报纸在这段时间里刊登了什么，没刊登什么。这对犯人来说自然是没有什么坏处的。从这一天起到开庭，中间会有三四个月的时间，而这段时间肯定只是他必须面临的监禁期的一小部分。”

英庇敲响了法槌。

“让法院休庭至下一次开庭期，在此期间，犯人将一直被拘押。”[498]

希基无声地站着，他一句话都没有说。

他的审判结束了。或者说，至少他认为结束了。

HICKY's BENGAL GAZETTE;

OR THE ORIGINAL

Calcutta General Advertiſer.

A Weekly Political and Commercial Paper, Open to all Parties, *but influenced by* None,

66 From Saturday April 21ſt. to Saturday April 28th 1781. No. XIV

NOW IN THE PRESS
AND
SPEEDILY WILL BE PUBLISHED
BY J. A. HICKY
AT HIS PRINTING OFFICE.

THE New Bye-Law properly diſcuſſed, defined and diſſected, Paragraph by Paragraph, fully Explained by the cleareſt comments taken from the higheſt Legal and conſtitutional Authorities, adapted to the meaneſt Capacity. Which will prove a very neceſſary Pocket Manual, not only for this, but ſucceeding Generations, to ſhew how carefull our Wiſe Anceſtors have been to protect us, our Lives, Liberties, and Properties.

To the PUBLIC.

THE great demand for the Original Bengal Gazette has induced Mr. Hicky to Publiſh them in Volumns, which are now to be had bound or unbound at his Printing Office in the Radda Baazar.

Continuation of CICERO's celebrated Oration, before the ROMAN *Senate againſt VERRES, one of the Roman Governors in Sicily in Aſia Minor.*

AN opinion has long prevailed, not only *here at home* but likewiſe, in FOREIGN COUNTRIES both dangerous to *you*, and pernicious to the *State* viz. That in *Proſecutions* MEN of WEALTH are always *ſafe* however *clearly convicted.* There is now to be brought upon his trial before you (to the confuſion, I hope of the propagators of this Slanderous imputation,) one whoſe life and actions condemn him in the opinion of all impartial perſons; but who according *to his own reckoning*, and declared *dependance upon his Riches*, is already acquitted, I mean CAIUS VERRES.——One whoſe conduct has been ſuch that in paſſing a juſt ſentence upon him you will have an opportunity of *re-eſtabliſhing* the *credit* of *ſuch trials*, of recovering what ever may be *loſt* of the *favour* of the ROMAN PEOPLE; and of ſatisfying FOREIGN STATES and KINGDOMS in ALLIANCE with us, or *tributary* to us, I demand Juſtice of you, Fathers upon the ROBBER OF THE PUBLIC TREASURY, the OPPRESSOR OF ASIA MINOR, and PAMPHYLIA, the invader of the rights and Priviledges of ROMANS, the *ſcourge* and *curſe* of SICILY; If that ſentence is paſſed upon him which his *Crimes deſerve*, your authority Fathers will be *venerable* and *ſacred* in the Eyes of the Public. but if his GREAT RICHES ſhould biaſs you in his favour, I ſhall ſtill gain *one point* viz. To make it apparent to *all the World* that what was wanting in this caſe was *not* a CRIMINAL nor a PROSECUTOR; But JUSTICE and *adequate* PUNISHMENT.

" He makes no ſcruple *publickly* to *de-* " *clare. That in his opinion they alone have* " *reaſon to fear being called to account, who* " *have only amaſſed what is ſufficient for them-* " *ſelves. That for his part he has prudently* " *taken care to ſecure what will be ſufficient* " *for himſelf and many others. Beſides, That* " *he knows there is nothing ſo ſacred, but it* " *may be made free with, nothing ſo well ſe-* " *cured but it may be come at, by a proper* " *application of* MONEY."—He has accordingly ſaid that the only time he ever was affraid was when he found the Proſecution commenced againſt him by ME; leſt he ſhould not have time enough to diſpoſe of a ſufficient number of PRESENTS in proper hands. What does his QUESTORSHIP (the firſt Chiefſhip he held in Aſia) what does it exhibit but one continued Scene of oppreſſive Villainy, a Province robb'd and reduced to FAMINE.——The Employments he held in ASIA MINOR, and PAMPHYLIA, what did it produce but the RUIN of thoſe unhappy Countries.——In his *laſt* HIGH EMPLOYMENT he acted over again the Scene of his former Queſtorſhip, bringing by his bad practices, thoſe whoſe SUBSTITUTE he was into diſgrace, and then deſerting them. The miſchiefs done by him in that unhappy Country (SICILY) during his *Iniquitous Adminiſtration* are ſuch, that many Years under the *wiſeſt* and *beſt* of Pretors will not be ſufficient to reſtore things to the condition in which they formerly were, no Inhabitants of the remote parts of that *ruined Country* has been able to *keep poſſeſſion of any thing* but has either *eſcaped* the rapacioufneſs or been *neglected* by the ſatiety of this *unfeeling* univerſal plunderer. Thoſe who wiſhed to be in alliance with the Roman common wealth, have been wantonly treated as Enemies, and theſe his attrocious Crimes have been committed in ſo *Public* a manner, that there is no one who has heard of his Name either in ROME or ASIA, but could reckon up his actions.

Oh Liberty! — Oh Sound once delightful to every ROMAN Ear! —A Sacred priviledge of Roman Citizen-ſhip!—Once Sacred—now trampled upon!— what, then, is it come to *this?* Shall an *inferior* Magiſtrate (a Governor) who holds his Power of the ROMAN People——in a Roman Colony act in this licentious Manner.——Shall neither the *Majeſty* of the ROMAN COMMON-WEALTH, or the *fear* of the JUSTICE OF HIS COUNTRY——reſtrain or puniſh the Impious *Avarice* and licentious Tyranny of a Monſter who in Confidence of HIS RICHES, thus acquired, Strikes at the ROOT OF LAW, AND LIBERTY, and ſets *Mankind at defiance?*—— I conclude with expreſſing my hopes that your *Wiſdom and Juſtice* CONSCRIPT, SENATORS will not by ſuffering the *Atrocious* and *unexampled Inſolence* of CAIUS VERRES to eſcape due puniſhment, leave room to apprehend the *danger* of a *total ſubverſion of Authority*, and introduction of General ANARCHY AND CONFUSION IN THE EMPIRE.

After Reading and duly pondering the afore recited Speech of the immortal CICERO (which is both genuine, and as nearly tranſlated as the Idioms of Different Languages will admit) let us only *ſhift the Scene in* immagination and by the powers of Fancy Conceive SICILY (as deſcribed by Cicero, to be the CARNATIC.——

The PEOPLE OF ROME the INDIA PROPRIETORS, or the ENGLISH NATION at large.——

The CONSCRIPT SENATORS—the ENGLISH PARLIAMENT.——

CICERO in the Perſon of Ed. Bourke, the E. of SHELBURNE Mr. T. PITT, Mr. Dunning. And CAIUS VERRES as a ſeant Type of SIR THOMAS PILLAGE.——

The native honeſt powers of Sympathy confirm the horrid Picture.——

To the Printer of the Bengal Gazette.

SIR.

THE wiſeſt meaſures that have ever been purſued by any Government, were ſurely thoſe of the Britiſh Parliament, when under the reign of a wiſe Prince, and the Adminiſtration of a Patriotic Miniſter, the Majority of it's Members were elected by the free ſuffrages of the People, how did the Nation flouriſh under ſuch Rulers, how were it's Enemies cruſhed? and how did they ſink under the Wiſdom of its Counſels, and the Magnanimity of it's Fleets and Armies? But Alas! Alas! inſtead of that glorious ſpirit of Freedom which then fired our Souls, how are we fallen off? how are we ſunk!——Yet we have ſome conſolation in finding that notwithſtanding the conſtitution is now ſo very Rotten, we have a few Members in the Houſe choſen like that glorious Majeſty, by the free and uncorrupted voices of the Cities and Counties, ſuch are the Men whoſe Counſels ought to be attended to, and ſuch are the Men who will open the Eyes of the Nation, awake it from that lethargy into which it is now moſt miſerably fallen, and expoſe the Abſurdity, folly, and iniquity of that plan of Deſpotiſm, ſo eagerly purſued and ſteadily ſupported by that corrupt part of the conſtitution, the head of Placemen and Penſioners, Members of paltry, venal Boroughs Men who have purchaſed their Elections to betray their Country, theſe are the wretches who now form the Majority, and who now Govern the Empire, and theſe are the baſe Slaves who will overthrow the moſt beautiful Structure ever raiſed by the Art of Man, planned by the utmoſt Stretches of human wiſdom, the works of Ages, but Imperfect, as all human inventions muſt be and therefore ſtill capable of improvement, and was its original animating principles to remain entire, might in the end riſe to be even the Admiration of ſuperior Intelligencies.

CATO.

A HINT AT A DISTANCE TO THE Proprietors of India Stock.

MOST ſeriouſly is to be apprehended, that the Great Moguls, inattention to the immediate and poſitive orders of the Divan, will be productive of very fatal conſequences to this Tottering Empire.——Upon his acceſſion to the Muſneed, and for ages before, the Hookam of that great Body was the grand ſpring by which every Department here was actuated, and the Diſmiſſion of his immediate predeceſſor for a deviation from their will, tho' cauſed by great neceſſity, ſhould have been a caution to him, that in the Hour of their reflection they will not forget the Contempt with which he has treated their orders. As he throws off his ſubordination to them, it muſt be expected that Officers of Abilities who are placed in independant Commands, will if they find it for their purpoſe hold themſelves

《希基的孟加拉公报》头版，1781 年 4 月 28 日

(Courtesy of the University of Heidelberg)

1780. 4 Term. D Oct. 23.

"inted in his Place, in manner above "mentiond;"

It seems to me that in this Claus His Majesty expressly calls all the Inhabitants of Bengal, Bahar, and Orissa, his Subjects, which is a Fact that the Servants of the Company here are not willing to allow.

Before we went into Court to day Sir Elijah Impey, told me at my House, that

约翰·海德法官的笔记，1780 年 10 月 23 日。

海德用速记法记录了自己得知以利亚·英庇被任命为中央民事法院负责人时的情景。

卡罗尔·西里·约翰逊摄

沃伦·黑斯廷斯像，约 1783—1784 年。
约翰·佐法尼绘

（Yale Center for British Art）

以利亚·英庇像，威廉·比奇绘

约翰·海德像，约 1791—1796 年。
罗伯特·霍姆绘

威廉·希基像，约 1785 年。
阿瑟·德维斯绘

(Yale Center for British Art, Paul Mellon Collection)

约翰·撒迦利亚·基尔南德像，约 1770—1772 年。
查尔斯·伊姆霍夫所绘版画的复制品

（*Bengal*, *Past & Present*, Vol. 10, 307）

加尔各答胡格利河边的旧堡石阶，大多数乘船新近抵达的欧洲人都在此登陆。
托马斯·丹尼尔绘，1786 年发表于《加尔各答之景》

（Norman R. Bobbins and S. P. Lohia Rare Books Collection）

英国东印度公司政府中心，包括画面右侧的最高法院和左侧的作家大厦。作家大厦如今仍伫立于此。
托马斯·丹尼尔绘，1786 年发表于《加尔各答之景》

（Norman R. Bobbins and S. P. Lohia Rare Books Collection）

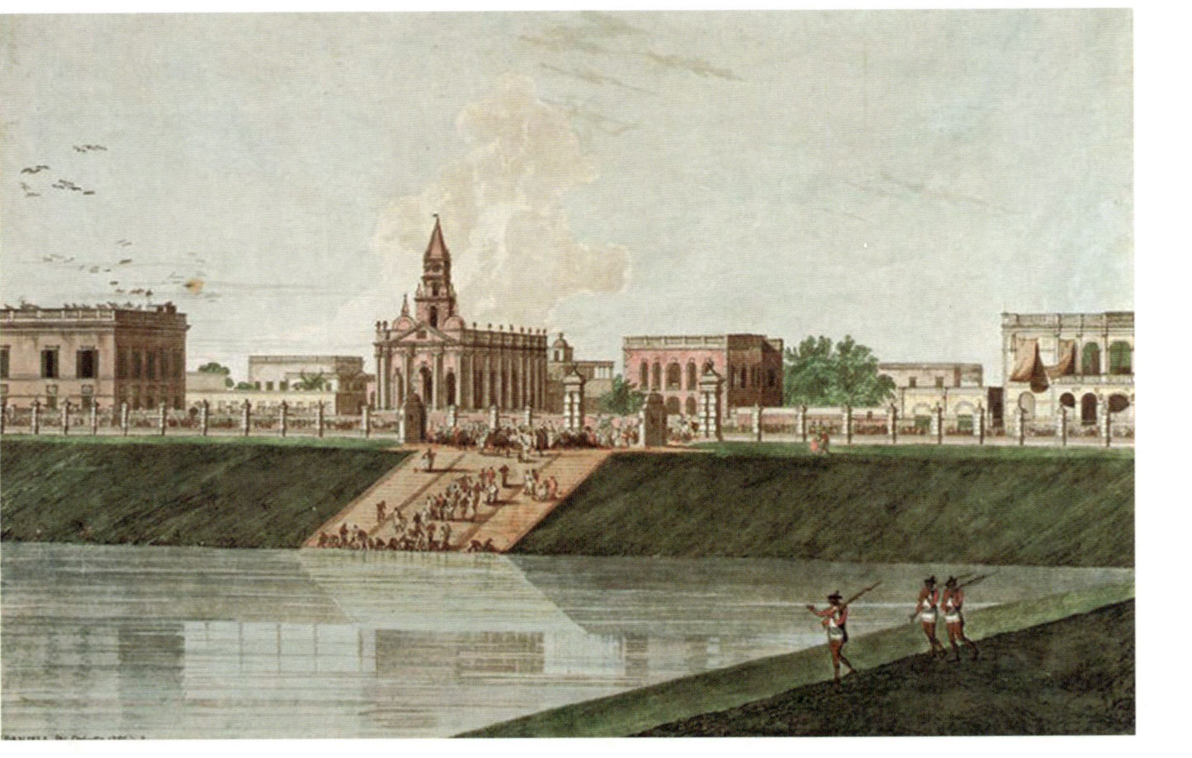

基尔南德的教堂位于加尔各答的中心，俯瞰着红池。
托马斯·丹尼尔绘，1786 年发表于《加尔各答之景》

（Norman R. Bobbins and S. P. Lohia Rare Books Collection）

沃伦·黑斯廷斯的贝尔维德雷庄园，黑斯廷斯和弗朗西斯就在附近决斗。
威廉·普林塞普 1838 年绘

弹劾黑斯廷斯的审判。重印于哈钦森版《国家的故事》，第 196 页

（Library of Congress）

第三部分

不屈不挠

辛格的反抗

所有巴哈尔的人都在犹豫不决，那些在巴特那的人会首先割断我们的喉咙。

——巴特那理事会成员威廉·杨，1781 年 10 月 11 日[499]

1781 年 8 月 16 日，周四，下午 2 点，贝拿勒斯[500]

希基的审判结束以后，沃伦·黑斯廷斯跑了一千多千米的路来到贝拿勒斯（Banaras），镇压一个反叛的属臣。他是来惩罚贝拿勒斯的拉贾——柴特·辛格（Chait Singh）的，因为他迟迟没有向公司进献贡金，也没有按照要求派兵参战。

黑斯廷斯花了整整两个小时找翻译和辛格谈话，但毫无进展。这时，他收到了一封加急信件，来自一个守卫辛格宫殿的军官。他打开信读起来，信中说宫殿的外面聚起了一群暴徒，而该军官的印度兵却一发子弹都没有。[501]

黑斯廷斯抬起头，一袭恐惧在他的脸上扩散开来。他又问了一次，是否有人能为他做翻译。但无人应答。

“如果我们找不到人来写信，那么最好的办法是送个口信过去。”

他的驻地代表建议。[502]

黑斯廷斯转向信使说，如果暴民发动攻击，他会惩罚辛格。

“如果有任何欧洲兵或印度兵流血，我就会认为这是他的错，而他要为此负责。”他说道，并让那名信使一字一句地复述一遍。

信使打马离去。黑斯廷斯希望他的威胁足以镇压暴徒。[503]

但为时已晚。暴徒开始攀墙爬树，跳入宫殿之中解救辛格。他们从藏身处抽出利剑和盾牌，就像从水井里抽出水桶一样。[504]

屠杀开始了。

信使是第一个被杀掉的。一把半月弯刀刺穿了他的身体。中尉紧随其后，在试图用剑自卫时被砍倒。然后是中士，他的手臂被砍断，倒下失去了意识。印度兵成片倒下，他们被包围了，以一敌三，而且没有子弹。[505]

战死和受伤的印度兵堆积在过道和里面的广场上，整个世界随着死亡之声步入了黑暗。

辛格趁乱逃走。他翻越俯瞰河流的一道木栅栏门，将头巾缠在腰间，从宫墙的边缘跳了下去。他落在了一条船上，他的手下划船将他送到河对岸的安全地带。

等到第二天一早公司派人解救出伤员时，贝拿勒斯的叛乱已经爆发。数以千计的人从乡村向辛格处进发，杀掉了他们能找到的所有欧洲人，砍下他们的头颅，把尸体丢入河中。他们甚至杀掉了英国人的印度奴仆。他们发现了黑斯廷斯的船只后，刺死了他的仆人。他们将幸存者背靠背绑起来，然后将其活生生扔进了河里。[506]

整个乡村陷入了叛乱之中。[507]黑斯廷斯慌忙平息叛乱，但几天后，辛格的手下伏击了公司军队的一支分队，在贝拿勒斯外的一个贫民窟里屠杀了他们。一百多人被杀，更多人受伤，据说，分队队长的脑袋被插在了一根尖木上，叛军举着它穿过贝拿勒斯的街区，以示胜利。[508]

直到现在，黑斯廷斯才意识到了事件的严重性。第二天，他被告知，辛格的人正策划午夜发动进攻。河流阻断了去路，贝拿勒斯的每条道路都有人巡逻，黑斯廷斯只剩下一处地方可逃了——河流上游的丘纳尔堡（Chunar Fort）。他收拾了自己的随身物品，坐上轿子，带着自己的警卫和随从逃走了。运气很好的是，他走的那条路是唯一一条没有辛格的人巡逻的路，他们在袭击之前的几个小时才刚刚离开。[509]

他可以听到辛格的手下在他身后的路上唱歌：

> 骑大马，跨大象，坐着轿子[510]全速出发啦，
> 跑啊，逃啊，沃伦·黑斯廷斯！

在接下来的一个多月里，黑斯廷斯躲在丘纳尔堡里，像在棋盘上移动棋子一样，命令所有可调用的人前去贝拿勒斯平定叛乱。[511]

但那不是个简单的任务。公司的军队混乱不堪。士兵的军饷晚发了四个多月。一个营的印度兵拒绝行军。[512]另一个营的印度兵抛弃了他们的英国中尉，将他留在发动暴乱的村民的包围中，任其自生自灭。[513]还有个营的士兵用刺刀对着他们队长的胸膛，威胁说除非他支付薪水，否则就杀了他。[514]

尽管一团混乱，但黑斯廷斯还是在接下来的几周内集结到了足够多的忠诚士兵用于反击。他慢慢压制了辛格的叛乱，征服了一个又一个堡垒，将反抗力量推向离贝拿勒斯较远的地方。到了9月底，也就是叛乱开始一个多月后，他已经粉碎了大部分叛乱活动，迫使辛格逃离该区域，只剩下几小块地方还在负隅顽抗。

黑斯廷斯庆祝了胜利，并命人向贝拿勒斯的人们发布一则胜利公告。他警告他们，抵抗是徒劳的，公司永远是胜利者。如果他们顺从，就会获得善待，但如果他们反抗，等待着他们的会是他的怒火。

> ［辛格］对他的恩人该有多深的感激！他对公司的反叛是多么没有理由啊！当公司和整个英国听说，它们公开承认的拉贾企图杀害总督，并切断他和随从的联系，他们是多么愤慨啊，而正是这个总督［曾希望］恢复拉贾的职务，让他在目前的战争中协助公司。这场战争对公司来说非常昂贵……
>
> 英国人以诚信闻名于世，他们用这一原则对待朋友，同时也勇敢无畏地对抗敌人，这让英国成了全世界最强大的国家！而作为他们在这些邦的代表，我们如果不能支持和奖赏那些忠于我们政府的人，不能惩罚那些企图侮辱它的人，就配不上我们的职位。[515]

傲慢无比

请放心，房子已经起火，我真的认为麻烦会从奥德（阿瓦德）开始。

——菲利普·弗朗西斯，1780 年 11 月 2 日[516]

1781 年 8 月下旬，芒格（Munger），比哈尔邦

首席大法官以利亚·英庇俯瞰着恒河上的这个位于加尔各答和贝拿勒斯之间的小镇。英庇擦了擦额头上的汗水，他的汗水晶莹发亮，如海洋中的浪花般一波又一波涌来。这是他经历的最炎热的季风时节之一。[517]芒格镇就像一个火炉。

他慢慢地从羽毛笔里抽出一封藏进去的密信，信是黑斯廷斯寄来的。[518]他把信展开来。也许是运输中出了问题，信的第一段被撕掉了，但信件的内容十分明确。贝拿勒斯发生了一场骇人听闻的叛乱，他需要待在原地不动。

“这场祸事对我来说太痛苦，我不想再重复一遍了。”黑斯廷斯写道。

“别想着过来。”黑斯廷斯补充道。[519]

英庇已经动身，在去见黑斯廷斯的路上了，他用了本应是他假期的最初几个月的时间建起了他的法院：任命法官、翻译官、专家、穆夫提①、庭警，设置薪水、惩治措施和一整个司法系统的规章制度。他的法院应当成为寻求正义之人的第一站和最后一站，他应当成为审理上诉的唯一人选。最高法院现在与大多数孟加拉人民毫不相干，本应由最高法院审理的案件现在将由他独审。

在起草了一份回复草稿以后，英庇感到他的手腕在痛，手也在颤抖。他想知道什么导致了他的手臂抖个不停，手也发麻。他的症状正在向全身扩散。他走路或弯腰时，双脚会刺痛。他发觉自己很难感知到物体了。如果不迅速回到英国，他担心自己会像其他许多同事一样死去。[520]

他带了医生、仆从和十六个保镖同行。他还带上了他的家人，他们同样也承受着痛苦。他考虑着回家，即使不是为了自己，也是为了他们。他的妻子玛丽经常生病，病情严重到卧床不起。七年里，她生下了四个孩子，还有一次流产。他的女儿玛丽安一直在发烧和腹泻，有好几次都濒临死亡。[521]他担心，如果再在印度多待一年，她们都要撑不住了。

可他已经取得了这么大的成就。他清楚自己终有一天会回到英国，但现在还不是时候。只要他还拥有自己的法院，他就不会走。他已经渴望了许久，总算达成了自己的雄心。这份额外的薪水让他能够送孩子们去英国的学校，为自己和妻子请家庭教师，学习印度历史、

① 穆夫提（muftis）：伊斯兰教法典的说明官。

宗教和语言，还让他养了一只品种稀有的鸟和一些奇珍异兽，购买艺术品和古董藏品，其中本地艺术家的画作就有 300 多幅。[522]他这种生活方式成本高昂，但中央民事法院帮助他支付了这些开销。

自从被任命后，英庇变得开心多了。既然他在为公司工作，他就不必担心该如何阻止公司的压迫行为了。他在写给兄弟的信中说："我很高兴地告诉你，法院与总督、理事会之间回到了永久和谐的状态。"[523]

当他得知议会正在考虑立法，将最高法院的管辖权限制在加尔各答这座城市，并大幅削减它的权力以后，他评价说，换作以前，这样的立法会让他不高兴，但现在对他来说已经无所谓了。如果真有案子的话，他就把更多的案子送到他的中央民事法院。"我对［最高］法院完全无感。如果它的权力让他们觉得麻烦……我全力支持他们废止这些权力。让他们废止我的权力吧，只要他们不损害我的声誉。"他写道。[524]最高法院将被废止，而他自身的权力将会增加。

他去年就开始从约翰·唐宁（John Dunning）和理查德·萨顿爵士（Sir Richard Sutton）这样关系密切的朋友入手，打算游说伦敦的政客，说服他们保留自己的任命。他游说了一些律师，他还在英国做出庭律师时就见过他们，而现在这些人已经成了议员。

他需要他们的支持。他知道，许多人可能会说他获任此职是不合法的，但他很自信地认为，绝大多数人会明白，他会让公司变得更好。"如果那些支持我的承诺可以兑现，我应该就能让这些法院发生转变，由于它们主管者的无知与腐败，这些法院对当地人压迫最重。"他写道。[525]

他希望自己的信件能在弗朗西斯造成任何破坏之前抵达祖国，从而提醒他的朋友，他担任此职不是为了个人利益，而是为了公共利益。“由于遭到了弗朗西斯先生的反对，我认为，这可能会在英国成为一个讨论话题。我请求你们，利用你们的影响力来支持我。我郑重保证，公共利益一直是我的主要动力。”他写道。[526]

他等着自己的第一拨信件产生预期中的影响之后，才将第二拨信件寄出，这一次，信件是寄给英国政府里的那些要员的，也就是那些他不是很熟悉的人。他承认，他已经从中央民事法院领到了一份薪水，但他相信他们会看到自己配得上这份薪水。而且，如果他们对此不爽，他也乐意将薪水退回。“如果您或任何大臣暗示我它是不合适的，那我就会把它退回去。”他写给首相说。[527]

但是他意识到，如果他没有设法处理希基的造谣中伤，那么他说服政客们的所有艰苦努力都将化为乌有。那些英国的权贵肯定会知道希基的诽谤之词。

他开始写信，以解释自己的行为。他洋洋洒洒写了二十四页的信，说了有关希基的案子、他的任命以及辛格的反叛这些事。他写了一稿又一稿，先分类，再细分，将它们分成不同的文章。

终于，他准备好了。他给他的朋友和英国政府里的工作人员寄去了不同版本的文章。他低头看着纸上用黑墨水写成的文字，想知道其他人是否能够看清楚他的字。他的字看起来就像笔记本背面的涂鸦，但只能这样了。

一份在加尔各答出版的周报中刊登了最粗鄙的诋毁之辞，而其中最具煽动性的诽谤针对的是总督或其政策，这份报纸实际上导致了兵变和叛乱。我没有建议他起诉，但我认为他提起诉讼是正确的。印刷商希基立刻就在自己家门口安置了持有武器的印度兵作为公共哨兵……副警长不断地向我提出申请……希基让全副武装的印度兵驻守在门口，如果按程序处理，他害怕会发生暴力冲突，副警长希望知道，他是否有正当的理由带着印度兵一起去。我告诉他，他应当调用自己的警察来执行行动，但如果他遭到反抗，他可以向那些能向他提供帮助的人提出申请，而法院帮不上他的忙。后来他告诉我，希基亲自带着一把已出鞘的利剑走了出来……

在庭审之前，他的报纸对黑斯廷斯先生的谩骂比任何时候都更激烈。法官、理事会、控方律师、大陪审团……都受到了最粗鲁的谩骂，在审判和第一次起诉的早上，印刷好的传单就送到了法院门口，里面含有内容相似的谩骂，试图对小陪审团施加影响，承诺他们，如果他们做出有利于辩方的判决就会受到欢迎；也威胁他们，如果他们做出有利于控方的判决就会被公众憎恶。我认为，阻止诽谤言论发表的最好办法就是在休庭期间暂缓做出判决，或者向他暗示，他在这段时间里的所作所为可能会使他的控方施加或严厉或温和的判决……

在庭审期间，他藐视法庭，态度傲慢无比。他在为自己辩护的时候，读了一篇最无耻的控诉书。这个希基是萨金特·戴维的助手。他曾作为他的书记员与他一起参与巡回审判工作，［而且］被称为“船长”，因为他曾经的服役经历。他无知且目不识丁，却得到了［忠于］弗朗西斯先生一派的支持……

希基称我为最高法院的首席大法官和S. D. A.① 的法官。他让我说明，总督和理事会要求我接受这个职位，我接受这个职位的原因，以及为拿到这份薪水，我做了什么。希基的审判已经被记录了下来，黑斯廷斯先生希望这些记录能被印出来，但付印工作被推迟了，因为最终的判决尚未做出。庭审记录被我锁在加尔各答的办公桌里。如果我能寄走它们，我早就这么做了。[528]

他想知道为什么他首当其冲，受到了希基的谩骂。仅仅两个月前，黑斯廷斯曾给了他的同僚钱伯斯法官一个类似的职位，任命钱伯斯为钦苏拉法院的法官，这主要是个象征性的职位，月薪有 3 000 卢比。[529]此外，钱伯斯还是警长，可以以监督附则实施的名义给自己支付报酬。

英庇认为他是唯一一个被嘲讽的人，而这是因为个人的政见。钱伯斯和弗朗西斯曾经是朋友，他相信希基的许多撰稿人都曾是弗朗西斯的支持者。

我没法不注意到，我是唯一被挑刺的那个人，但我在法院里与接受职位相关的所作所为，与其他法官不差分毫。不该被提及的是，罗伯特·钱伯斯先生在荷兰战争中被任命为钦苏拉的首席法官，他还为自己谋得了警长的职位，从而在条例的实施中发挥

① 中央民事法院（Sadr Diwani Adalat）的缩写。

了更加积极的作用……但是关于这件事，只有我受到了指责。这种单单把矛头指向我的做法，来自长期反感我的一伙人。[530]

在给他的兄弟和关系最好的朋友的信中，他额外补充了一点儿信息。他算出自己有四万英镑的净资产，然后提到了在希基的审判过后的某天，黑斯廷斯曾向自己保证，等自己回到英国，他会替自己买一个议会席位。[531]英庇相信，回国后，他的财富和在议会的席位会让他过得舒舒服服的。

“我认为 H 先生不会在我离开之后，在这里逗留超过一年的时间。他有个愿望，那就是我们都应当进入议会。出于这个目的，他让律师给我开了一万英镑的汇票，用来买两个席位，一个在 1783 年的夏末给我，另一个在 1784 年的夏末给他自己。”他写道。[532]

英庇在芒格等待辛格的叛乱被镇压时，给在加尔各答的海德法官写了封信，信的内容与希基的惩罚有关。法院已经宣判希基在庭审过程中的无礼行为是藐视法庭，因此英庇建议判他总共 19 个月的监禁和 2 500 卢比的罚款，如果希基登记为贫民的话，那就免去他的罚款，把监禁时长增加至 24 个月。

芒格，9 月 20 日

我还在这儿……除了希基的案子，法院无事发生……您是怎么考虑的？如果他不能在庭前写下宣誓书，证实他属于贫民，如果他的报纸（我还没看过）在庭审以来不再存在任何冒犯的话，不如考虑近期藐视法庭的行为判处他 3 个月监禁，然后基于总督的诉讼案，每项指控给他加6个月刑期，因神父的指控加4个月刑期，另外总督的每项指控罚款1 000卢比，神父的指控罚款500卢比？如果他能证实自己属于贫民，那么就在总督的每项指控上面加两个月刑期，神父的指控则加一个月刑期？或者，我们就把他的藐视法庭罪免了？[533]

10月26日，英庇抵达贝拿勒斯。黑斯廷斯向英庇展示了自己正在撰写的一本小书，他称之为一种“记叙”（narrative），以解释他对辛格的软禁。英庇建议说，如果他们在英国接受审查，仅凭这种记叙文解释不清黑斯廷斯的行为。他主动要求去从证人那里收集宣誓书，以证明用武力镇压辛格是完全正确的。[534]

而后，英庇前往阿瓦德的首都勒克瑙（Lucknow）。黑斯廷斯怀疑，纳瓦布的母亲和祖母，也就是所谓的“阿瓦德的贵妇们”（Begums of Awadh）支持了辛格的反叛，她们召集军队，鼓励印度雇佣兵逃离，据传，她们甚至设金悬赏欧洲人的脑袋。

黑斯廷斯命令英庇派公司驻军去抢夺这些穆斯林贵妇的财产，这是对她们支持辛格的惩罚。如果英庇能让纳瓦布同意夺走他母亲和祖母的珠宝财物，那就更好了。如果不能，那么驻军会自己上手夺取财物。

英庇给驻兵写信：“他希望马上搞定。”[535]

英庇日夜兼程赶往勒克瑙，只带了医生和三四名仆从。到了之后，他钻进驻军的双轮马车中，随身还带着黑斯廷斯的指令。

接下来的几天里，他一直在收集穆斯林贵妇支持辛格反叛的证词。他总共从英国居民、印度军官以及公司士兵那里收集到了 43 份宣誓书，证明了辛格的反叛，以及那些妇女支持了辛格。[536]

在黑斯廷斯的指令的要求下，公司军队拘禁了贵妇们的阉人仆役，给他们戴上镣铐，折磨他们，逼他们说出财宝的位置。据估，那些财宝价值 550 万卢比。

黑斯廷斯便用那些财宝支付了自己军队的军饷，而英庇则返回了贝拿勒斯，又从那儿去了加尔各答。[537]

更黑暗的转折

[黑斯廷斯] 写道，在他变得更老之前，他有望争取到一份真正的和平。争取到一份真正的和平，哈！哈！哈！他会做什么？为什么之后就变成打仗了呢？

——詹姆斯·奥古斯都·希基，《希基的孟加拉公报》

1781 年 11 月 24 日[538]

1781 年 10 月 29 日，周一，下午 1 点 20 分，最高法院

希基被人从监狱中拖出来听自己的审判，此时只有法官钱伯斯和法官海德在场。

钱伯斯宣读了他的判决。根据英庇来信的指示，他宣布，希基应在狱中服刑 12 个月，支付 2 500 卢比的罚金，还有一笔没有提及的法庭费用。他会在狱中一直待到所有的罚金都付清为止。也许是出于仁慈，钱伯斯和海德选择了这个较轻的判决，并没有再把对希基藐视法庭的惩罚加进去。[539]

四天后，希基又因为更多坏消息被拖出了监狱。因为他的文章称黑斯廷斯为克莱武“糟糕的继任者”，黑斯廷斯将在下一次开庭期再次起诉他。他之前也因这篇文章被起诉过，但被判无罪。

在被拖回监狱之前，希基说自己是无罪的，而他也从来没有发表过诽谤文章。[540]

监禁没能阻止希基，他设法继续在狱中印刷自己的报纸。他继续捍卫新闻自由，但他的文风变得黑暗，文字变得更为苦涩，脾气也更为阴郁了。[541]

他在超过三期报纸上重印了著名的《加图来信》（*Cato Letters*）①的节选。这些内容写于1720—1723年，谴责了当时英国首相的腐败，而在此之后，它们被力主自由的美国革命者广泛引用。其中一篇的题目为《人民评判政府的权利与能力》（The Right and Capacity of the People to Judge of Government），追溯了希腊和罗马的历史与最终的衰败。文章认为，希腊的民主与罗马共和国会衰败，是因为它们被独裁者取代了。“希腊和意大利现在成了什么样子？”文章反问道。“罗马拥有的不过是一群骄奢淫逸的修道士和一些饥肠辘辘的平信徒居民”，而希腊人已经变成了被“土耳其君主”用“无知、锁链和卑劣控制的可鄙之奴”。[542]

希基重印了这封信，警告人们要抵制独裁，他认为独裁导致了文明的衰落。就像古罗马和古希腊一样，如果印度继续被独裁者统治着，那么它也会崩溃、衰败。

---

① 英国辉格党作家约翰·特伦查德（John Trenchard）和托马斯·戈登（Thomas Gordon）以书信体格式，假托古罗马政治家加图之名所写文集。文集为共和政府、权力制衡、言论与新闻自由辩护，谴责独裁专制，在英国共和主义传统中被视为一部开创性著作。

他的下一篇文章则暗示，公司现在已经来不及弥补过失了。

他透露，克莱武伪造了文件，以帮助公司战胜孟加拉的纳瓦布，这份伪造的文件成了英国统治的基础。这篇文章将克莱武与南达·库马尔做了比较。他们的罪行是一样的，但是克莱武以一个战争英雄的形象荣归英国，而南达·库马尔却被吊死了。两人唯一的区别是，克莱武是一名公司雇员，而南达·库马尔是个印度人。希基刊登这篇文章的行为暗示了，他希望民众明白，英国没有统治印度的特殊权利，他们统治的基础无他，只是军事力量和冷冰冰的武器。

> 我们先是成功地将伪造的罪名加之于一个孟加拉本地人身上，并对此沾沾自喜，虽然这种行为导致了他的死亡。不久之后……这个对英国法律一无所知的本国人，就因我们犯下的那种罪行被吊死了。克莱武却成了英国贵族，虽然他承认在孟加拉犯下了类似的罪行，而我们曾因为这种罪行绞死了南达·库马尔。[543]

许多在加尔各答的人都为希基公开损毁克莱武名誉的行为感到震惊，更何况他还质疑公司统治的合法性。但是希基所做的远不止于此。

他的通讯员指责黑斯廷斯违背了公司与拉贾柴特·辛格订立的条约。在条约里，公司承诺辛格会处于独立地位，他的贡金数额不会增加，而且也不会对他有任何额外的要求。但黑斯廷斯要求了额外的贡金，随后辛格遭到了逮捕。通讯员写道："这种行为向我们展示了我们能在贪婪与勒索的道路上走多远。"[544]希基的撰稿人认为，黑斯廷斯的行动意味着一次对原本曾独立的国家的非法接管。

他的通讯员们不惜与辛格共情，解释说辛格反叛没有错。他们写道，辛格害怕贝拿勒斯独立，也担忧欧洲人希望控制每一个政治职位，即使是产生“最小利润”的职位也不想放过。[545]有个人写道，公司就像一个声色俱厉的主人，而辛格“很快就体会到了主人每时每刻的严厉，而这个主人的灵魂从不懂得宽恕的仁慈又神圣的意义”。如果黑斯廷斯的政策已经“让他在情感上疏远了我们的政府，大家会觉得奇怪吗?”[546]

希基的撰稿人也揶揄了他们的英国同胞，因为那些英国人跳进小船就走了，将他们的印度奴仆留给了反叛者，而那些人会把他们的奴仆都杀掉。[547]他们声称这场战事就是耻辱的怯懦之举。“真是场奇观!”一个人写道。[548]“先生，我们是以这样的方式支持我们的朋友的吗?”另一个人问道。[549]

他有位通讯员也把自己的仆人丢下了，这个人为自己的行为感到羞耻。“从来没有欧洲人像我们这样，让自己的形象在当地人眼中变得如此渺小……在之后的好几天我都羞于直视他们中的任何一人。”他的通讯员写道。他们后来才意识到，自己以为的辛格的军队实际上只是附近一个混乱、失控的婚礼庆典上的人。那时，他与那些和他一样的人愈发羞愧了。几间茅草房上的火势愈演愈烈，蔓延到了辛格的叛军前来的路上。

希基的通讯员一边猛烈抨击那些遗弃自己仆从的英国人，一边赞扬那些冒着巨大的生命危险帮助英国人逃跑的印度人。一人写道，这些帮助是“这些人天性温和的鲜明例证”[551]。通过描述那些帮助英国人的印度仆从，希基暗示说，印度人至少和他们一样高贵。

如果说希基将印度人描绘成撒玛利亚人，而将英国人描绘成懦夫的话，那么在他眼里，最怯懦的懦夫就是黑斯廷斯。他讥讽黑斯廷斯龟缩在丘纳尔堡中，而贝拿勒斯则一团混乱。他认为黑斯廷斯和英庇写的那篇用来解释他们行为的“记叙文”是一件丢人的事情。

> ［总督阁下］觉得从丘纳尔堡里出来还不太安全，唉！公众的信任、智慧与力量该怎样在我们身上得到强化呢？上帝啊！我们竟堕落到了如此地步。他和他的同事们现在想要的就是使自己的名姓永垂不朽，他们仅仅诚实到去把真相告知英国——就是那份已认证过的记叙文，天晓得它有多么不可靠，又是怎么精心编造出来的。[552]

通过这种不服从的行为，希基继续将自己视作下级军官的声音，继续出版他们的苦水。很多人抱怨，身边净是明目张胆的腐败，他们却一连数月拿不到薪水。一个人写道：“我们每天都能听到……国库充盈的消息，而我们却被拖欠了四个月的工资……我们要饿死了。”[553]另一个人补充道：“我们的士兵没有面包吃……而他们的指挥官却每时每刻都有理由担心会发生大规模兵变。”[554]

他们发泄着自己的沮丧，认为黑斯廷斯的党羽不关心军队的完整性，而更关心自己的钱包。有人发表意见说，军队有一项应对紧急状况的基金，金额有 100 万卢比，但全都因捐赠和裙带关系而耗尽了。[555]据传，某个工薪出纳员将 12.5 万卢比装入了自己的腰包。许多下级军官都认为腐败是导致他们迟拿薪水的原因。一个人写道：“我们这些可怜的小虾米将被拖欠的账单寄到了总务处”，结果几个月之后又被送了回来，“上面只有该死的红字驳回的批示”。[556]这对他们来说是一种痛苦的讽刺，他们在受苦，而有些人却带着一辈子都花不完的财富逃走了。

这些抱怨将希基带入了危险的境地。在混乱中，下级军官用他的报纸来质疑他们是否应该对公司保持忠诚。“一个军官……必须服役至少十八年或二十年，挨过贫困和极端气候……这么长时间的服役带来的回报究竟是什么呢?”一个人问道。[557]还有个人建议说，除非黑斯廷斯给他们付钱，不然他们不会尊重他。“到时候（也只有到那时候），你才能体会到被所有人尊敬与爱戴的幸福。”他威胁道。[558]

希基报道说，当军队控制了辛格的最后一个堡垒——比贾·古尔（Bija Ghur）后，士兵迅速把赏金瓜分一空，因为他们害怕黑斯廷斯会像罗希拉战争的时候那样，从他们手里把钱拿走。他说道，他们不会再让战利品从他们的手里溜走了。据报道，那些士兵叫喊着：“罗希拉的赏金已经鉴定好、付好了!”[559]

他的一个撰稿人写道，黑斯廷斯实际上许可了士兵拿走那些战利品，但之后他又撤销了这项许可，因为这次的赏金足足有500万卢比，是罗希拉战争赏金的七倍之多。[560]希基暗示说，黑斯廷斯想要拿回那笔钱是因为他想进行新的征战。

我们听闻，[总督大人] 所有行动的目标都是公众利益，他实际上已经命令攻陷了比贾·古尔的士兵退还他们光荣又辛辛苦苦地挣得的每一个卢比，他打算将这些钱用在新的征服战争中，去征服卜代尔昆德国（Bundlecund Country）。——真是一场伟大的地下交易！

希基的一个通讯员曾谴责黑斯廷斯在贝拿勒斯的最高指挥官威廉·布莱尔（William Blair）中校的不义之举，这也许是希基刊登的最恶毒的侮辱。这位通讯员称，布莱尔在丘纳尔堡的时候向黑斯廷斯收取了食宿费用。像个酒馆老板那样给自己的上司账单是很不绅士的行为。这张所谓的账单还暗示了黑斯廷斯的部下酗酒和纵情狂欢：

［尊敬的沃伦·黑斯廷斯］总督大人……

三十三天里，他本人和他家人的伙食费，喂养大象、骆驼、马匹和公牛的花销，还有打碎桌子、椅子、卧榻、茶几、灯罩、玻璃酒瓶、瓶子和玻璃杯的赔偿，等等，等等，等等。

共计 4.2 万西卡卢比①……

（签名）威廉［布莱尔］中校

丘纳尔的指挥官[561]

1782 年 1 月 16 日，周三，河流下游的伯格萨尔（Buxar），邻近贝拿勒斯

这篇文章引起了黑斯廷斯的注意时，公司的齿轮开始转动了。黑斯廷斯立即给他在加尔各答的理事会写了封信。

① 西卡卢比（Sicca Rupee），东印度公司在孟加拉地区使用的一种卢比。

他写道："今天早上，我看到了这篇恶名在外的诽谤文章。"他命令理事会的成员找到希基的消息来源，并找到方法，来"遏制这种对社会安定和社会中每个人的名誉都极为有害的做法"。[562]

很明显，黑斯廷斯不管采取什么样的行动，都无法安抚希基，使其停止写作。唯一阻止希基刊印这样的诽谤之词的办法就是彻底关掉他的报社。

1782 年初，黑斯廷斯回到加尔各答，就是打算这么做的。

重复起诉

定居点里所有认识我的人都知道我非常穷，连一卢比都不值。

——詹姆斯·奥古斯都·希基致以利亚·英庇的信

1781 年 6 月 19 日[563]

1782 年 1 月 12 日，周六，最高法院

最高法院对希基的诉讼开始了。现在因为第一篇希基被判无罪的文章，黑斯廷斯又要起诉希基了。

希基在文章中称黑斯廷斯为克莱武“糟糕的继任者”却被宣判没有犯诽谤罪，但这并不重要。黑斯廷斯这次提起的是民事诉讼，而不是刑事诉讼。刑事诉讼是为了判定某人有罪，而民事诉讼则是为了从某人那里要钱。因此，根据英国的法律，黑斯廷斯可以起诉希基两次。

希基之前有权要求陪审团审判，但他在民事诉讼中没有这样的权利。他的命运将由法官单独决定。

希基试着拖延这一次板上钉钉的对决。他要求拿到一份自己夏天受审时的庭审记录，还要求传唤一系列根本不可能出庭的证人，包括黑斯廷斯本人和众多军官，他还称他找不到律师来代理自己的案子，说他们不是黑斯廷斯雇来的，就是被吓到了。[564]

英庇拒绝了希基的所有要求。

英庇说："希基先生非常清楚，这不是正常的申请流程。我不知道他觉得吵吵闹闹有什么用，但是这似乎正是这份报纸的目的。"

第二周，希基又提出了第二项要求：他需要推迟庭审，因为自己生病了。为了他的健康，他不得不去公共澡堂。

但是法官们并没有相信他。他们派狱警把他从监狱带到了法庭上。

他来了，而且看上去并没有生病。

英庇告诉他，有两名律师愿意为他辩护，只要他不在庭审的时候打断他们。[565]英庇说，如果他想要推迟自己的庭审，那就要写一份说明原因的宣誓书。

希基开始写宣誓书，但得知推迟庭审需要付 10 金莫赫①，也就是 160 卢比后，他说自己拿不出这么多钱。

英庇说："如果你付不起这笔钱，那你必须写一份像样的宣誓书，成为公认的贫民。"

希基为自己进行了辩护。

他说，自己写这篇文章时并没有心怀恶意。

"如果有赞扬黑斯廷斯或定居点里其他绅士的文章，我一定会非

① 莫赫（mohur）：印度旧制金币，1 莫赫 = 16 卢比。

常乐意把它们插进去。”他说。

他辩解说，那篇把黑斯廷斯称作克莱武“糟糕的继任者”的文章根本不是诽谤。它说的是真话，因为它正确地预言了把皮尔斯的分队派去会鼓励印度人奋起反抗。黑斯廷斯的无能是公司的名声在“本土势力的舆论”中一落千丈的原因，也是柴特·辛格反叛的原因。

“在贝拿勒斯的大屠杀证明了预言是正确的。”他说道。

在他结束发言之后，英庇对此案做了总结陈词。英庇说，问题已经不在于他是否有罪了，而在于黑斯廷斯是否有权获得赔偿。

“本案的两个问题在于，这篇文章对于黑斯廷斯先生来说是否是一种诽谤，以及希基是否发表了它。希基先生并不是作者，也不知道作者是谁。”英庇说。

法官们迅速判定黑斯廷斯胜诉，并下令把希基拖回监狱。

第二天，法官们宣布，希基要支付黑斯廷斯 5 000 卢比的赔偿，而这笔赔款会加到他之前的罚金里面。他要在监狱里待到还清它们为止。

英庇说，他们严厉处置希基是因为他诽谤了一位重要人物。黑斯廷斯有权获得比普通民众更多的赔偿。

“一个出身卑贱之人受到的伤害，与一名身处高位的官员受到的伤害是不可同日而语的。”他说。[566]

希基还是没有放弃。就像贯穿整个夏季的审判一样，他指责黑斯廷斯和其他人贪污腐败和独裁专制。他又以匿名撰稿人的名义刊印了一份名为“苏克萨加的议会”（Congress at Sooksagur）的节目单，它得名于黑斯廷斯最喜爱的度假地苏克萨加尔（Sukh Sagar），这个地名的意思是欢乐之海（Sea of Delight），在加尔各答的上游。[567]

在节目中，希基为黑斯廷斯分配的角色是主角“大独裁者”和“弗朗西斯·朗黑德先生”，后者是英国戏剧《被激怒的丈夫》（*The Provoked Husband*）中的一个角色，在剧中，这个角色是个在政治上庸碌无能的乡村绅士。[568]

节目中英庇的角色是黑斯廷斯的工具，一个巡回法庭的法官，他收集宣誓书，为任何黑斯廷斯想要的东西辩护。钱伯斯的角色是“检察官”，一个荷兰律政官员——这指的是黑斯廷斯将他任命为钦苏拉的法官（钦苏拉曾经一度是荷兰的领土）。这个官员懦弱到没把自己的手从衬衫底下拿出来过。海德——那个唯一没有贪腐的法官——被赋予的角色是“无名小卒”（No body），是个与其他人不相关的、被忽视的角色。

黑斯廷斯的议员同僚也粉墨登场。爱德华·惠勒曾一度与弗朗西斯一起反对黑斯廷斯，他被赋予的角色是“奈德·无言”（Ned Silent），一个没骨气的前弗朗西斯派成员。一个名叫约翰·麦克弗森（John Macpherson）的新晋成员被描绘成“大领主”（Thane），一个绝对忠诚的苏格兰大领主，为了他的君王，他可以奉献一切。军队承包商查尔斯·克罗夫茨也有角色，他的角色是罗马睡神——“昏睡的索莫纳斯（Somnus）”，这个人从他承包的活计当中得到的利润不知何故消失了。

希基为基尔南德预留了一个特殊的位置，让他同时“扮演”烟囱清扫工和卑顺的“布雷的牧师”[1]，一个服务了四任君主的臭名昭著的英国牧师，据说他为了保住自己的职位，曾将自己的信仰从天主教改到新教，又改回天主教，最后又改成了新教。基尔南德就像个卑鄙的瑞士雇佣兵，为了钱财歪曲和舍弃了自己的原则。基尔南德的角色还与他的配偶一起现身，那个配偶名叫梅萨莉娜（Messalina），她是罗马帝国皇帝克劳狄乌斯（Claudius）的妻子，因性事而臭名昭著。因为他年老和“能力”衰退，她正在别处找寻以满足自己的欲望。

每一个角色都会唱首歌以描绘各自的身份。“黑斯廷斯”表演了两次，唱到战争是如何成为他的乐事的，以及他是如何“饱经风雨”，被自己的责任压垮的。“英庇”唱到了法律是如何在只为个人利益的情况下制定出来的，而“基尔南德”则在歌中表达了愿意为他的主人黑斯廷斯做任何肮脏的工作。

苏克萨加的议会

大独裁者 ［黑斯廷斯］	以弗朗西斯·朗黑德爵士的身份大喊出，我们的希望渺茫，只能不顾一切向前冲。
老 *** ［英庇］	一个不要报酬，收集着宣誓书的巡回治安法官，他的胸前写着如下格言：“邪恶的赐予者”，还有“一切皆是错误与虚伪”。
奈德·无言 ［爱德华·惠勒］	一架风车。他有个习惯，他会公开承认信仰方济各会的错误。他的胸口贴着一个标签，上面写着“如果真诚，那么迟到也无妨，但太晚就少有真诚了”……

① 布雷的牧师（Vicar of Bray），18 世纪同名讽刺歌曲和喜歌剧中的人物形象，据说其原型为牧师西蒙·阿林（Simon Aleyn）。

续　表

大领主 ［约翰·麦克弗森］	出现的时候穿着高地服饰，胡乱地吹奏着风笛。有人听到他对大独裁者的耳语："保守所有的秘密，伙计，我会帮你的。"……
布雷的牧师 ［基尔南德］	一个烟囱清扫工——他走到大独裁者面前，叫道，扫烟囱咯！——上帝保佑阁下。您知道的，我能干一堆脏活。请随时雇我做事，特别是在咒骂那个印刷商的时候。值得注意的是，一个戴着假面具扮演梅萨莉娜的人表现出对她老情人的极大蔑视——据说，那是因为他的"能力"不如从前了。
瓦伊纳 ［钱伯斯］	因为去年五月他接受了一项任命，所以他失去了自己的角色。他走进房间的时候，穿着检察官的衣服，双手放在衣服底下。
公正的法官 ［海德］	扮演无名小卒。
查理·小公牛 ［查尔斯·克罗夫茨］	扮演索莫纳斯，这个角色对他来说就像他那三个利润丰厚的职位和所谓亏本的合同一样容易……[569]

演员们及其所唱的歌曲

歌　　曲	演　　员
我知道，战争是我的乐事	F. 朗黑德［黑斯廷斯］
我是如何饱经风雨的	同上［黑斯廷斯］
法律中得来的黄金能带走痛苦	河堤［英庇］
法律是为少数人制定的……	同上［英庇］
"即使我有一个背信弃义的灵魂，我也不会伤害您；因为虽然您的官阶不要求我效劳，但您的权力会让我忠心耿耿。"	布雷的牧师［基尔南德］
"没有钱，就没有瑞士人。"[570]	同上［基尔南德］

3月7日，周四，最高法院

这次“假面舞会”之后，黑斯廷斯又对希基采取了四次法律行动。

希基还在监狱里，负债累累，再无能力承担自己案件的费用，他吞下了自己的骄傲，申请成为贫民。他希望这样也能使他的报社得到保护。英国法律允许贫民留着自己赚钱的工具，因为这是他们支付罚金的唯一方式。

法官批准了他的请求。这是个值得高兴的事情，他的字模和印刷机安全了。看上去他似乎可以继续在监狱里印刷他的报纸，不断捍卫自由言论的权利。

> 公民、同胞，请允许我在今天怀着由衷的喜悦向你们发表讲话，并将以下这些文字呈现在你们面前。
>
> 可敬的最高法院国王法官大人们……鉴于詹姆斯·奥古斯都·希基先生的情形，法庭于1782年3月7日仁慈地允许他在本轮沃伦·黑斯廷斯先生对他提出的四项新诉讼中，以贫民身份进行辩护……
>
> 我希望每一名英国人，还有每一个热爱自己国家的人，都能在这一天加入我的行列，以感激……可敬的国王法官大人们……因为他们将戴维斯先生的卑鄙企图——违反和打破他们君主的法律——扼杀和碾碎在萌芽状态，他意图满足一些人邪恶的目的，来摧毁和压迫这遥远的国度里对国王陛下最忠诚的臣民。

因此，通过保护字模，他们也就保护了此人的自由，以及新闻的自由。

詹姆斯·奥古斯都·希基

一个印刷工[571]

但在此之后，黑斯廷斯又提出了两项针对希基的诉讼。看起来他已经无望离开监狱。

3 月 23 日，他向公众发表了一篇绝望的发言稿。他已经被监禁了九个月之久，不能见家人，也不能见朋友。他承诺无论未来如何，无论黑斯廷斯会做什么，他都会继续印刷报纸。

致公众

近两年持续的暴政与压迫使希基先生的状况急剧恶化，负债累累，而且他的生意肉眼可见地［减少了］。因为沃伦·黑斯廷斯的诉讼，他仍被关在监狱里，且与他的家人、朋友隔绝了九个月之久，而且估计会继续关下去。据说本次开庭期，W. H. 提出了不少于六项针对他的新诉讼。作为一名正常人和基督徒，希基先生忍下了这些痛苦，并将继续以顺从与刚毅的态度忍受它们……[572]

第二周，在没有任何解释的情况下，法官们推翻了保护他的字模的决定。英庭命令法警没收他的印刷机和字模。法警突然搜查了他的家和店铺，拿走了他的家具、印刷机、字模、餐具、衣服，甚至还有他的家书。一瞬之间，希基变得一无所有。

两周之后，他的所有财产都被拍卖了。[573]公司的印刷商以原价十六分之一的价格买走了他所有的东西。[574]

《希基的孟加拉公报》不复存在。

希基被捂嘴了。但他的案件和他的不满已被刊登在了自己的报纸上，将被送达大英帝国的王座之下。

重返英国

我是否应当乖乖地屈服于那奴役的枷锁和肆意的压迫，使我自己的报纸上没有我的案件和不满，被送达大英帝国的王座之下。

——詹姆斯·奥古斯都·希基，《希基的孟加拉公报》

1780 年 11 月 25 日[575]

1781 年 10 月 19 日，周五，午夜，英格兰，多佛海滨[576]

菲利普·弗朗西斯向往地盯着英格兰的黑色海岸线，清新的海风拂过他的面孔，他在思索下一步该做些什么。

归途又长又孤独，而且还很危险。直到登船的最后一刻他才知道，他的情妇已经决定乘坐另一艘船了。更让他不安的是，他的船“福克斯号”（*Fox*）停航了，因为有消息称西班牙参加了与大英帝国的战争。没有了护航的舰队，这趟一度危险的归家之旅变得令人绝望。他在海风肆虐的圣赫勒拿岛上等待了几个月，才回到英国。

他坚信公司已经江河日下，摇摇欲坠。它的经济遭到了破坏，钱库空虚，战争无休无止。“大人，印度正在崩溃的边缘。”他写信给首相。[577]公司被黑斯廷斯控制着，弗朗西斯坚信无人可以阻止它走向毁灭。

但是他没有放弃。如果他不能在印度和黑斯廷斯斗争，那他就去英国和他斗争。“如果再勇敢努力一次，也许我可以从事公共服务，我还有足够的消息去尝试。如果没有，至少我会保持谨慎，来漂亮地完成我的任务，始终保持如一，然后提起我的长袍，体面地倒下。”他写道。[578]他将曝光黑斯廷斯视作自己的任务和对国家最后的责任，而他会通过给英国和希基的报纸写稿来达成目的。

他的策略是利用印刷品扭转公众的观点以对抗黑斯廷斯，议会就不得不采取措施了。他写了各种小册子、文章、随笔和信件来反对黑斯廷斯。[579]他的大部分文章都是匿名写就的，所以很难追踪到他到底写了些什么。不过有一些文章可以确定是他写的。在一篇文章里，他指责黑斯廷斯不服从公司董事的命令却“免于受罚”[580]。他甚至雇了一个代笔人写了本书，指责黑斯廷斯收受贿赂，发动了罗希拉战争。作者在书中肯定地说，黑斯廷斯和他的同伙会受到历史的审判。“时间可以证明……当正义与理性的阳光出现，他们的虚伪就会如烟雾般消失无踪。”书中写道。[581]

匿名还有其他的好处，它创造出一种他得到了广泛支持的表象。在给印度朋友的信里，他语焉不详地写道“因为数不清的文章，印刷机不堪重负”，没有提到自己就是其不堪重负的原因之一。他装作自己与那本代笔人写的书没有任何关系。“作为对那成千上万的谎言的回应，”他在给议员爱德华·惠勒的信中写道，“我郑重地向您宣布，我从未直接或间接地雇他或授权他为我做任何事。”但是私下里，他自掏腰包向代笔人支付了超过 1 000 英镑的费用。[582]这就是他大战略的一部分，让媒体的声音铺天盖地，自己却否认参与其中。

因此，他也匿名向希基传递信息。他指示他在印度的同伴代他发表文章。“我会努力给你海运些小册子。”[583]他写信给一个朋友说。“请将此情报与报纸、小册子一起转交给乔治·希（George Shee）。”他写信给另一个朋友说。[584]他还给一个朋友写道：“我将把所有我能找到的有关印度事务的小册子都寄给你。”[585]

在某些情况下，他不得不明确表示，这些信息不能让希基知道。在其中一封信上，他提到了与政客会面的某些私人细节。他告诉公司的总法律顾问，也是他的盟友约翰·戴爵士（Sir John Day），不要把他的行动告诉希基。他写道：“请注意，这封信只供你本人和戴夫人拆阅（你懂爱尔兰语，你可以解释一下这个表述），不应该让希基发表。”[586]

他把自己的指令写成密码，寄给他最信任的朋友杰勒德·杜卡雷尔和爱德华·海（Edward Hay）。在一封信中，他要给人讲一些秘密，有可能是讲给希基听的。“让我们的朋友知道此事，”他写道，然后他又加上了一串数字，“117。38。48。19。10。75。100。76。83。60。”[587]这些数字是他的密码，而像杜卡雷尔和海这样担任黑斯廷斯的最高理事会秘书的人，则像是他的密使。这两人有可能是希基的消息来源之一。但他没有想到的是，他的信件抵达印度的时候，《希基的孟加拉公报》早已不复存在了。

作为前最高理事会的成员，他开始用自己的影响力游说政客。首先，他见到了议员埃德蒙·伯克①，伯克的委员会就是负责调查公司的。[588]

1781 年 12 月 6 日，伯克的委员会要求弗朗西斯为他们撰写的一份关于黑斯廷斯的最高理事会和最高法院的报告做证。弗朗西斯回答了许多问题，但是他的证词主要针对的是黑斯廷斯任命英庇就职于中央民事法院这件事，他认为这是他们之间存在腐败交易的最明显的证据。他说，他毫不怀疑此项任命是非法的："一个油水丰厚的职位，裁撤可以随意进行，除了产生依存关系，其他的什么都产生不了。"他说道。[589]

做完证之后，他相信自己取得了进展。可能会有足够的政治意愿召回英庇。

"根据这些情况，39 号［英庇的代号］已经是戴罪之身了。"他给第一个朋友写道。[590]"据我所知，首席大法官在任何方面都已经没救了。下议院可能会要求国王罢免他，而这可能只是对他的惩罚的开始。"他给第二个朋友写道。[591]在给第三个朋友的信中，他补充道，伯克即将发表的报告"《关于 E. I.先生买卖的报告》里的内容将是墨水能写出的最黑的东西"[592]。

当伯克的第一份报告出炉的时候，弗朗西斯十分高兴。这就是他所期待的一切，这份报告是对黑斯廷斯与英庇的惊人控诉，指控他们严重腐败、相互勾结。[593]报告声称，他们"共同抛弃了自己的原则"，

① 埃德蒙·伯克（Edmund Burke），英国辉格党政治家、政治理论家，被视为英美保守主义的奠基人。

他们的行为是对正义的“嘲讽”，并“瓦解了”政府所有的公信力。它预测道，英庇的任职将导致更多的暴政与压迫，因为人民只能靠英庇获得正义。最后，它建议将英庇召回英国，为他的“滥用职权”付出代价。[594]

报告出炉的几天以后，弗朗西斯在伦敦的一家书店里邂逅了黑斯廷斯的代表，约翰·斯科特（John Scott）少校。他与斯科特握了握手，就像迎接一位老朋友那样，露出了欢喜的微笑，因为他赢了与黑斯廷斯的战争。

“少校，您在报纸上写完我的事了吗?”他问道。

“是的，先生，如果你写完了黑斯廷斯先生的事，那我也写完了，否则就还没有。”斯科特说道。

弗朗西斯说他不会再写了，但他完全不是认真的。[595]

他很自信地认为，这只是调查公司腐败问题的开端。他给第一个人写道：“如果对人类的信心依然存在，那么在孟加拉发生的所有事都会被调查一遍……如果这个世界上还有公正存在，那么一些罪犯就会得到惩治。”[596]他写给第二个人说：“用不了多久，我就能见到自己努力的结果了。”[597]他对第三个人补充道：“这个国家里没有任何力量可以拯救黑斯廷斯。”[598]

冬去春来，他与伯克走得更近了，他给伯克带去了笔记和报纸，供对方阅读。他向伯克展示了他手里所有有关黑斯廷斯的文件，从罗希拉战争到河堤的合同，再到英庇的中央民事法院的任命状，还有军需合同，等等。他成为伯克的委员会最重要的消息提供者。“我承担了一项艰巨的任务，但是有了你的帮助，我才可能渡过难关。”伯克在给他的信中写道。[599]

胜利来得很快。5月，下议院通过决议，将英庇和黑斯廷斯一同召回英国。

但不是所有的事情都按照计划进行。虽然无人反对召回英庇，但黑斯廷斯在公司政府的盟友召开了一个紧急会议，拒绝接受下议院的召回，他们说议会没有凌驾于公司之上的权限。而后，在他们采取任何行动之前，首相就下台了。一系列政治事件都有利于黑斯廷斯。由于在美国独立战争中失利，英国在两年内换了五任首相。[600]即使政治意愿足够，政局也不够稳定，无法继续对黑斯廷斯进行诉讼。

弗朗西斯和伯克尽最大的努力准备了材料。伯克准备了指控的概述部分，弗朗西斯则完善了相关细节。“我已经把指控的第一部分内容寄给你了，就是关于罗希拉战争的部分。你能让它成为它应该成为的样子。”伯克给弗朗西斯写信说。[601]

他们希望看到黑斯廷斯被弹劾，并希望站在历史正确的那一边，于是他们没有考虑政局，只是追求着自己的目标。伯克给弗朗西斯的信中写道：“我的工作不是考虑怎样才能使黑斯廷斯先生被定罪（我们都知道那是做不到的），而是考虑如何向那些可能关心这些事务的少数人和遥远的时代证明自己的清白和正当。”[602]

纵然要花些时间，报应也会来临。

他那条说谎的舌头

经过了这么多天的乌云密布之后，我希望有一日，阳光再次灿烂。

——约翰·撒迦利亚·基尔南德致

弗里德里希·威廉·帕舍的信

1782年2月5日[603]

1782年6月20日，周四，传教所

基尔南德从他教堂窗户上朦胧的亮光处望出去。他的手里握着他新印的书《詹姆斯·奥古斯都·希基的审讯与定罪》（*The Tryal and Conviction of James Augustus Hicky*）。

他所获得的一切，他在42年间所做的一切，包括在加尔各答的那20年，都因为希基受到了怀疑。他的书会解释这些怀疑。

他通过奉献与毅力，使自己的传教所、学校和生意蓬勃发展。他跨越了不同的文化，经受了苦难，在战争与贫困中幸存了下来。他建造过不同的建筑，还当过投资经理。他甚至使五名天主教神父皈依了新教，领导了多达300人的会众。[604]即使在他的助手们生病、去世的

那段时间，他依然领导和指引了他的传教所。他独自做了这么多事，从无到有建立起这些来。

但这一切都受到了攻击。

希基拽着他的名声在加尔各答街头游走，就好像把他搁在一辆声名狼藉的马车里展示给全世界看。

他曾经以为，起诉了希基以后就能洗刷自己的恶名。但现在他意识到了，他的审判才刚刚开了个头。有关他的传言已经播散出去，而且越传越多，没有止境。传言说，他是黑斯廷斯的工具，他受金钱与贪念的驱使出售了祝圣过的字模，他从孤儿基金里偷钱，他还盗用了格里芬的遗产。

现在他意识到了，虽然希基的报纸已经不复存在，但是那种毫无根据的指控却留了下来。让他感到伤心和惊讶的是，许多人仍然相信那些迪莫写给希基的谎话。

“在一段时间内，因为迪莫信口雌黄，我所遭受的痛苦比任何人想象得还要多：他在这里散布的最坏、最恶毒的谎言成了对传教所最大的偏见；他尽其所能，致力于将其毁于一旦。”他写道。[605]

谎言给他造成了情感上和金钱上的损失。依据当时的标准做法，最高法院向他收取了起诉希基的费用。他得到的一切不过是看着希基进了监狱的满足，而真正的作者迪莫却逍遥法外。

他写道：“为了这次诉讼，我支付了律师 742 西卡卢比。从希基那里罚得的 500 卢比给了国王，我什么也没拿到。这样，无辜之人必须接受双倍惩罚。首先，他必须遭受指责和恶语中伤。其次，他必须为一种极其无力和不充分的保护付出高昂的代价。而那个作者才是罪魁祸首，他的罪远大于印刷商，却免于受罚。”[606]

不过，现在他认为自己找到了结束痛苦的方法。他的书会解释这一切。

这是一本小册子，只有三十页，但他却将它看作证明自己无辜的终极证据，也是他对魔鬼及其手下迪莫的最强大的防御方式。

他在书里写道：“我们的周围环绕着魔鬼和它们的手下，我们怎么可能期待与他们和平相处?”

答案是发动战争。

他论辩的核心在书的前几页里。他强调了自己起诉希基的原因：澄清事实，这么做不仅仅是为了他的名声，也是为了他的传教所的名声。他写道，他希望“向公众还原事实的真相”。

针对希基的指控，他一一进行了反驳，他将官方证明发布了出来，显示自己从未提出卖掉或者租掉自己的传教所，也从未将仓库租给过公司，更未挪用过格里芬的遗产。“没有迹象表明你曾提议出售或出租传教所的教堂。”最高理事会为他做证。“没有仓库是从你那里租来的。”贸易委员会补充道。格里芬的遗产执行人写道：“我收到了上述在印度去世之人几笔遗产中的部分金额。”他相信，这些话毫无疑问可以证明自己的清白。[607]

虽然基尔南德没有在书里指名道姓，但他还是私底下指责了一名公司的牧师，这个牧师将神圣土地上的仓库租给了公司。基尔南德抱怨说，希基可能是把威廉·约翰逊牧师的仓库和他自己的仓库搞混了。他写道：“他建在加尔各答英国人墓地上的堆栈和仓库，已经在总督和理事会的命令下被拆除到只剩地基，现在已成了一堆废墟。”[608]

除了他书里的那些证词以外，他还是无法对希基某些最重要的断言进行反驳，于是他要求促进会给他寄来更多证明。他要求他们写封信或者开具一张发票，以说明他用自己的钱买了那些他给梅辛克和里德的字模，以及他从未为了建造自己的教堂筹过款。他需要促进会帮助他证明自己的清白。他写道："促进会才能提供最有力的证据。"[609]

基尔南德担心，促进会可能永远不会给他回信。他一度感到非常尴尬，无法在法庭上展示他的字模收据。在早前的时候，促进会的秘书要为所有运输的货物开具正式的收据，但他们给他的唯一一张发票是一张写在小纸片上的票据。

他写道："如果促进会的秘书在1779年的汇款额上签名，那么我就可以把它呈给最高法院，它清清楚楚地证明我用当年的工资买了那些字模。但是我实在不好意思在法庭上出示这样一份记录，它看上去就是一张平平无奇的纸片，上面也没有签名，毫无可信度可言。"[610]

虽然在书里，基尔南德没提迪莫的名字，但对那些了解基尔南德的人来说，迪莫毫无疑问就是他攻击的对象。他认为，迪莫会因为泄露消息给希基而永远下地狱。他书中的最后一句话引自《圣经》："一切说谎话的，他们的份就在烧着硫磺的火湖里。"①[611]

他把几本书寄给了促进会和他在哈雷的教授们。他希望他们能看到自己是如何在迪莫的手里受苦的。

你们会因为这件事看清，这个撒谎的人有多么忙碌——在希

① 中文引自《圣经·启示录》21：8。

基让他回答的第一个问题，也就是关于那些字模是否不属于传教所的问题上，迪莫保持了沉默，浑身颤抖，无法开口说一个字。因此，法官们让他离开了，再也没有关注过他。我的愿望是他能把自己要说的东西说出来，也就是那些他之前告诉过希基、让希基相信的内容。但是，他却说不出一个字来。简直难以想象因为他那条说谎的舌头，我和传教所受了多少苦。上帝是公正的，他的审判将会来临。那时，我已经快要失明了，我年老体弱，就像所有人可能的结局一样，墓穴可能已经张开了口，准备接收我。他觉得这就是他击败我的时机。但是，感谢上帝，就在开庭前不久，我又恢复了视力，在那之后，上帝很乐意让我的身体恢复了健康。我能亲自出庭面对我的敌人，为自己辩护。[612]

他的书印出来以后，他觉得自己终于可以继续向前了。

在接下来的几年里，他进一步从传教工作转向了商业活动。他开始重新鼓起干劲，应对新的挑战。视力恢复以后，他的健康和精神状况都有所改善，他又具备了工作的能力。他写道："我现在享受着更好的身体状态，比过去十五年都更健康。"[613]

他似乎用了自己现有的房地产帝国赚来的钱财，为儿子罗伯特的许多建筑项目提供了帮助。他成了罗伯特的财务靠山，以12%的利息提供贷款，为建筑项目提供资金。他可能计划加大在房地产上的投资，这样加尔各答的高租金就可以为他所用了。

他强化了自己作为慈善家和放款人的形象。他把钱寄给自己以前待过的库达洛尔传教所的传教士。特兰奎巴和特里奇诺波利

(Trichinopoly）的传教士因为风险投资亏了钱，其中一名传教士还因欠债进了监狱，是他提供了保释金，并还清了他们的债务。[614]他也借钱给其他人并收取利息，比如，他借了传教士伯纳德·菲利普·伯克迈尔（Bernard Philip Berkemeyer）2 820 卢比，收取 10%的利息。[615]

他的学校和印刷店似乎也很成功。他传教所的印刷室初次尝试使用了阿拉伯字模。没有了来自希基的竞争，他垄断了印刷、销售历书的生意。[616]整个 18 世纪 80 年代，他陆续从欧洲引进许多字模，然后在加尔各答转卖。[617]

但是他的传教所却因为他专注于生意而衰败了。英国社会开始抛弃他的教堂。[618]他的自尊心让他开始捏造给促进会的报告，以掩饰自己日益缩小的教众规模。他杜撰的信众从未存在过，洗礼仪式也从未举行过。比如 1786 年，他的报告称一年内他给 36 名儿童、8 名原穆斯林成年人、10 名原印度教徒和 2 名未知种姓的人施洗。他声称自己出席了 13 场婚礼，使 15 名天主教徒改变信仰，并拥有了 147 名英国教友和 119 名葡萄牙教友。但事实上，这些都是假的。后来的审计显示，那里没有英国教众，只有一小群葡萄牙教众，而且也没有印度教徒或穆斯林皈依。[619]

随着时间的推移，他开始疑心促进会正试图压制他。起初，他注意到迪莫从促进会那里收到了几封信件，而他一封都没有收到过。然后，他的工资也停止发放了。更糟糕的是，促进会的年度报告里仍然对外称他是拿工资的。[620]

他抱怨道："迪莫在两年零三个月的时间里净捣乱，他什么也不做还拿到了工资，而传教所里的劳动力却必须艰难维生。"他开始重新考虑以前的将传教所所有权转交给促进会的誓言。“教堂、学校和传教所里的其他建筑一定会被摧毁，或者被白白地丢弃。聚集起来的教众一定会被遗弃。在这种情况下，我要如何执行将传教所移交给促进会的约定呢？”[621]

他一意孤行，开始巩固他在自己传教所中的地位。他与助手约翰·格拉赫（Johann Gerlach）的关系一度不错，但现在开始恶化了。当他强迫格拉赫离开传教所，想将其独占时，他们的关系就破裂了。

“我生在这里，死也要死在这里。”他对格拉赫说。[622]

格拉赫于1784年离开传教所，基尔南德失去了他印刷所的主管，也失去了自己在学校最忠诚的助手。他要求促进会给他再派个人。“我所有的好意全落了空，”[623]他写道，“现在，我失去了传教所里一个最忠诚的同人。”[624]他以为格拉赫离开仅仅是因为他不断发作的头痛。他没有意识到格拉赫变得越来越不开心，甚至写信去哈雷，告诉他们不应该再派任何传教士过来，因为这会让“他们生活在痛苦之中”[625]。

迪莫在1784年年底离开了印度。他的儿子死于前往英国的途中，所以他的岳父不再给他养育儿子的费用。得知此事的时候，基尔南德庆祝了起来。他认为，迪莫儿子的死是迪莫应该遭受的天谴，对迪莫来说，金钱就是上帝。他马上给促进会写信，告知他们这个消息。

“迪莫的上帝已经不复存在了……从多个方面来看，他留在加尔各答的形象都是最糟糕的那种……许多人认为，他是他妻子死亡的原因，而之后他与他的女奴们是如何撒谎的，则成了人们最津津乐道的谈资。他把一个女奴带回了家，而把自己养着的另外两个女奴给了这里的其他绅士，让他们一起生活。”他写道。[626]

1784 年 8 月，基尔南德终于收到了促进会对他写的书的回信。

他大为震惊。他期待促进会能确认他用自己的钱购买了字模。但是，他们的信件（它们现在已经不复存在了）却仅仅告诉他，他不应该寄过来这么多本自己的书，如果外界看到传教士之间如此不和，那就太不体面了。

几个月后，他写了一封怒气冲冲的回信。他不愿意看到那些本应该支持他的人反过来责备他。作为一名基督徒，站出来和魔鬼战斗是他的责任。他会坚守自己的位置，直到血管里的最后一滴血流尽。

> 你们说，“没必要寄来这么多书——最好别让这种事情闹得人尽皆知”。因为那封给我的警告信对我来说和希基的诽谤几乎是一样的，也许你们会让我忍受一切对我人品的指责。——不，这种事情永远不会发生！
>
> 那种被动的温顺，不去斗争，就屈服于各种暴力的侵犯和侮辱，绝对不是基督徒责任的一部分……这就是让魔鬼按照自己的意愿行事，让世上的人怎么高兴怎么来。不在多个场合反对邪恶的世界和地狱的代理人，就不可能支持基督教道德的纯洁与尊严，即使我们应该独自奋战。我们不应该因为懦夫卑鄙的灵魂与阿谀奉承的影响，而使自己感到愧疚。一个真正良善之人不会因为恐惧而放弃正义，也不会因为害怕危险或任何麻烦而舍弃重要的真理，更不会屈服于阿谀奉承。我们必须让坚定的意志、孔武

有力的灵魂，在神圣精神的引导下坚持真理与诚信的固定准则，控制自己的所作所为。这就是我的决心，在上帝仁慈的帮助下，坚守我的岗位，只要还有一滴温热的血液在我的血管里流动，我就不会弃之不顾……

1784 年，也就是今年，我还没从任何一只船送来的促进会的任何一封信中得到支持。正因如此，我必须保持沉默。但现在我不会沉默了。承蒙神恩。

尊敬的先生，

敬候您的差遣

J. Z. 基尔南德

加尔各答，1784 年 12 月 10 日[627]

写了这封信之后，他再也不能回头了。他烧掉了自己所有来时的桥梁。

他再也没有收到过任何来自促进会的信件。就好像是为了强调他孤立无援的状态一样，之后的几年时间里，他从他们那里得到的只有一些文具和一块奶酪。[628]

他无法理解促进会为什么要抛弃他，抛弃他们最忠诚的传教士。

他能想到的唯一的原因是他们也被希基的谎言影响了。也许，弗里德里希·帕舍和迈克尔·哈林斯这两个他在促进会里经常联系的人是迪莫的朋友，所以他们密谋要让他噤声。[629]他写道：“促进会最近对他们传教所的管理，与往年的一贯做法是截然相反的。”[630]

当他得知迪莫就在伦敦参加促进会的会议时，他的恐惧变成了现实。他写道："迪莫……让促进会相信，再送其他的传教士过来是白费力气，因为只要我活着，任何人都做不了任何好事。"[631]

接下来的几年里，他对促进会的态度变得愈发懊丧。他竭尽全力想证明自己的清白，拼命想让他们相信自己。他给他们写道："我在《詹姆斯·奥古斯都·希基的审讯与定罪》一书的序言里向促进会提出过要求，但是至今未得到满足。我不要求得到偏袒，得到我应得的就足够了。"[632]

最终，他放弃了寻求支持，开始考虑前往伦敦和他们面对面交谈了。"事情已经让迈出这一步变得绝对必要了。"[633]他在给一个人的信中写道。"让我有个公正的审判，让我有个机会为自己辩护。我就在这里，准备好去回应了，至少我希望你不会不经审讯就判我有罪。"[634]他在给另一个人的信中补充道。

但是，他动摇了。他的最后一位助手本托·德·索萨（Bento de Souza）去世以后，他知道自己再也不能去伦敦了。他在自己的传教所中形单影只，只剩下儿子与他做伴。

他写道："如果我和儿子现在离开，那么那些会众就会被遗弃。"[635]

到了1787年9月，他完全放弃了前往英国的想法。

但这并不仅仅因为他孤立无援。加尔各答的房地产泡沫像膨胀的气球一样破裂了。房价下跌得非常快，一些房子的价格已经下跌了90%以上。而他的大部分资金都投在了建筑业里，由于高杠杆化，没人愿意借钱给他抵御风暴。

"在这里，向任何人借钱都很难，"他恳求道，"很少有人，甚至完全没有人愿意信任我的汇票。"[636]

被促进会遗弃，伤感于自己最后一位助手的离世，又面临着失去他为之奋斗的一切的风险，他的人生从未如此黑暗。

“我正处于一个凄凉的黑夜之中。”他写道。[637]

但是，这一切将变得更加糟糕。他的传教所离结束已经不远了。

召回英庇

我的职位自然让我有了许多敌人。

——以利亚·英庇致他的兄弟迈克尔的信

1782年2月5日[638]

1782年8月8日，周四，加尔各答

英庇的手里攥着伯克的第一份报告。

他的目光扫过这份报告。

“共同抛弃了自己的原则……

“政府任何分支的所有公信力都被瓦解了……

“在印度滥用职权……

“法院的堕落……

“他们应当被召回祖国……

“返回英国……

“必须在大英帝国接受质询……”

他还拿着弗朗西斯的一封信。这封信指责他从河堤的合同中抽成。

沸腾的怒火涌上他的心头。他整理好自己的情绪，马上开始思考应该怎么做。他请阿奇博尔德·弗雷泽和弗雷泽的分包商为自己做证。他们做证说，他从未从河堤的合同中获利。

“以利亚·英庇先生本人没有，也没有任何人代表他或为他托管，直接或间接地接受任何利润或报酬。”弗雷泽说。

分包商补充道：“其中没有一个卢比经过阿奇博尔德·弗雷泽之手。”

英庇开始写东西。

“你不会对我急于反驳这些含沙射影的指责感到惊讶的。”他写道，并补充说，其他人也得到了任命，但似乎没人介意。“两位参赞……已获得东印度公司驻印度部队总指挥的公开任命，他们享受着数目可观的薪水。我无法想象……接受一个被委以重托、处理重要业务的职位，会被看作犯法的事情，虽然这个职位带有一些薪水。”

况且，即使他在中央民事法院的任职是非法的，他说自己也从未用过那些薪水，而是将其放在家里的密封袋里，以防有人反对。他写道：“在整个业务情况在英国被完全理解之前，出于其他原因，我有一些顾虑，因此不会自己使用这些薪水。”[639]

他合上了自己的信，把它交给了黑斯廷斯，让他寄给公司的董事们。

在接下来的几个月里，他给在英国的一些重要人物写信，以支持自己的说法。他坚称自己从未从河堤的合同中获利。

他在写给首相的信中说：“我请上帝做最庄严的见证，我没有从中受益，也从来没有期望过能直接或间接地从中受益。”[640]

有了这些信件，他希望事情能有个结果，但是他没有期望太多。面对弗朗西斯的怨怼和伯克的能力，他担心他所写的一切“起不了什么作用”。

他的担心在10月29日成了真。黑斯廷斯转寄给他一封信，内容是下议院决心召他回英国。[641]

黑斯廷斯写道：“我并不喜欢成为传递坏消息的人，但是我知道你在焦虑什么，而且我认为比起突然被告知，还可能是在公开场合里被其他人告知这种消息，从我这里较早地获得消息会减少对你的伤害。”

下一周，他从中央民事法院辞职。他认为，从某种程度上说，回家可能真的是一件好事。他终于可以再次见到他的老朋友了，他的家人也会好起来。他妻子怀孕了，而且有病在身。他与弗雷泽陪他最小的女儿熬了三个通宵，看着她遭受腹泻和脱水的折磨。

他写道：“这就是真相。我耗费了巨大的心力，编纂了一部费时费力的法典，恢复了起诉者的信心，也恢复了法庭的公正与规范，维持了一个大帝国内部的安定，却没有得到任何回报。而我所得到的‘补偿’却是，我要永远失去职位、名誉和内心的平静。”[642]

他补充道：“无论如今境况如何，我都会以巨大的毅力，甚至带着一定程度的欣喜忍受下去。而我所担心的是失去那些朋友的好感，他们的评判才是我看重的。”[643]

1783年1月27日，他收到了他的官方召回信。[644]那年12月，他登上了一艘轮船，前往英国。[645]

他终于踏上了归乡之途。

来自比尔吉监狱的信

虽然这些巨大的艰难困苦确实存在，而且仍将继续存在，但我从未抱怨过，现在也不会抱怨。

——詹姆斯·奥古斯都·希基致以利亚·英庇的信

1783 年 1 月 17 日[646]

1783 年 9 月，加尔各答，比尔吉监狱[647]

威廉·希基在英国待了四年，他刚从英国返回印度就收到了一封信，一位老客户恳求他的帮助。那时，他享受着回到加尔各答后的每时每刻，享受着他在镇中心的豪宅、仆人、坐轿，还有他的意大利住家发型师。

信上是一个他多年未见的名字：詹姆斯·奥古斯都·希基。就像之前一样，这封信是在监狱里写的，但是这一回是在全新的比尔吉监狱。怀着好奇之心，他出发去看看他的老客户发生了什么事。

比尔吉监狱所在之处与公共监狱附近完全不同。比尔吉监狱附近没有澡堂，也没有酒馆，只是被一大片草地包围着，被季雨滋养的草地像大海一样碧绿。他没有看到摆在外面的绞索，而是看到了加尔各答最时髦的居民在闪着微光的赛马道上驾着双轮马车游街。他也没有看到小偷们在广场上随着军鼓咚咚的节拍受到鞭笞，有的只是微风拂面的宁静。

他打马来到监狱。监狱那 11 英尺①高的砖墙像海中的堡垒般矗立在绿地之上。他向监狱看守致意。[648] 监狱里尿液和粪便的气味再次袭来。这里的囚犯同样是醉醺醺的，他们戴着手铐脚镣，在院子里游荡。监狱的条件还是一样的恶劣。

然后，他看到了自己在找的那间牢房。

里面关着的是詹姆斯·奥古斯都·希基。

“我被最不公正地关押了。在我这里，你能看到一个专制权力的受害者，”希基咆哮着，“当那些独裁者发现他们无法使用公开、公平和合法的手段压制我的时候，他们便肆无忌惮地诉诸阴谋诡计，以达到邪恶的目的，完成对我的毁灭。”

威廉不自在地甩了甩头，脸上渐渐露出痛苦的神色。

“他们首先贿赂了加尔各答的高级警长，最终又为了自己的利益买通了他。在他们的教唆和指示下，那个公职人员已经卑鄙无耻到贿赂陪审团。”希基继续说道，他的火气越来越大。

“那个无赖的首席大法官和他同样无耻且没有原则的不义之徒——沃伦·黑斯廷斯，在警长这个恶棍的帮助下，操纵全局以满足他们险恶的目的。那个被召集起来的小陪审团里都是些卑鄙又令人厌恶的工具人和寄生虫。新的控告被提出了，真实的账单被发现了，那

① 约合 3.4 米。

十二个英国人要永远感到羞愧和耻辱的是，他们对这三个案件都做出了有罪的裁决，尽管呈堂证供与先前案子的一模一样。”[649]

希基解释说，自从 1781 年他因第一个案子被关进监狱以来，他一直都待在监狱里。没有了他的印刷机和字模，他挣不到一个卢比。他在监狱里无所事事，开始丧失希望，开始向其他犯人售卖食物和必需品来挣些钱。但是到了圣诞节的时候，他绝望了。他不得不放弃了他租给自己孩子们的小砖房，从那以后，他们就跟他一起住在监狱里。“在肮脏的监狱里、污浊的空气中日渐憔悴。”隔壁牢房住着一个有暴力倾向的酒鬼，会骚扰他和他的孩子们，不管希基表现得多友善，他都会朝他们大吼大叫。[650]

6 月的时候，他有了一丝希望。黑斯廷斯决定免除他的部分罚款。由于他的刑期理论上已经结束，他被关在监狱里的唯一原因是剩余未缴的罚款。如果他能付清这些罚款，他就能获得自由了。

但在他能这么做之前，他的三个债主就得到了他有可能离开监狱的消息。他们都要求他还钱，而且都希望能第一个拿到钱。

他用了两个月的时间思考怎么才能凑到钱，并考虑用他拥有的一切来抵押。他还要支付基尔南德和法院的罚款。他觉得法官们可能会对他抱有同情，从而免去这些罚款，所以向他们请愿。

法官大人，请愿者迄今已被关押了两年多，其中有 16 个月的时间连养活他的家人（他的家中共有 12 口人）的一个卢比都挣不到，而在那段时间里，他们唯一的生计就是他身上带着的几张钞票——他和他的家人在上述这段时间内就靠着它们生活。

6月的时候，黑斯廷斯先生慷慨地免除了您的请愿者的部分罚款，而该请愿者当时正期望着重获自由……

在英国，不仅可以免除部分甚至是全部罚款，还可以缩短监禁期限，这些做法都是十分普遍的。您的请愿者最谦卑地假定，免除他的罚款、让黑斯廷斯先生宽恕他的权力掌握在各位法官大人手中，是否免除上述罚款也完全取决于各位法官大人们的胸怀，他希望法官大人们能考虑他无助的孩子们和他长期监禁的情况，免除上述罚款。

过去一个月里，为了凑齐罚款，请愿者已经尽了自己的一切努力，为此甚至抵押了自己的花园，但是他发现还是办不到，因为资金严重短缺。

请愿者谦卑地请求，大人们能对这一卑微请求给予友善的答复，请愿者义不容辞，将永远为您祈祷。

比尔吉监狱

1783年8月11日

詹姆斯·奥古斯都·希基[651]

在这份请愿书后，他又提交了第二份请愿书，之后是第三份，然后他紧张地等待着答复。[652]

一周之后，英庭的书记员詹姆斯·福布斯（James Forbes）来到了监狱，告诉他法院不会免去他的罚款。[653]如果他希望离开监狱，就需要支付这些罚金。

他所有的希望都破灭了。

他现在真正感受到了孤独。他写了最后一封信，恳求法官同意，如果自己能把家人的家具都搬走，把所有的东西都拍卖掉，就免除他的罚金。

现在，所有的曙光都消失了，他痛苦的想象里只出现了恐怖、监禁和悲伤的画面——而请愿者唯一的办法是恳求上帝的帮助，赐予他耐心与毅力以面对如此的冲击，也就是周日晚上请愿者得知的，福布斯先生给他带去的法官大人们的消息所带来的冲击！……

请愿者与自己无助的幼儿分离了两年多，现在孩子们到了该上学的年纪，他却没有支付学费的能力。请允许我给诸位法官大人提一个简单且无害的问题：各位大人，你们自己都做了父亲，面对处于这种境况中的一个人，你们难道能毫无同情心吗？

请愿者还有最后一个请求，那就是如今他与他的家人分离，他家中必备的家具正被拿走，这些家具被公开竞价售出以后，那些钱就会被用于支付给王室雇员，那么他就不再会因为与此相关的任何问题而被关押在监狱里了——他的境遇多么可悲，他辛苦工作，买来的家具和家具卖得的钱都被拿走了，而他还被关在监狱里。他希望大人们没有这种意图，希望法官大人们能在他把钱交出来之前让他知道，他能把钱留着，用来养家糊口。

请愿者义不容辞，将永远为您祈祷。

比尔吉监狱

1783 年 8 月 19 日

詹姆斯・奥古斯都・希基[654]

法官们再也没有回复过他。

“我同意你的想法，没必要再书面回应希基先生了，”钱伯斯在写给海德的信中补充说，“我不知道我们该如何减轻他的痛苦。”[655]

为了自己的自由，希基进行了最后的请求。他向自己的支持者写了一份公开声明，请求帮助，但是只有少数人聚集了起来。

希基告诉威廉：“只有五位先生参加了这样召集起来的会议（每个人都或多或少害怕被人知道他们打算帮助一个总督和首席大法官致力于毁掉的人），这件事就这样不了了之了。”

现在他没有了希望，没有了出路，也没有了未来。他什么都做不了，除了等死。

“就这样，我被终身囚禁在这个令人生厌的监狱里，所有的爱国之心和公共精神都从地球的这个角落消失了……经过了两年多的监禁，我注定要在这里终结我悲惨的生活，带着破碎之心走进坟墓。”[656]

圣诞节获释

我耐心地忍受着，在可以尽职的时候我尽忠职守，我等待着更好、更持久的手段，没有任何放纵的言行逃脱了我的掌控，没有卑劣的屈从曾让攻击我的人获得胜利，哪怕只是片刻的胜利……我的对手们病的病，死的死，逃的逃，而我一如既往地坚守着我的阵地。

——沃伦·黑斯廷斯致戴维·安德森（David Anderson）的信

1786 年 9 月 13 日[657]

1784 年 12 月 26 日，周日，加尔各答

黑斯廷斯读了一份名为《1784 年东印度公司法》（East India Company Act of 1784）① 的议会法案的摘要，它实在令他反感。

这份法案会监管公司，还会剥夺他的权力。它将让他直接对英国政府负责，还让英国部长而不是他负责制定在印度的政策。

① 又称《皮特印度法案》（Pitt's India Act），旨在将英国东印度公司置于英国政府的控制下。

它源自弗朗西斯和伯克在一年前起草的一份法案。[658]最糟糕的是，这份法案是由首相亲自制定的，而他曾以为首相是自己的盟友。

由于英国那些反对他的政治势力的存在，黑斯廷斯认为自己在印度看不到前景了。

“它摧毁了我在这里和在家乡的所有希望……我感觉自己受到了人身伤害，这让我头脑发热。”他写道。[659]

而且，他害怕因为弗朗西斯和伯克，自己很快会被召回英国并受到弹劾。他已经见过英庇在 1783 年收到召回信时面对的那种羞辱。他不想让自己也遭受那样的羞辱。

这份法案让他觉得离开印度不是件坏事。他的妻子因为经常生病，已经在一年前离开了印度，而他所希望的也不过是再次跟她团聚而已。他仍然记得自己看着她的轮船消失在加尔各答的地平线上时的景象。

“我不会在脑海里重现那些工作的景象，但我只想告诉你，在我生活的每一种处境之中，我都不断地想起我失去的东西。我感觉到了对你的渴望。”他给她写道。[660]

他停掉了希基的公报以后，从未真正拥有过自己长期觊觎的权力。最高理事会的新人挫败了他的征服计划，阻止了他让莫卧儿帝国成为附庸的行动，几乎迫使他与马拉塔人签署了一份令他颜面尽失的和平条约。

他用失望的口气给公司的董事们写了最后一封信，讲述了自己在为公司忠诚服务了三十个年头之后的待遇。

> 我不会无动于衷地离开。我还欠着我永远尊贵的雇主终身的服务，我愿意以最深的感激之情，甚至以生命来奉献……尊敬的先生们，我很荣幸以最崇高的敬意和最深的信仰，成为你们最顺从和最忠诚的奴仆。[661]

他开始将事务收尾，准备回家。做这些事的时候，他的思绪飘向了希基。

他最后的几个举措之一就是命令最高法院免去希基剩余的罚金，让他获得自由。他让他的律师告诉已经是法院副院长的威廉·希基，让他把希基从监狱里放出来。

开始的时候，威廉就在那里。如今结束的时候，他还在那里。

多年来，希基第一次获得了自由。[662]

对希基的惩罚结束了，但对黑斯廷斯的惩罚才刚刚开始。

黑斯廷斯在 2 月正式辞职，然后坐船回家。当他看着孟加拉的海岸消失在远方时，他沉思着自己多年来的服务和他取得的所有成就。

他以为英国会感谢他。[663]

他大错特错。

耻　辱

这些指控会将他们的人品永远吊在绞刑架上。

——菲利普·弗朗西斯致乔治·希的信

1786 年 12 月 4 日[664]

1786 年 2 月 17 日，周五，伦敦

埃德蒙·伯克在议会上对黑斯廷斯发起了攻击，他在下议院提出动议，要求将与黑斯廷斯的统治相关的文件提交给议会。4 月，伯克提出了 22 项针对黑斯廷斯的弹劾指控。每一项指控都针对一个独立的问题，这些指控涵盖了从接受贿赂、签订腐败的合同、勒索和监禁柴特·辛格、劫夺阿瓦德贵妇的财物以及参与侵略战争等内容。这些指控与希基曾对黑斯廷斯提出的指控是一样的。

这些指控在众议院被当众宣读出来。黑斯廷斯的律师安排他为自己辩护，他们认为黑斯廷斯的演讲能力可以动摇议会，使其放弃指控。5 月 1 日，黑斯廷斯在拥挤的下议院发表了演讲，这是他一生中最重要的时刻之一。

在持续了两天两夜的令人疲惫的演讲里，黑斯廷斯一一回应了每一项指控。他说，征服罗希拉是没有任何问题的。“他们只需要渡过恒河和他们对岸的同胞汇合就可以了。”[665]他说道。惩罚柴特·辛格，夺取阿瓦德贵妇们的财产也没有任何问题。他说，她们对辛格的支持是“没收她们财产的……理由”[666]。

他还说，把诸如军需合同或河堤合同这样的合同签给自己的朋友或下属就是公司在战争中幸存的原因。“帝国能在孟加拉存在下去就是靠了我们的军队。”他补充道，这些合同都执行得很公平。[667]他说，“[河堤]合同的条款都是公平合理的”，而且也得到了“忠实和诚实的执行”。[668]

他最关键的论点在于，他一切所作所为都是为了公司。“我为了目标所采取的每一项措施都是为了捍卫公司的地位，”他补充道，“我永远不会后悔我为雇主和国家所做的那些服务与牺牲。”[669]

演讲结束的时候，黑斯廷斯相信公众会看到他是政治斗争的受害者，相信自己证明了自己在每项指控上都是无辜的。

“所有人立即和我站在了一起。”他写道。[670]

他大错特错。议会的大多数人情愿离开，也不愿听他絮叨两天。媒体抨击他的演讲既无聊又迂腐，很多人都注意到他从未真正地解决许多问题，这也就间接承认了自己的确犯了法。

正当黑斯廷斯确信自己成功了的时候，下议院在接下来的几周和来年对这些指控进行了辩论。到了1781年5月，他们发现22项指控中有7项具备弹劾理由，这些指控针对的是合同、受贿、他对待柴特·辛格与阿瓦德贵妇的方式。[671]弹劾程序将移交给上议院处理，而黑斯廷斯的命运将在那里被决定。

弹劾英庇的流程也在同一时间展开。伯克将弹劾英庇的控制权交给了一个年轻的议员——吉尔伯特·艾略特爵士（Sir Gilbert Elliot）。12月12日，艾略特对英庇提出了6项指控：利用最高法院处决南达·库马尔，接受中央民事法院的任命，收集对阿瓦德贵妇不利的宣誓书，还有3项非法扩大最高法院管辖权的罪名。[672]

中央民事法院的职位被视作英庇腐败最鲜明的例证之一。然而，对英庇处决南达·库马尔的指控被视作最重要的指控，因为此举终结了对黑斯廷斯腐败的调查。英庇提出了请求并获得了让该指控优先被审理的权利。经过三天辩论，在首相出人意料地公开为英庇辩护之后，下议院于1788年5月9日以73票对55票宣布他无罪。尽管之后有过一些尝试，但随着他在第一项指控上被判无罪，其他指控也没有再追究下去。[673]

针对英庇的弹劾审判只是将发生在黑斯廷斯身上的事情的序幕。1788年2月15日，伯克在上议院开启了对黑斯廷斯的弹劾。这次审判吸引了公众的目光。伯克开始一场震惊四座的演说时，女王、公主、上下议院的议员，还有许多观众都到场了。

伯克走到议会大厅中央，戏剧性地沉默了一分钟，然后开始了演说。演说分四天完成，他以严厉的措辞谴责了黑斯廷斯的整个统治时期，并说黑斯廷斯应当被判有罪，不仅因为他是大不列颠之耻，还因为他伤害了他统治下的数百万生命。他声称，英国和印度的人民终究会找这位暴君复仇。[674]他最后的发言是对黑斯廷斯代表的一切的控诉：

我弹劾沃伦·黑斯廷斯先生，因为他犯有重罪和轻罪。

> 我以大英帝国下议院的名义在召集起的议会中弹劾他，因为他辜负了议会的信任。
>
> 我以大英帝国下议院全体议员的名义弹劾他，因为他玷污了本民族的品性。
>
> 我以印度人民的名义弹劾他，因为他颠覆了印度人民的法律、权利和自由，他破坏了印度人民的财产，使他们的国家寸草不生。
>
> 我以他违反的那些永恒的正义法则的名义，并以此为依据弹劾他。
>
> 我以人性本身的名义弹劾他，因为他残忍地践踏、伤害和压迫了各个年龄层、各个社会等级、各种处境和生活条件下的男女老少。[675]

随着审判的展开，黑斯廷斯惊恐地看着自己成了自己绞刑的旁观者，对在自己面前展开的法律程序无能为力。[676]审判进展缓慢，因为伯克和其他检察官要提出证据，并传唤证人。由于要提交的证据过多，直到 1788 年底，伯克和他的检察官们也只处理了诸多指控中的两项：柴特 · 辛格案和阿瓦德贵妇案。到了 1791 年 5 月，他们决定结束起诉时，只多涵盖了两项指控——受贿案和合同案，其他的都没有涉及。

黑斯廷斯和他的律师在接下来的两年里提出了他们的反驳意见。之后，伯克对反驳进行了回复。随着审判时间的推移，公众日渐失去了兴趣。许多人因为黑斯廷斯经历了无休无止的诉讼而开始同情他了。黑斯廷斯抓住公众情绪，多次试图撤销案件或加快审理进度，但伯克希望能拖着他，耗尽他的财力。

1795 年 7 月 23 日，经过八年多耗尽心力的议会诉讼，黑斯廷斯的弹劾案终于进入了投票流程。审判持续了如此之久，以至于参加过最开始的审判的上议院议员有三分之一都已经去世了。只有 29 名上议院议员表示自己出席了足够长的时间，有资格进行投票。

他们一个个站起来，把手放在胸前，宣布自己的判决。他们宣判所有对他的指控均不成立，这一决定获高票通过。

黑斯廷斯鞠躬，离开了大厅。审判结束了。[677]

黑斯廷斯找到了为自己的统治辩护的理由，但他的声誉和财富却没有得到保障。他把几乎所有的积蓄都花在了律师费上，自己的社会地位也一落千丈。在同龄人的圈子里，人们几乎将他等同于有罪之人。[678]

不过他还是感谢了那些支持他的人，大部分是他在加尔各答的朋友，他的心留在了那个地方，为了他们，他奋斗了整个职业生涯。

致加尔各答的英国居民

1796 年 6 月 19 日

先生们：

我行使职权的方式曾经得到了你们的好评，这些好评所形成的影响树立了我的公职权威。在我离开加尔各答的时候，你们开诚布公地表达了自己的看法，很大程度上支撑了我在英国同胞心中的信誉。如果不是因为这些和类似的帮助，我的声誉一定会在那些压在我身上的数不胜数的指控中沉沦……

1785年，当我离开这个自己与之往来多年，建立了许多社交关系的圈子时，我的心因这种分离而感到悲伤，但又用一种希望安慰着自己，那就是我仍然可以在余生积极地投身于增进你们的福祉，也投身于增进其所依赖着的国家的福祉。我已经无比失望，而且痛苦而耐心地承受了这种失望……

致人类事务全能的支配者，我谦卑而热切地献上我的祈祷，为你们的繁荣，为英治印度的昌盛，为那些对这样的保护有更直接而不可或缺的要求的居民，为他们的舒适、满足与幸福祈祷！

先生们，我很荣幸能满怀感激与深情。

你们那十分感激而忠实的仆人

沃伦·黑斯廷斯[679]

审判结束后，黑斯廷斯退休了。他在自己的戴尔斯福特（Daylesford）庄园里过着平静的生活。他终于实现了自己儿时的雄心壮志，使自己的家族恢复了曾失去的地位。他用剩余的大部分财富在庄园里建了一座全新的大型豪宅。[680]

他说："上帝知道，在我职业生涯中的某些阶段，那个目标或其他任何高尚的抱负似乎都是不可能实现的，但我最终还是实现了它。"[681]

他看着流过自家庄园的小溪，想着自己为大英帝国做的一切，感到心满意足。

垮 台

K.先生去世后，如果他还背有债务，那么根据英国的法律，他的房产和学校肯定会被卖掉，就像2乘2等于4那样确定，因为那是他的私人财产。

——约翰·克里斯蒂安·迪莫致戈特利布·阿纳斯塔修斯·弗赖林豪森的信

1782年12月26日[682]

1788年10月30日，周四，伦敦，促进会总部

一份写在布纸上的密信从加尔各答送到了秘书的书桌上。它带来了十万火急的消息。

基尔南德破产了，他失去了一切。

治安官没收了他的财产、房屋和所有在建的东西，并火速将它们以极低的价格拍卖了。他投在房地产行业的40万卢比顷刻间全都化为乌有。一栋他花了4万卢比建起来的房子只卖了5 000卢比。[683]治安官甚至还没收了别人委托他看管的财产，他已经把这些财产抵押了。

他的传教所是唯一留存下来的东西。一个富有的公司职员查尔斯·格兰特（Charles Grant）以一万卢比的价格买下了它，但这个价格只是他建造它的费用的十分之一。[684]为了保住那些建筑，让自己在其中生活，也在其中死去，他曾做过那么艰苦的斗争，但现在它们都不复存在了。

致促进会秘书乔治·嘉斯金（George Gaskin）

1788 年 3 月 7 日

尊敬的先生：

年复一年，基尔南德的身体愈发衰朽，他的事业也逐渐失败了……加尔各答有很多人都厌恶基督教，基尔南德的行为恰好给了他们借口，让他们批评基督教本身的"虚伪"。整个定居点的人都对他怒火中烧……如今他声名狼藉且穷困潦倒，成了世界虚荣以及财富欺诈的例证。

毫无疑问，您会向我询问他究竟是个什么样的人，而我只热爱诉说真相，因此我将尝试用寥寥数语向您说清楚他的为人。显而易见，基尔南德先生参与世俗事务的行为伤害了他作为牧师的形象。他的时间、才干和注意力都被过多地用在了世俗事务上面。对传教所而言，这样做的后果可以想见。传教所的事业没有起色，也没有在异教徒之中取得任何真诚或值得钦佩的成果。这种离经叛道和明显的擅离职守的行为，使所有人眼中的热忱与真理都成了问题……

又及：在促进会有关他们在孟加拉的传教所的印刷品中，我看到了有关成年异教徒接受教化和洗礼的报告。但是自从教堂被

> 我接管之后，我没有遇到过一个符合上述情况的人。没有人参加公共礼拜。我也不知道有哪个孟加拉人或伊斯兰教徒真的皈依了基督教……基尔南德先生不会说他们的语言，也不会用他们的语言授课，他们也不懂足够多的英语或葡萄牙语，无法让自己被人理解。另外，他们一经受洗，就再也没有消息了，只能在促进会的账目里看到他们的名字。我恳求您，先生，请不要用这一事实去伤害沿海的传教士，他们是真正为促进会工作的……他们是真正的劳动者，也取得了货真价实的成果；而基尔南德先生为了跟上他们的步伐，恐怕是把他的报告写得太漂亮了。
>
> D. 布朗[685]

虽然布朗的信证实了促进会的怀疑，但布朗还是选择隐瞒了导致基尔南德走到这一步的那一系列不幸的事件、失败的投资以及极大的风险。布朗写道，无可否认的是，基尔南德参与了世俗事务，这也是他的传教所崩溃的原因。他已经成了财富欺诈和宗教虚伪的一个例证。

基尔南德无法掌控的那些事使他走到了这一步。1784 年，加尔各答的上游地区遭遇了干旱和饥荒。尽管加尔各答不是主要的受灾地，但这些事件引发了这座城市房地产市场的崩盘。[686]最后，1787 年 9 月，在崩盘的高峰，狂风暴雨席卷了加尔各答，引发了洪水，也损坏了住房。那些将积蓄用于房地产投资的人再也无法养活自己了。基尔南德眼睁睁地看着自己的财富在眼前消失殆尽。[687]

之后，促进会为了该怎么做争论了好几个月。有个人从基尔南德的麻烦中看到了机会，这个人就是迪莫。他一直在促进会的董事会里任职，他请求再次被派往加尔各答。[688]

但是希基的诽谤案影响深远。许多人还记得迪莫参与了对希基的审判，几乎没有人希望看到他回来。布朗写道："如果他来了，他会比基尔南德先生更让自己的职位和促进会蒙羞。"他补充道："我担心迪莫先生没有对促进会说实话，这对于一个心怀偏见与愤怒的人来说是很容易的。就像我之前观察到的那样，愚蠢的流言完全不足以确证任何事情，因为它们只说出了事情的一面。"[689]

由于神职人员的反对，促进会拒绝了迪莫的请求。"迪莫先生在加尔各答逗留的数年间，似乎就是在与K先生吵个没完，"他们在秘密会议的记录中补充道，"很有理由相信，他既没有得到任何旅印传教士——无论是英国人还是丹麦人——的信任，也没有得到促进会的德国联络会的信任。"[690]

促进会开始寻找一名派往加尔各答的新传教士。他们一找到合适的人选，就让秘书给基尔南德写信。这是他们写给他的最后一份有记录的信。他们希望基尔南德明白，他们之间的关系已经终结。[691]

尊敬的先生：

我们不说任何事情，也不对报告中的问题或者任何丑闻做任何决定，但从你自己或其他先生的证词来看，很明显你现在被视为处于一种与传教所和促进会疏离的状态；教堂与房舍并没有像你承诺的那样被转交给促进会，而是完全成了布朗先生、钱伯斯先生和格兰特先生的财产；在异教徒中，你的传教工作几乎毫无

> 建树。似乎教堂的所有者在虔诚地维护着它，作为一个也许可以做点善事的地方……
>
> 又及：我不得不补充的是，这里提到了一个相当特别的细节，涉及一位目前人在英国的年轻女士的大额财产。我见过这位女士。她将这些财产委托给你看管，但现在它们却被扣留了。[692]

由于他的房地产帝国全面崩盘，基尔南德没有留在加尔各答面对因债务产生的牢狱之灾，而是逃到了钦苏拉。不过，他并没有穷困潦倒。荷兰总督任命他为特遣牧师，他和儿子罗伯特还建起了一座学校。此外，他们的债权人也无法扣押他儿媳名下的任何财产。这些财产可能高达 10 万卢比，他们很可能因此生活得很滋润。[693]

但是基尔南德因为自己的违约行为深感不安，决定用自己的余生来忏悔。

"我永远不会去追求更高尚的品格，我只是一个忏悔的罪人，"他补充道，"我清楚地看到……我配不上，也无法胜任这份职务以及我多方面的失败。"[694]

他在一连串的信件中回顾了自己的一生，解释自己在印度是如何奋力排除万难，传播基督教的。比如，1740—1758 年，他年年都遇到战争；马拉塔人偷了他的奶牛；军队逼近时，他每次都是孤身一人；他逃往加尔各答时，身上的衣服是他的仅存之物[695]；他靠着每年 50 英镑的薪水艰难维生。

但是有几件事情是他不后悔的，比如他的生意。

"关于我与世俗有过多的往来，我感到十分抱歉，因为我被带到了一个不得不与世俗往来的地方。但我从未以任何方式进行过交易。设计建筑是我唯一擅长的事，如果不是生活所迫，我不会做这种事的……那么就让一个公正的法官说说，在这种情况下他会怎么做。"他写道。[696]

他还否认了希基的诽谤。他说，自己从来没有在传教所里赚过钱，也没有为了建造它募集过资金，相反，他常常用自己的钱去贴补它的开支。他买了管风琴、教堂的钟、时钟、镀金的杯子和盘子。他用妻子的珠宝和自己的收入购买了用于建造墓地、学校和传教所的地产。他写道："所有这一切都是我自己的财产，没有人有权对此提出要求。"[697]

他还说，对他来说，侵吞遗产是不可能的，那就相当于在侵吞他自己的钱。"关于遗产和捐赠，真相就是，没人向促进会或是传教所捐过任何东西。"他写道。因为所有的遗产都是捐给"基尔南德先生的教堂"的，所以这些钱在法律上就是只属于他的。[698]因此，即使格里芬的遗产里还有剩下的钱，那也是他可以随意支配的。

他指责促进会是他没有转交他的传教所的原因。他写道，他曾在1780年的时候试过转交，但后来因为他感觉自己被抛弃了而停止了这一行动。"如果促进会没有抛弃我和传教所……那么一切早就转交给他们了。"他写道。之后的房地产崩盘使之成为泡影。"不仅仅是我，还有几百户家庭都被残酷地毁掉了，房屋和土地是他们全部的财产……我衷心地希望过将这些财产都安置在促进会的照看之下，可惜我的愿望没法实现了。"他写道。

最后，他写道，促进会曾密谋压制他而支持迪莫，因为迪莫与他们中的一些人是朋友。他写道："在帕舍给哈雷的信函中，我能看到他试图将一切责任都推给促进会，以洗清自己。"[699]他在另一封信里补充道："帕舍先生的主要目的是保护自己的朋友迪莫，而这个人就是谣言的始作俑者。"[700]

但对他而言，这一切都已经过去了。他不再关心世俗事务，只关心为进入另一个世界做好准备。"我更好且更快乐地工作着。我为此感谢上帝。我有一所学校，在那里我为了更好的目的而工作。我有一所教堂……我现在过着最适合自己也最愉快的生活，我没有其他事情可做了，只是准备好，让自己能胜任到了天堂后要做的工作。"他写道。[701]

基尔南德到了晚年变得默默无闻。他在1795年回到加尔各答这个一度为家的城市的时候，已经没剩下多少朋友了。他比他认识的所有人活得都久，甚至比他的儿子罗伯特活得还久，罗伯特死于1791年。[702]对许多人来说，他仅仅是一段记忆，是教堂历史上的一个印记。

"我情愿自己被遗忘掉……我如今身处年轻一代之中，他们不认识我，而我也没有被他们认识的荣幸。但是，我希望能很快见到之前的朋友们，并永远延续我们的友谊。"他写道。[703]

1799年4月28日的上午，他在下床的时候滑了一跤，摔断了大腿骨。他于5月10日去世，享年88岁。[704]

绝 望

但如今我垂垂老矣，如果我死在这里，我的孩子们一定会在加尔各答沿街乞讨。

——詹姆斯·奥古斯都·希基致沃伦·黑斯廷斯的信

1793 年 11 月 13 日[705]

1786 年 10 月 22 日，周六，加尔各答

在希基出狱十个多月后，他试着重启自己的报纸。

但他是个失魂落魄之人，他的报纸在数月之内就失败了。没有任何记录能够证明它留存了下来。[706]他与公司的冲突使他身负数千卢比的债务。但他从未透露过自己的消息来自何人，他一直将他们的身份保密，使他们免于被起诉。但是多年后的今天，他感觉受到了轻视。他觉得自己是在白受罪，他希望至少能获得认可。

威廉·杨是希基的通讯员，他可能是署名为“一位旁观者”的信件的作者。这篇文章是导致希基因诽谤罪受审的文章之一。当希基得知威廉·杨即将离开印度时，他敲诈了杨。他威胁杨，如果杨不付钱，他就把杨的信件全部公开。他本以为杨会感谢他此前将自己的身

份保密，但杨却没有理会他。如果他把杨的信交出去，那么进监狱的就不是他，而是杨了。

先生：

在所有导致我和我的家庭被毁掉的人当中，我最期待从您那里得到一些赔偿，或者至少是一些友谊之举。

杨先生，像我这样一个尽忠职守、为人正直的人，却失去了高达八万卢比的财富，还耐心地忍受了两年零三个月的监禁，因为我的字模被没收，四年多来我无法为自己的家人赚得一个卢比，结果到了现在债台高筑，我和我无助的家人陷入了让我们无比痛苦的穷困之中。这难道不是极其艰难的情况吗？我说，杨先生，这样一个人受到苛待，是不是很让人难受呢？

如果我交出了您的文章，以及如今我手上的所有文章的话，那么我就连一周的监狱也不用蹲，也不用被迫支付我已经付出去的一大笔钱。我的报纸会继续出版，我的利润和财富也会有可观的增加。

在这样的情况下，刑事诉讼和民事诉讼都会针对撰稿人，而罚金和伤害也会与被起诉者的财富成正比，因此也会是巨大的，而连带的是，那些人在可敬的公司中的职位也会彻底保不住。

我明白，杨先生被含沙射影的话误导了，您以为手稿已经被没收了，但事实并非如此，没有一份手稿被没收掉。现在我手里就有全部的手稿，如果您来找我，您就可以看到它们。在监狱的时候，人们常常给我提出以下的建议：

希基，保管好这些文章。杨是个慷慨大方的人，等你交出这些文章的时候，他会给你充分的赔偿的。先生，这一建议来自与您关系密切的朋友和熟人——上帝最清楚我对您和所有我曾为之受苦并继续为之受苦的人有多么忠诚，我多能严守秘密。我已经抄了一份这封信，我请您保管这一份，因为以后您可能会需要它。

在最痛苦的被监禁的时候，我做了力所能及的一切，使您和其他许多人免于受辱，可能还免于被彻底毁掉，而我现在看到的是，本应受到奖赏的我却受到了最残酷和不被感激的轻视，那些本应证明他们是我的朋友的人却证明了自己是我最大的敌人。如果上帝让我活着发表我过去一段时间以来所写的有关孟加拉的言论，那么全世界将会看到许多正在离开这个国家的人，还有已经离开一段时间的人的非常可敬的高尚品格了。过去的两年里，我的朋友们时常建议我起诉那些给我带来苦难的人，也就是对我很坏的人，我很遗憾地说，他们都对我很坏（只有一个人除外）。

敬候您的差遣

詹姆斯·奥古斯都·希基

1786 年 2 月 28 日[707]

杨称希基是在虚张声势。他将信寄给了希基的老对手《印度公报》，声称他从未给希基写过稿。待杨已经安全地登船前往英国之后，《印度公报》刊登了杨和希基的信件。

致《印度公报》的编辑

先生：

附上的信是2月28日寄来的，但我今早才收到。我想，这封信对于现在仍待在这里，或那些已经离开的先生们的人品极为重要，所以把它交给公众去评判才是符合公义的。对我而言，如果时间允许，这封信应该在我走之前发表，但这是不可能的了，所以我把它交给了我的律师，让他寄给一家报纸或是所有的报纸。我以一名绅士的名誉声明，我从没有直接或间接地在希基先生的报纸上写过或叫人写过哪怕一行字，去评价任何人的人品。因此，希基先生采取了自己的措施。

敬候您的差遣

威廉·杨

加尔各答，1786年3月2日

随着年龄增大，希基面临的经济问题也越来越多。他还是没有获得印刷库特军规的报酬。为了赚钱养活家人，他变得越来越绝望，他开始在军规中寻找获救的希望。

离开监狱后，他曾向黑斯廷斯请愿以获得报酬。但黑斯廷斯回复说，由于自己不再领导公司，而且已经离开了印度，因此他不能再下令要求支付账单了。之后，希基向黑斯廷斯的继任者约翰·麦克弗森请愿，他给麦克弗森寄去了一张43 514卢比的账单。他恳求说，自己需要这笔钱来养活孩子们并送他们去学校。

> 您的请愿者的字模已经被没收了三年了，这让他和他无助的家庭（他们有三个小孩）陷入了穷困潦倒之中，痛苦无比。因此，您的请愿者最谦卑地祈祷，希望大人能仁慈地考虑到请愿者的艰难困境，下令支付他的账单，以使他喋喋不休的债权人闭嘴，让他的孩子们能穿着体面，能去学校念书。

在那之后的几个月里，他一封回信都没有收到，于是他寄去了一份提示信，麦克弗森回复说他正在考虑。

但是此后三年里似乎没有任何事发生过，麦克弗森前往英国之后，希基又回到了原点。1788 年 5 月，他向新上任的总督查尔斯·康沃利斯（Charles Cornwallis）寄了一封请愿书，和之前一样恳求说，为了自己的孩子们，自己需要尽快得到这笔钱。

> 您的请愿者仰仗着大人您众所周知的对公正的热爱，还有贵委员会的公正之名，希望大人能明智地考量请愿者索赔的公正性，下令偿付他的账单。大人，您的请愿者如今渴望着这笔钱，因为他有一个庞大的家庭，还有几个年幼而无助的孩子需要抚养，而因为时局艰难，钱财匮乏，他要完成这些难上加难。[708]

康沃利斯在三个月之后回复了，要求希基在最高理事会面前做证，因为理事会并不确定他到底印刷了多少页。但希基似乎没去做证，可能是因为他在同一个月里因债务被逮捕了。他交了保释金，才勉强逃脱牢狱之灾。[709]

四年后，也就是 1792 年，他再次为自己的案子进行了辩护。他的健康状况每况愈下，他担心如果现在不拿到他的钱，可能他永远都拿不到了。

他乞求理事会的秘书将自己的账单放到总督的面前。

他恳求道："我目前无法行走，只能靠着枕头支撑自己。"[710]

但他仍然没有得到回复。他一封接一封地寄着提示信。1793 年 2 月，他写道，为了他"年幼而无助的孩子们"，他需要这笔钱。[711] 4 月，他补充道："我如今被关在房间内，处于极度痛苦之中。"[712] 6 月，他乞求道："如果大人真的了解我和我的孩子们的一半痛苦，他马上就会下令支付我的账单。"[713]

理事会终于在 7 月的时候回了信。他们提出付他 6 711 卢比，也就是他所主张的被拖欠的 43 514 卢比中的一小部分。理事会补充说，如果他不满意，欢迎他起诉他们。

他们写道："你有权去最高法院主张你的诉求，或者采取你认为的任何最能实现你的诉求的其他方式。"[714]

希基被激怒了，他不明白为什么他们给的这么少。自他签订合同以来，已经过去近 14 年了。而且，他的收费还不到当时公司印刷商要价的一半。这还没算上他为印刷军规制作黄铜规尺的复杂工作。[715]

他回信说："我想知道，尊敬的理事会是用什么计算方式或规则算出这么少的总数的。"第二周的时候，他收到了一封回信说，理事会认为他们没有必要解释这么做的理由。

希基无比绝望，他甚至给黑斯廷斯写信寻求帮助。他想以外科医生的身份前往英国，试图让他的孩子们在蓝衣医院（Blue Coat

Hospital）慈善学校里上学。与此同时，他恳求黑斯廷斯帮忙，让他得到加尔各答市场副办事员的工作。他已经几年没有工作了，为了钱，他什么都愿意做。

先生：

我在过去的数年里都没有任何工作，而我现在为供养一个非常庞大的家庭而十分苦恼，再加上反复生病，我感到筋疲力尽。自您离开孟加拉之后，我给您写了几封信，但我担心您没有收到。

人们一再告诉我，在您离开孟加拉之前，您曾想为我和我的家人做点儿什么。如果真是这样，我希望您现在不会认为我配不上您的好意，因为我可以肯定，自那时起，我没有做过任何可能令您抛却好意的事情。依靠政府，我节俭度日，仅能勉强供得起我的孩子们，我最终会陷入疯狂。我完全放弃了离开这个国家的想法。但如今我垂垂老矣，如果我死在这里，我的孩子们一定会在加尔各答沿街乞讨，因为他们太年幼了，没法自己挣口饭吃。基于这些考虑，我认为我最好努力争取带着我的孩子们，以外科医生的身份登上当季的一艘轮船回家。我有些朋友还活着，如果上帝在我抵达英国后将我带走，我的朋友们可以将孩子们安置在蓝衣医院，因为我是伦敦这座城市的自由民，有资格享受这种待遇。

许多职位上的职员很富有且不干活，他们并不适合待在这种岗位上。加尔各答市场的办事员年纪很大，没有家庭，十分有钱。因为年老体弱，他从来不去市场。他手下的工资不高的副手能为居民提供很棒的服务，现在居民面临着很多麻烦，商品价格很贵，质量却不高。感谢上帝，我（虽然年纪大了，却）是定居点里最活跃的人之一，那个市场副办事员的职位每月能带来少量的津贴，这能让我养活我的家庭……

先生，您的只言片语就能搞定这样一个职位，或者其他任何能让我省吃俭用地养活我全家的职位。我希望能为信件上的墨渍道歉，因为邮局一小时内就要关门，所以信是在匆忙之中写出来的。

祝您身体健康，生活幸福。

致以最诚挚的敬意。

敬候您的差遣

詹姆斯·奥古斯都·希基[716]

之后两年发生的事情已无历史记载可查。可能希基决定不回英国了，也可能有什么事情绊住了他。

到了1795年，他比以往任何时候都更渴望金钱。他用愤怒又苦涩的口吻给理事会写了最后一封请愿书，恳求他们全额支付他的账单。

“我需要一大笔钱，如果我不能在最后一艘轮船离港之前付清账单，我会被送进监狱的。”他写道。

他不想起诉理事会。他不相信自己会打赢这场官司。他花了巨大的代价吸取了这个教训。

他写道：“与阁下的理事会打官司，就像请愿者脱光了衣服去和一头大象搏斗一样荒谬。”[717]

理事会拒绝了。

他询问自己是否能获得那 6 711 卢比的利息。[718]

他们又一次拒绝了。

“你当然不能索要任何利息，因为这是你自己的错，因为你没有同意提议、接受送过来的钱。”公司的律师写道。[719]

最后，他放弃了。1795 年 3 月 7 日，他签了弃权文书，拿到了 6 711 卢比。[720]

此后，希基就从历史记录中消失了，直到两年后，他出乎意料地又在最高法院现身了。

1797 年 4 月 12 日，周三，晚上 10 点到 11 点之间

正当希基要上床睡觉的时候，他听到了自己的狗正在痛苦地吠叫。

之后他听到了一个女子在惊声尖叫。

他从床上爬了起来，冲出了自家房屋。

“怎么了？”他问道。

“他们喝了酒，还打我的老婆。”他的马车夫说。

“谁干的？”

他的马车夫指着一个半裸着的、醉醺醺的路人，他叫霍瓦吉（Khowaji）。

霍瓦吉踢了希基的狗，又向它投掷砖块，但没有打中，却砸到了他的马车夫的妻子。在她抱怨的时候，霍瓦吉拽住了她的头发，用脚踹她，一路拖着她走。

“回家去。”希基走近霍瓦吉，补充道，如果他不离开，他就带他去见当地的治安官。

霍瓦吉走近希基。希基将他推开，给了他一耳光。

就在那时，霍瓦吉的父亲来了。

他问道：“你为什么要推 个清醒的人？”

希基说：“回家去，你喝醉了。”

霍瓦吉的父亲法祖拉（Faizullah）走到希基面前，用胳膊搂住了他，就好像要拥抱他一样。

“我没揍你的儿子，回家吧。”希基说着，抓起一根木棍，打了法祖拉一下，想让他走。

法祖拉大喊道，他受了伤，开始呼救。

一小群暴徒聚集起来，有二十到二十五个人。

“闯入这个无赖的房子。”法祖拉催促他们。

霍瓦吉喊道：“跟我来！”

“杀了他！杀了他！”霍瓦吉和法祖拉带着暴徒高声喊叫着。

希基转过身去，背对着那群暴徒，走进了自家花园，他希望他们能够离开。

突然，他听到了一个声音。

“当心，先生！”一个女人喊道。

一个陶罐砸在了他的腿上，然后一块砖头打掉了他的帽子。他转过头来，另一块砖头从他的脸颊边擦过，差点划伤他。他跑进了自己的屋子，抓起自己的剑。

他回来的时候，发现暴徒已经攻破了他的大门，正在抓夺他花园里的竹竿。霍瓦吉的兄弟朱马恩（Jumaun）带着一群人走上他的台阶，他手里拿着一根6英尺①长、跟他的手臂一样粗的竹竿。

朱马恩向他挥舞着竹竿。

希基向后退了一步，举剑迎击。钢铁呼啸着和竹竿撞在一起，发出砰砰的声音。

朱马恩又一次向他的脑袋挥去。

希基又一次躲开了。

朱马恩把竹竿举了起来，将它转了一圈，朝希基脑袋的另一侧挥了过去。

这一次，希基的动作不够快。竹竿划破了他的脸颊，鲜血淌进了他的嘴里。

希基现在意识到了形势有多危险。他用剑刺向朱马恩，砍伤了朱马恩的手腕，将竹竿打在了地上，而后他奔向自己的房子，将身后的大门关上。他疯狂地思索着应该如何应对，随即想到了一个点子。希基和他的马车夫一起冲到了房子的后面，他帮马车夫从窗户爬出去，让他去叫警察。

外面的暴徒开始朝着他的房子扔砖头，他们打碎了罐子和水缸，还用力砸着他的窗户。

警察赶到的时候，暴徒已经四散逃去。后来，领头的暴徒受到审

---

① 约合1.8米。

判，被认定犯有聚众闹事、侵犯人身和非法入侵的罪行。[721]

在那么一瞬间，希基又被带进了公众的视野。伦敦的报纸报道了这一事件，说这次审判在加尔各答引起了“普遍的好奇”。人们坐在法庭里，兴奋地看着一个“垂垂老矣的英国知名居民，多年以来，他是加尔各答，或者说是印度第一份报纸的所有者”。

希基再次淡出了人们的视野，直到 1802 年在“阿贾克斯号”上逝世。1799 年，他寄出了一封信，这是他最后的文字记录。他绝望地恳求黑斯廷斯给他金钱、帮助和随便什么东西。

先生……

如果您读到这篇关于我和孩子们的苦难的长信，您会感到痛苦的。为了我不幸的家庭，我卖掉和抵押了一切，除了上帝和我们自己，没人知道我们到底有多痛苦……

詹姆斯·奥古斯都·希基

1799 年 12 月 26 日[722]

有关其他人物的记录

约翰·克里斯蒂安·迪莫：从印度回来后，迪莫在斯特拉斯堡（Strasbourg）待了一段时间，然后前往英国。1790 年 3 月，他在那里被任命为英国圣公会牧师。1791 年，他返回了加尔各答，但不久之后就去世了。他从未实现自己的毕生梦想：取代基尔南德在传教所的位置。[723]

菲利普·弗朗西斯：尽管他的工作为弹劾黑斯廷斯创造了条件，但是最终弗朗西斯并没有被选中，没能成为控方的一员。随着年龄的增长，他变得越来越理想化，他反对英国殖民地的奴隶制，即使这意味着他不得不放弃继承一座有奴隶的庄园。在黑斯廷斯被弹劾之后，他曾进行游说，想成为总督，但被拒绝了。他对此愤愤不平，并拒绝了一个起安抚作用的职位：南非开普殖民地总督。他于 1818 年 12 月去世，只比黑斯廷斯多活了四个月。

威廉·希基：在告诉希基他即将出狱的消息之后，他遇到了一生挚爱杰姆达妮（Jemdanee）。她生下了一个男孩，但死于难产。他继续在加尔各答从事法律工作多年，直到 1808 年退休并回到英国。他于 1830 年去世。

以利亚·英庇：在被弹劾之后，他于 1790 年参加了议会竞选。尽管他在第一次竞选时失败了（因为他的对手围着被吊在绞刑架上的南达·库马尔的人偶游行），但他后来在另一个选区成功当选议员。[724]他一直惦记着印度，赢得竞选的三天后，他向首相请愿，希望重新被任命为最高法院的首席大法官，但遭到了拒绝。后来，他前往法国去追回法国大革命前自己投资的资金，但遭到了三年的拘押。他死于 1809 年。[725]

西蒙·德罗兹：在希基刊登了针对他的文章之后，他离开了加尔各答，成为公司在卡西姆巴扎尔工厂的一名主管。德罗兹后来回到了英国，在那里他被指控在贸易委员会工作期间犯有腐败罪以及在卡西姆巴扎尔期间犯有欺诈罪。最后，公司撤诉，以换取他的 3 000 英镑的赔偿——而这只是他被指控的欺诈数额中的一小部分。[726]

尾　声

希基开创并影响了至今仍存在的新闻业的传统。他坚决支持新闻自由，反对腐败和绝对权力，为了捍卫他的报纸，他牺牲了一切。然而，他失败的原因正是他所捍卫的言论自由。他无法区分个人谩骂与职业批判，导致诸如黑斯廷斯和基尔南德这样的当权者起诉和压制了他。即使黑斯廷斯没有对他穷追不舍，即使最高法院的独立性没有受到损害，希基可能还是会被判有罪。虽然他的许多文章中包含了真相，但它们往往建立在谣言之上，而且某些观点，特别是他关于基尔南德的说法，并未得到过证实。

希基理应因为他的遗产而闻名。虽然他的印刷机构只运作了五年，他的报纸只发行了两年，但是他为印度未来的印刷商打下了基础。他培养的印刷商后来将加尔各答变成了亚洲最活跃的文学城市之一。在商业、宗教和教育领域，他精神上的接班人之间的思想交流最终促成了孟加拉地区至今依然盛行的文学文化。

他的两个助手，保罗·费里斯（Paul Ferris）和阿奇博尔德·汤普森（Archibald Thompson）在1792年创办了《加尔各答晨报》（*Calcutta Morning Post*）。费里斯之后在加尔各答从事重要的图书销售业务，并印刷了第一本孟加拉语插画书《安娜达·曼加尔》（*Annada Mangal*），作者是冈格·基肖尔·巴塔吉尔吉（Ganga Kishore Bhattacharji）。巴塔吉尔吉也是孟加拉第二份报纸的编辑，这份报纸名叫《孟加拉公报》（*Bengal Gazette*）——也许是对《希基的孟加拉公报》的致敬。[727]

他的另一个助手托马斯·琼斯在1785年创办了《孟加拉日报》（*Bengal Journal*），还有一个助手理查德·蒂斯代尔（Richard Tisdale）随后也加入了进来，之后在1792年创办了《时报》（*The Times*）。[728]这两个人继续训练他们自己的助手，在孟加拉建立了一个印刷商的“家族”。可能还有其他从事印刷业的人，但并没有被历史记录下来。

希基的报纸停业之后，他的影响力仍持续存在着。《孟加拉日报》跟随着他的脚步。报纸的编辑是一位爱尔兰裔美国人，名叫威廉·杜安（William Duane）。他是以军队列兵的身份来到孟加拉的，和希基一样，他在公司的军队中人脉众多，他也将自己的报纸变成了公司下级军官发泄不满的论坛。和希基一样，他也是个激进分子，坚定倡导新闻自由和代议制政府，在代议制政府中，人们可以公开表达关于生命与自由的观点。[729]

杜安与希基还有更多相似之处。他咄咄逼人的做法很快给自己惹来了麻烦。当法国大革命的消息传至孟加拉，杜安刊登了一则报道，援引法国保王党人的消息称，康沃利斯总督在印度南部的战役中身故。法国保王党领导人卡纳普勒上校（Colonel de Canaple）要求杜安为刊登不实消息公开道歉。次日，当杜安拜访卡纳普勒上校的时候，两人发生了激烈的争执。卡纳普勒上校拒绝回答杜安的问题，即他是否是谣言的始作俑者，而杜安则拒绝撤回他的报道。

随后总督安然无恙地回到了加尔各答。为了恐吓杜安，他的士兵们洗劫了杜安的居所，并要将杜安赶出孟加拉。杜安向最高法院提出请求，要求暂缓驱逐他，但是法院裁定公司有权驱逐他，因为他没有得到在印度居住的合法许可。从天而降的好运拯救了杜安——卡纳普勒在杜安原定被驱逐的九天前去世了，而新上任的法国领导人写信给总督称，杜安已经受到了足够的惩罚。不过，总督还是禁掉了《孟加拉日报》，以避免未来可能出现的各种尴尬的局面。[730]

但杜安无所畏惧，他在同年创办了一份叫《世界报》（*The World*）的新报纸，并承诺避开争议。然而，尽管他做出了承诺，《世界报》还是很快成了激进政治的中心。在英国还在与法国交战的时候，他公开支持法国大革命，允许心怀不满的下级军官利用他的报纸组织起来，发表文章，建议成立委员会，游说总司令，以解决晋升机会缺乏的问题。[731]

总督再一次企图恫吓杜安。杜安的订户和广告商迫于压力不再资助他的报纸，警察以他不偿还债务的理由逮捕了他。警长伙同一群手执棍棒的暴徒，揪着他的头发，将他拽到了小额债权法院。但恐吓并没有阻止杜安，他在接下来的两个月内继续印刷报纸，直到总督再次下令将他驱逐出境。[732]

走投无路之时，杜安试着同时采用了两种策略，他要求总督撤销对他的驱逐，同时他又扬言要将军队的不满公之于众。次日一早，总督邀请杜安共进早餐，然后将他拽到一个被士兵团团包围的侧屋中，让人把他拖进了牢房。总督随后将杜安锁在了一艘轮船的船舱里，告诉船长在他们抵达英国之前不要放他出来。[733]

之后的二十年是印度新闻业的一段黑暗时期。随着总督们利用将人驱逐出境的办法来压制异议，公司对新闻界的掌控权越来越大。《马德拉斯新闻》（*Madras News*）的编辑在发表了某些“民主言论”后，被驱逐出境。[734]《电讯报》（*The Telegragh*）的编辑差点被驱逐出境，因为他发表了一篇文章，指控加尔各答的警官敲诈勒索，但他通过透露消息来源的方式免于被驱逐。《亚洲镜报》（*Asiatic Mirror*）的编辑被驱逐出境，因为他推测说，如果印度人全都联合起来，可以轻易推翻少数在孟加拉的欧洲人。1799 年，公司进行了最严厉的镇压，连续驱逐了三名记者，并颁布了严格的新审查法案。[735]

尽管遭受压制，但加尔各答的新闻业还是坚持了下来。随着时间的流逝，加尔各答的发展和文化交流的增加，印刷业也进入了印度人的日常生活。19 世纪初，第一批印度人开办的印刷厂成立。短短几十年间，印度印刷厂的产量就赶上了欧洲，而后超过了欧洲。据估计，截至 1820 年，孟加拉的印刷厂已经印刷了至少 27 种不同的作品，累积 15 000 多份。1828—1835 年，至少有 16 份孟加拉报纸问世。[736]19 世纪，报纸成了加尔各答的信息来源。

在这些早期的孟加拉记者当中，两家报社的创始人的拉姆·莫弘·罗伊（Ram Mohun Roy）可能是最引人注目的一个。他也与早期的印刷商有过接触，曾一度是巴塔吉尔吉的《孟加拉公报》的撰稿人。[737]通过他的报纸，他推动了孟加拉的文艺复兴，这是 19 世纪的一次文学与思想的觉醒。

1823 年，印度与欧洲的新闻界因“詹姆斯·希尔克·白金汉（James Silk Buckingham）案”产生了冲突。白金汉是一个欧洲海盗，他也和希基一样，是一名激进分子。他创办了自己的报纸——《加尔各答日报》（*Calcutta Journal*），开始呼吁结束公司的垄断和它统治印度的“暴政”。[738]就像在他之前的希基一样，白金汉在他的报纸上将军队的不满情绪公之于众。他发表了一篇下级军官抱怨缺乏晋升机会的文章，以及一篇揭露官员任命中的腐败问题的文章后，总督提出要将他驱逐出境。[739]

罗伊马上站出来为白金汉辩护，他向最高法院和英国国王请愿，声言驱逐白金汉的行为是对公民权利的侵犯，之后他又在加尔各答市政厅前领导了一场印度人与欧洲人的联合抗议。[740]虽然罗伊对法律的挑战并未成功，但他的抗议标志着印度和欧洲报纸第一次站在同一战线上作战，也标志着希基的遗产发展到了巅峰。

后来，如圣雄甘地和贾瓦哈拉尔·尼赫鲁这样的印度领导人都转向了新闻界，去倡导独立。印度仍然在很多方面经历着巨大的变化。如今，印度拥有超过 10 万份报纸，日均发行量大约为 4.5 亿份，而且这个数字还在增加。这让它成了全球最具活力的媒体市场之一。[741]

统计数据之外，并非一切都是光明。不平等现象和高文盲率依旧存在，此外，印度的媒体也只拥有部分自由。政府和大型媒体所有者对编辑内容的干预、在线审查、法律行动、民族主义组织的威胁以及记者被杀事件的增加，都是令人担忧的现实。[742]

有这种担忧的国家并非只有印度。世界各地的记者都在因曝光他人希望遮掩的问题而被恐吓、威胁或杀害。

希基的例子说明了捍卫自由与言论自由的重要性。他为捍卫新闻自由牺牲了一切：他的雄心、他的人生，还有他的报纸。正如他在他的公报中经常讨论的那样：新闻自由的地方，人民就是自由的；新闻受压迫的地方，人民就会受到压迫；新闻消失后，人民就不再受到保护。

后　记

本书中记录的描述与对话都基于详尽的研究，通常都按照人物的信件和文章的原始版式一字不差地印出。然而，书中的对话仅来自那些记录了对话的人，因而可能会反映他们的偏见与动机。同样地，除非是明确引用的内容，书中人物的思想、感受和情绪，还有书中的描写，都在一定程度上是我基于档案里留存下来的对这些人的记录而想象出来的。可惜的是，希基没有肖像存留至今，互联网上的图片都不是他真实的样貌。

我努力准确地去描述书中的人物，并尽我所能去展现那个他们曾经看到过的世界。历史——尤其是在缺乏连贯叙事的情况下——是不完美回忆的产物。但是，我希望以一种学者和广大公众都能接受的方式来描写这些人物。我希望这段故事是与事实相符的，且对所有人来说都很有趣。

致 谢

人们常说，一本书是许多人的结晶，对我来说也是如此。我要感谢的人非常多。感谢蒂姆·赖特（Tim Wright）、安德鲁·宗德曼（Andrew Zonderman）和马库斯·伯格（Markus Berger），他们在弗兰克基金会慷慨地帮助了我。感谢梅格安·拉方丹（Meghann LaFountain）翻译了法语内容。感谢罗切斯特大学优等生荣誉学会（Phi Beta Kappa）的奥赫恩（O'Hern）奖学金，它为我提供了启动研究的资金，还有监督我使用富布赖特奖学金的美印教育基金会（United States-India Educational Foundation），谢谢你们。

感谢艾琳·库珀（Irene Cooper）、里克·奥蒂斯（Rick Otis）、罗斯·丁沃尔（Ross Dingwall）、约翰·阿米尔-法兹利（John Amir-Fazli），感谢你们细心周到的编辑工作。感谢卡罗尔·西里·约翰逊，陪我走过这趟18世纪英治印度的疯狂旅程，没有你的帮助，我不知道该如何完成这本书。谢谢艾丹·基尔南德（Aidan Kiernander）细心的关照和编辑工作。感谢我的父母约翰·奥蒂斯（John Otis）和明迪·奥蒂斯（Mindy Otis），感谢我的家人。感谢普丽扬卡·雷（Priyanka Ray）教给我最重要的孟加拉语词汇。感谢迈克·格尔曼（Mike German）这么长时间以来都是我的朋友。感谢我在红墨（Red

Ink）版权代理公司的经纪人安查尔·马尔霍特拉（Aanchal Malhotra），以及我的编辑卡蒂克·文卡特斯（Karthik Venkatesh），感谢你们使我的梦想成真。

感谢我最亲密的朋友们在我研究和写作的六年间对我的鼓励，对任何被我遗忘或遗漏的人，我要说声抱歉。你们对我的帮助都比你们知道的更多。

参考文献

缩略语

BL — British Library 英国国家图书馆

AFSt/M — Missionarchiv der Franckeschen Stiftungen, Halle. 弗兰克基金会传教士档案，哈雷

NAI — National Archives of India 印度国家档案馆

HBG — Hicky's Bengal Gazette《希基的孟加拉公报》

IG — India Gazette《印度公报》

BP&P — Bengal, Past & Present《孟加拉，过去与现在》

SPCK — Society for the Promotion of Christian Knowledge Archive, held at University of Cambridge. 基督教知识促进会档案馆，地址位于剑桥大学内

所有日期均按年、月、日的格式编排

留存下来的几份《希基的孟加拉公报》可以在以下地方找到：

英国国家图书馆，

加利福尼亚大学伯克利分校，

海德堡大学，

墨尔本大学，

加尔各答高等法院，

以及印度国家图书馆。

注　释

1　我曾三次申请将这期《希基的孟加拉公报》数字化，我的最后一份申请书的页数甚至增加到了二十四页，并且一式三份。然而，我每次都被拒

绝了。

2 最高法院的庭审记录。如果我能找到那些记录，就能清楚地知道在对希基的审判中究竟发生了什么。

3 P. Thankappan Nair, *Hicky and his Gazette* (Kolkata: S & T Book Stall, 2001), 80 – 83.

4 众多知名学者有关希基的研究中有不少错误。维拉尼拉姆（Vilanilam）就曾错误地认为，希基在他的报纸头版上只登广告。John V. Vilanilam, *Mass Communication In India: A Sociological Perspective* (New Delhi: Sage Publications, 2005), 51. 沃特森（Watson）错称，希基是在黑斯廷斯的赞助下印刷报纸的。A. H. Watson, 'Origin and Growth of Journalism among Europeans,' *Annals of the American Academy of Political and Social Science* 145, Part 2 (Sep., 1929): 169. 南迪（Nandy）错称，希基于 1782 年被驱逐至英格兰。S. C. Nandy, 'A Second Look at the Notes of Justice John Hyde,' *BP&P 97* (1978): 30. 一位作者把一幅完全是想象出来的詹姆斯·希基头戴假发、身穿法官袍的肖像画放在了书里。Arun Chaudhuri, *Indian Advertising* (New Delhi; New York: Tata Mc-Graw Hill Pub. Co., 2007), 3. 最后，另一位作者写道，希基在 1745 年出生于罗金汉郡（Rockinghamshire）的一个名叫柯林巴（Colimba）的地方，把希基抵达加尔各答的轮船名“罗金汉侯爵号”和他定居的街区名“柯林巴”混为一谈，加上了一个完全没有出处的出生年份，还声称希基在退休后和他的家人去了英格兰。Jitendra Nath Basu, *Romance of Indian Journalism* (Calcutta: Calcutta University, 1979), 23 – 32.

5 正如帕沙·查特吉所言，“不幸的是，希基的审判长期以来都陷于数不清的丑闻和阴谋故事之中，而这些构成了有关 18 世纪加尔各答的文献的主要内容”。Partha Chatterjee, *The Black Hole of Empire: History of a Global Practice of Power* (Princeton, N.J.: Princeton University Press), 110 – 114; Tarun Kumar Mukhopadhyay, *Hicky's Bengal Gazette: Contemporary Life and Events* (Calcutta: Subarnarekha, 1988), 123 – 130.

6 Abhijit Gupta and Swapan Chakravorty, 'Under the Sign of the Book: Introducing Book History in India,' in *Print Areas: Book History in India*, ed. Abhijit Gupta and Swapan Chakravorty (Delhi: Permanent Black, 2004), 11.

荷兰人在印度尼西亚印刷了《新闻纪要》（*Memorie des Nouvelles*），逐字逐句地转载了荷兰报纸上的新闻报道。西班牙人于 1637 年在菲律宾出版了《幸运事件》（*Successos Felices*），不过据悉这份报纸只印刷了一版。Green，'The Development of Mass Media in Asia Pacific,' *International Journal of Advertising* 22，No. 2（2003）：2.

7 截至 1783 年，希基家里共有 12 口人，但我只能明确地查到希基的两个孩子：约翰·奥古斯都·希基（John Augustus Hicky）于 1809 年 7 月 8 日去世，伊丽莎白·希基（Elizabeth Hicky）于 1787 年 7 月 12 日去世，她去世时还是个孩子。BL，Add MS 16264，f. 201，Hicky to Impey，1783.08.11；BL，N/1/8 f. 241；BL，N/1/4 f. 40.

8 Calcutta Gazette 1802.05.06，1802.05.13（Accessed in the National Library of India's Rare Books Room）. 韦尔斯利（Wellesley）总督交给该船一项任务——为加尔各答植物园带去黄麻、大麻、蔬菜和肉豆蔻，但这些种子在当地并没有发芽。NAI，Home Public，Cons. 1803.03.10，Nos. 11 - 15.

9 BL，L-AG-34-27-30，Inventories & Accounts of Deceased Estates，No. 35，1804.03.09.

10 Mofakhkhar Hussain Khan，*The History of Printing in Bengali Characters up to 1866*，Vol. 1（unpublished Ph. D. thesis，School of Oriental and African Studies，University of Londow），133. 在《孟加拉日历与登记簿》（*The Bengal Calendar and Register*，Calcutta，1790，122）中，希基的职业是"印刷商"。Graham W. Shaw，'A Letter from James Augustus Hicky，' *Library* 6 - 5，No. 4（1983）：395 - 397.

11 BL，Add MS 29177，f. 165.

12 《加尔各答公报》（*Calcutta Gazette*）宣称，与法国达成和平的消息是在 1802 年 9 月 9 日抵达加尔各答的，因此"阿贾克斯号"肯定是在和平之音抵达孟加拉地区之前就起航了。

13 *Calcutta Gazette*，1802.06.17，1.

14 离开加尔各答以后，"阿贾克斯号"前往广东，途中在马德拉斯停靠。它前往中国的航程"一帆风顺"。*Calcutta Gazette*，1803.01.13.

15 关于海葬程序的叙述，资料来自 Rex Hickox，18th Century Royal Navy（Bentonville，AR：Rex Publishing，2005），89。

16 《加尔各答公报》的记载是：“J.A.希基医生死于向东行进的‘阿贾克斯号’的甲板上。” *Calcutta Gazette Supplement*, 1802.12.16, 2.基于这份报纸上的只言片语，像 P. T. 奈尔（P. T. Nair）这样的历史学家错误地断言，希基死于 1802 年 12 月。但是，“阿贾克斯号”当时正在前往中国的途中，因此希基肯定在消息 12 月到达加尔各答的几个月之前就已经去世了。已知“阿贾克斯号”在 11 月中旬的某个时间点抵达了广东（《加尔各答公报》1803 年 1 月 13 日和 1 月 20 日的报道称，1802 年 11 月 14 日，“贝特西号”［*Betsy*］在离港之前，曾在中国见过“阿贾克斯号”），假设消息从广东传至加尔各答需要两到三个月的时间的话，那么希基有可能是在 1802 年 10 月去世的。

17 *Calcutta Gazette* 1803.05.10, 2; *Calcutta Gazette*, 1803.05.12, 2.

18 希基死时没有留下遗嘱，他的财产共计 3 056 卢比，约合今天的 6 000 美元。一些人确实对希基做生意的工具感兴趣，可能是为了子孙后代，也可能是为了利润。他的前助理保罗·费里斯和另外两人买下了他 640 磅的字模，44 个排字用的柚木框，他的印刷机以及他所有的《希基的孟加拉公报》。出席拍卖会的还有他的一个儿子詹姆斯·希基（James Hicky）。资料来自 BL, L-AG-34-27-30, Inventories & Accounts of Deceased Estates, No. 35, 1804.03.09 and No. 133, 1804.10.02。

19 William Hickey, *Memoirs of William Hickey*, Volume 2, 1775 – 1782, ed. Alfred Spencer (London: Hurst & Blackett, 1918), 173.

20 威廉·希基在 1777 年 11 月上旬到达加尔各答，他肯定在 1777 年 11 月见到了詹姆斯·希基。威廉·希基在他的回忆录中写道，当他收到詹姆斯·希基的求助信时，他“才在加尔各答待了几天”。资料来自 Hickey, *Memoirs*, Vol. 2, 118, 173。

21 *Calcutta in the Olden Time: its localities* (Calcutta: 1852), 17 – 18. See also Hyde, *Hyde's Notebooks*, 1778.10.05; H. E. A. Cotton, *Calcutta, Old and New: A Historical & Descriptive Handbook to the City* (Calcutta: W. Newman & Co., 1907), 336 – 337.

22 Hyde, *Hyde's Notebooks*, 1788.12.04.（缩微胶卷为美国桥水州立大学的托马斯·柯利［Thomas Curley］教授所有。也可以在印度国家图书馆查阅质量不断下降的缩微胶卷，其原件和数字化版本可以在加尔各答的维多利亚纪念馆中找到）。

23 Phebe Gibbes, *Hartly House, Calcutta* (London: J. Dodsley, 1789), 230－231. 虽然写于1789年的《哈特利之家》（*Hartly House*）是小说，但人们普遍认为它提供了有关18世纪加尔各答生活的宝贵信息。

24 公共监狱可以容纳170名囚犯和35名守卫。一位曾被关押在那里的人回忆说："监狱曾是一座旧屋的残存部分，以前是某个本地黑人的住所。"资料来自 James Creasy's testimony. Great Britain, Parliament, House of Commons, *First Report from the Select Committee Appointed to take into Consideration the State of the Administration of Justice in the Provinces of Bengal, Bahar, and Orissa* (London: 1782), Appendix 11。

25 William Hickey's testimony, Parliament, *Select Committee's First Report*, Appendix 11.

26 Ibid.

27 NAI, Home Public, Original Consultation (hereafter O. C.) 1778. 09. 14, No. 9. 公共监狱至少要比加尔各答的另一所监狱——胡林巴里监狱（Hurrinbarry）要好些。胡林巴里监狱是为罪行不重的犯人设立的惩戒所，其地势要比周围一圈的地势都低。下雨时，囚犯不得不站在"齐膝深的水里"。加尔各答的警察局局长托马斯·莫特和爱德华·马克斯韦尔（Edward Maxwell）写道，那些"不幸的囚犯"的处境是"如此悲惨，任何一个能共情的人在目睹［这些情况］时都会十分同情他们……许多可怜人都光着身子"。资料来自 NAI, Home Public, O. C. 1785. 08. 30, No. 36。

28 Nechtman, 'A Jewel in the Crown? Indian Wealth in Domestic Britain in the Late Eighteenth Century,' Eighteenth-Century Studies 41, No. 1 (Fall 2007): 73.

29 BL, L/MAR/B/493E (1), Ajax's Ledger (Wages).

30 BL, IOR/L/MAR/B/493B, Ajax's Log, 1772.02.04 to 1773.11.11.

31 希基曾在一名叫作威廉·法登（William Faden）的苏格兰印刷商那里当过学徒，此人在伦敦弗利特街上的葡萄酒办公大院拥有一家印刷商店。资料来自 John Sainsbury, *John Wilkes: The Lives of a Libertine* (Aldershot: Ashgate, 2006), 153; Arthur Cash, *John Wilkes: The Scandalous Father of*

Civil Liberty（New Haven: Yale University Press, 2008）, 135－136。假设希基是在14岁（通常的年龄）时成了一名印刷学徒，那么他很可能出生在1739年或1740年。资料来自 Donald Francis Mackenzie, ed., *Stationers' Company Apprentices*, *1701－1800*,（Oxford: Oxford Bibliographical Society, 1978）, 122。

32 BL, Add MS 16260, f. 52, Impey, undated [appears to be written 24 September 1781 to Masterman, Harrington, and Dunning]. 约翰·海德法官证实了英庇的说法，即希基是萨金特·戴维的书记员，他写道："希基先生曾是博学的萨金特（也就是萨金特·戴维）的书记员。"资料来自 Hyde, *Hyde's Notebooks*, 1781.06.29。根据希基生平的时间线，也许在戴维接手18世纪最重要的案子之一——1771至1772年的萨默塞特诉斯图尔特案（*Somerset v. Stewart*）——的过程中，希基有可能担任过戴维的书记员。该案使奴隶贸易在英国被废止。萨默塞特曾因奴隶制度逃跑，但又被重新抓获。作为对他的惩罚，他被送到牙买加的一个种植园里工作。他的教父和教母向伦敦的王座法庭（the Court of the King's Bench）申请了人身保护令。戴维打赢了他们的官司，确保了萨默塞特的自由。

33 关于希基早年生活的细节的资料来自 BL MSS Eur G 118, 233（William Hickey's memoirs）and BL, Add MS 16260, f. 52。关于希基的早年生活的资料非常少。像 P. T. 奈尔这样的历史学家认为，希基来自爱尔兰的朗埃克（Long Acre），依据是书商会馆（Stationers' Hall）印刷商协会的报告："詹姆斯·希基，威廉的儿子（曾在朗埃克居住的亚麻织工），于1754年2月5日在此处当学徒。""朗埃克"也有可能指的是伦敦的朗埃克大街（Long Acre Street），这条街以街上的轻便马车制造商而闻名；而在爱尔兰，似乎没有叫朗埃克的地方。资料来自 Mackenzie, *Stationers' Company Apprentices*, *1701－1800*, 122。

34 几个世纪以来，过往船只会在这些巨石下面留下信件让人取走，形成了一种非正式但有效的国际新闻传递业务。见 George Walker, *Haste*, *Post*, *Haste!: Postmen and Post-Roads Through the Ages*（New York: Dodd and Mead, 1939）, 145。

35 NAI, Home Public, Cons. 1772.12.21, No. 1a.; BL, IOR/L/MAR/B/493B, Ajax's Log, 1772.02.04 to 1773.11.11.

36 引自一位后一年乘坐“罗金汉侯爵号”前往印度的乘客的话。Philip Dormer Stanhope, *Genuine Memoirs of Asiaticus, in a Series of Letters to a Friend* (London: G. Kearsley, 1774), 15.

37 汉密尔顿（Hamilton）船长将一个叫约翰·库珀（John Cooper）的人降了职，因为这个人喝醉了酒，还抽了另一个名叫戴维·麦克尔（David Mackore）的人十几鞭子，因为此人在船只停靠孟买的时候消失了好几天。等到“罗金汉侯爵号”准备起航的时候，131 名船员中，有 13 名失踪，还有 4 人已经死亡。资料来自 BL, L/MAR/B/493B; BL, L/MAR/B/493E。

38 死亡能解释为什么近 80%的人在第一个十年服务期内离开了公司。资料来自 Santhi Heejebu, 'Contract Enforcement in the English East India Company,' *The Journal of Economic History* 62, No. 2 (June 2005): 508 - 509。

39 以上数据指的是 1760—1834 年前往印度的军校学员的情况。资料来自 Richard Holmes, *Sahib: the British Soldier in India* 1750 - 1914 (London: Harper Perennial 2006), 474；有关更多困扰欧洲人的疾病的信息，见 Peter James Marshall, *East India Fortunes: The British in Bengal in the Eighteenth Century* (Oxford: Clarendon Press, 1976), 218 - 219。

40 “罗金汉侯爵号”停靠在罗萨普尔河（Rasalpur River）入口处的希吉利(Hijli)。它在 1772 年 12 月 28 日至 31 日之间抵达加尔各答。通常希吉利与加尔各答之间的行程速度会较快，但在船继续穿越胡格利河中被称作“支撑物”(The Braces) 的沙坝之前，汉密尔顿船长在那里等了一段时间，等着大量火药卸货。资料来自 NAI, Home Public, P.P. 71, and O.C. 1773.01.25; NAI, Home Public, No. 1., O.C. 1772.12.31 and No. 14., O.C. 1773.02.01。

41 这些豪宅都在加登里奇（Garden Reach）附近。资料来自 Eliza Fay, *Original Letters from India*, ed. Walter Kelley Firminger (Calcutta: Thacker, Spink & Co, 1908), 131。

42 城堡于 1773 年完工。见 Charles Edward Buckland 'The City of Calcutta,' *Journal of the Royal Society of Arts* 54, No. 2, 765 (1906): 283。

43 根据威廉·希基的说法，詹姆斯·希基曾在胡格利河遭遇事故。威廉·

希基写道："他乘坐的船只在进入孟加拉流域的时候不幸失事，他因此失去了一切，只剩下一条命。由于这次不幸，孟加拉政府雇他在他们其中一艘近海航船上工作，他在那里从事投机买卖。"我已经无法证实希基的说法。据记载，"罗金汉侯爵号"并没有在胡格利河上发生任何不幸的事故，也许希基可能是在一条较小的船只上完成了他的行程。资料来自 BL, MSS Eur G 118, 233。

44 Stanhope, *Asiaticus*, 49.

45 J. B. Gilchrist and Thomas Williamson, *The General East India Guide and Vadecum* (London: Kingsbury, Parbury & Allen, 1825), 81 - 82.

46 Sumanta Banerjee, 'City of Dreadful Night: Crime and Punishment in Colonial Calcutta,' *Economic and Political Weekly* 38, No. 21 (May 2003): 2047 - 8; HBG 1780.03.18, 1.

47 HBG 1780.03.25, 2, Philantropos; Eliza Fay, *The Original Letters from India of Mrs. Eliza Fay*, ed. Walter Kelley Firminger (Calcutta: Thacker, Spink & Co., 1908), 165.

48 Bhaswati Bhattacharya, 'Armenian European Relationship in India, 1500 - 1800: No Armenian Foundation for European Empire?' *Journal of the Economic and Social History of the Orient* 48, No. 2 (2005): 304; Peter James Marshall, 'The White Town of Calcutta under the Rule of the East India Company,' *Modern Asian Studies* 34, No. 2 (May 2000): 313 - 316; Krishna Dutta, *Calcutta: A Cultural and Literary History* (Oxford: Signal Books, 2003), 9 - 32.

49 Stanhope, *Asiaticus*, 42.

50 "底层人"的英文"subaltern"源自拉丁文"subalternus"，意思是地位比任何人都低。

51 平均超过十五年的服役生涯中，平均汇款额可达 12 462 英镑。资料来自 Heejebu, 'Contract Enforcement,' 512; Gregory Clark, *Average Earnings and Retail Prices, UK, 1209 - 2010* (University of California, Davis, 2011), Table 17; Raymond Callahan, *The East India Company and Army Reform* (Cambridge: Harvard University Press, 1972), 31 - 33。

52 Lewis Namier and John Brooke, *The House of Commons 1754 - 1790* (London:

Boydell & Brewer, 1985), 61.

53 公司雇员常常因为私人交易而遭到罚款、解雇或者起诉，但不管怎样，他们还是在进行私人交易。一次，董事们写信去印度，要求限制私人交易，加尔各答的总督回应称：“如果公司不允许私人交易，那他们的雇员肯定会饿肚子。”资料来自 Chatterjee, *Black Hole*, 9；另见 Brijen K. Gupta, *Sirajuddaullah and the East India Company, 1756 - 1757: Background to the Foundation of British Power in India* (Leiden: E. J. Brill, 1962), 9 - 13。

54 Heejebu, 'Contract Enforcement,' 503 - 505.

55 公司的雇员常认为他们有权享受自己的福利。于是，当贸易委员会在1786 年受到调查的时候，一名成员辞职了，他说，“自己不愿再在这些小气鬼手下干活了”。资料来自 William Hickey, *Memoirs of William Hickey*, Vol. 3, 1782 - 1790, ed. Alfred Spencer (London: Hurst & Blackett, 1918), 306 - 310。

56 Callahan, *Army Reform*, 31 - 33.

57 Marshall, *East India Fortunes*, 225.

58 HBG 1781.05.19, 3.

59 Dennis O. Flynn and Arturo Giraldez, 'Cycles of Silver: Global Economic Unity through the Mid-Eighteenth Century,' *Journal of World History* 13, No. 2 (Fall, 2002): 413.

60 某些病人不支付医疗费，所以希基起诉了他们。资料来自 High Court of Calcutta, Mayor's Court Archives: *James Augustus Hicky v. Frederick Charles*, June 24, 1773; *James Augustus Hicky v. Thomas Frowhawk*, September 14, 1773; *James Augustus Hicky v. William Spranger*, September 14, 1773。

61 希基的一些债权人很宽容。比如，麦肯齐（MacKenzie）和马修·厄斯金（Mathew Erskine）的公司直到希基去世很多年之后，才收回 1 400 卢比的贷款。这笔贷款于 1776 年 4 月 25 日发放，直到 1819 年 9 月 17 日收回。资料来自 BL, L-AG-34-27-65, Inventories & Accounts of Deceased Estates, 1838。

62 希基声称自己于 10 月 20 日入狱，但最高法院的文书上显示，他是 10 月22 日入狱的。法院规定保释金为 1 110 卢比，但希基没有交。资料来自

HBG 1780.11.04, 3; High Court of Calcutta, Mayor's Court Archives, *John Natley, Executor of Hester, Deceased v. James Augustus Hicky*, August 7, 1776; July 15, 1777; November 11, 1777 and January 23, 1778。

63 Hickey, *Memoirs*, Vol. 2, 175.

64 Ibid, 173 – 174.

65 William Hickey's testimony, Parliament, *Select Committee's First Report*, Appendix 11.

66 Hickey, *Memoirs*, Vol. 2, 174.

67 Ibid.

68 拉姆莫迪·比萨克在 1776 年 7 月 12 日起诉了希基。资料来自 High Court of Calcutta, Mayor's Court Archives, *Rammody Bysack v. James Augustus Hicky*, July 12, 1776。关于更多比萨克家族的资料，见 Atis Dasgupta and Subhas Ranjan Chakraborti, 'The Growth of Calcutta: A Profile of Social Dislocations in the Early Colonial Period,' *Social Scientist* 20, No. 3 (Mar.-Apr., 1992): 37。与最高法院的记录相反，希基称，他只欠了 4 300 卢比。HBG 1780.11.04, 3.

69 Hickey, *Memoirs*, Vol. 2, 174.

70 High Court of Calcutta, Mayor's Court Archives, *John Natley, Executor of Hester, Deceased v. James Augustus Hicky*, 29 July 1778.

71 海斯特的遗嘱执行人在 1776 年 8 月 7 日起诉了希基。资料来自 High Court of Calcutta, Mayor's Court Archives, *John Natley, Executor of Hester, Deceased v. James Augustus Hicky*, August 7, 1776。

72 威廉·希基得到了一份人身保护令，得以将詹姆斯·希基带出监狱，并带入法庭审理此案。1778 年 6 月 22 日，希基表示自己无罪。资料来自 High Court of Calcutta, Mayor's Court Archives, *John Natley, Executor of Hester, Deceased v. James Augustus Hicky*, 29 July 1778。在回忆录中，威廉·希基说本次审判（也就是第二场审判）是在第一场审判两天之后进行的。

73 Hickey, *Memoirs*, Vol. 2, 175. 希基口中的做伪证的人可能是塞缪尔·格林韦（Samuel Greenway）。格林韦在证词中说，海斯特不欠任何人一分钱，但在高等法院的记录中好像被删除了。资料来自 High Court of

Calcutta, Mayor's Court Archives, *John Natley*, *Executor of Hester*, *Deceased v. James Augustus Hicky*, July 29, 1778。虽然威廉·希基的回忆录里的要点大差不差，但他所写的事实往往大错特错。威廉·希基声称，詹姆斯·希基的其中一笔欠债是2万卢比，这可能是夸大其词。此外，我也假设，"希基诉比萨克案"（*Hicky v. Bysack*）发生在"希基诉海斯特案"（*Hicky v. Hester*）之前，因为第一场审判涉及一个"孟加拉本地人"，而第二场审判似乎只针对欧洲人。资料来自 Hickey, *Memoirs*, Vol. 2, 174。

74 法官估计，希基为海斯特提供的"住宿、膳食、护理和医疗"服务，每天要花费4卢比，大约持续了500天。法官随后从海斯特发放给希基的贷款中扣除了这笔款项的总额。资料来 *Hyde's Notebooks*, 1778.07.29。

75 希基印刷一张账单的成本是5安那（anna，印度旧时货币单位。——译者注），即5/16卢比。资料来自 NAI, Home Public, Body Sheet, Cons. 1793.02.01, O.C. 1793.01.09。

76 军规最近一次的修订是由前总司令罗伯特·巴克爵士（Sir Robert Barker）进行的。资料来自 NAI, Home Public, O.C. 1788.08.22。

77 资料来自 BL, IOR/P/18/47, 1780年7月7日至8月9日的商讨会中，讨论到了库特的军规。

78 纳撒尼尔·哈尔海德是当时的总军需官。他后来加入了查尔斯·威尔金斯的行列，成了希基的竞争对手。资料来自 NAI, Home Public, Body Sheet, Cons. 1793.02.01, No. 28, O.C. 1793.01.09; See also J. Duncan M. Derrett, 'Nathaniel Brassley Halhed: Mystic or Maniac? His Association with Joanna Southcott,' *Annals of the Bhandarkar Oriental Research Institute 60*, No. 1 (1979): 229。

79 NAI, Home Public, Body Sheet, Cons. 1793.02.01, No. 28, O.C. 1793.01.09.

80 罗伯特·基德上校（Colonel Robert Kyd）似乎成了希基合同的直接监督人，因为库特在1779年9月27日离开了加尔各答，去视察孟加拉和阿瓦德的军事基地。资料来自 Joseph Parkes and Herman Merivale, *Memoirs of Sir Philip Francis K. C. B. with Correspondence and Journals*, Vol. 2 (London: Spottiswoods & Co., 1867), 168。

81 鉴于希基声称自己已经印好了全部样张，而整份合同包括至少9张样张，每张样张包括2 135张纸，加上192张用于印刷库特的个人规定手册的纸，该项目总共将有 38 814 页（1 张纸等于 2 页）。NAI, Home Public, Body Sheet, Cons. 1793.07.26; NAI, Home Public, Body Sheet, Cons. 1793.02.01, O.C. 1793.01.09. 可能这次印刷工作的规模更大，因为它们被描述为“最初的”9 张样张。NAI, Home Public, Cons. 1788.08.22, O.C. 1788.07.24.

82 H. C. Wylly, *A Life of Lieutenant-General Sir Eyre Coote K. B.* (Oxford: Clarendon Press, 1922), 172; NAI, Home Public, O.C. 1795.02.25, No.22.

83 黑斯廷斯私人赞助了威尔金斯和哈尔海德，支付他们的和他们助手的薪水，并使他们成了公司的官方印刷商。孟加拉的第一位印刷商是希基还是威尔金斯还尚不确定。莫法赫哈尔·侯赛因·汗（Mofakhkhar Hussain Khan）认为，威尔金斯是从 1777 年 6 月开始从事印刷工作的。他引用的是哈尔海德和威尔金斯于 1785 年 1 月 14 日写给最高理事会的信：“自从总督在理事会上批准我们 3 万卢比的要求以来，已经过去了七年半的时间。”不过，这也可能意味着他们是在 1777 年 6 月提出了从事印刷工作的请求，又因为他们称大部分印刷工作是在雨季完成的，所以他们的《孟加拉语语法》（*A Grammar of the Bengali Language*）一书的大部分内容就是在 1778 年 6 月到 9 月间印刷的。无论是谁率先开始印刷的，他们开始的时间也只相差了几个月而已。1778 年 10 月 22 日，黑斯廷斯任命威尔金斯为“印刷厂厂长”，给予他月薪、办公费用和一艘在加尔各答和胡格利之间往返运送补给的船只。资料来自 Khan, *Printing in Bengali Characters*, 135 - 136。

84 Parkes and Merivale, Memoirs of Francis, 167 - 169; Peter James Marshall, *The Impeachment of Warren Hastings* (Oxford: Oxford University Press, 1965), 178.

85 NAI, Home Public, Cons. 1795.02.20, No. 18, 405 - 421; 希基付给他的员工每月 30 卢比到 100 卢比的薪水，另外还承担了住宿费用。希基的钱是向船长普莱斯（Captain Price）借的。根据希基的说法，他为印刷军规所制作的黄铜规尺、铁制品，还有其余的设备，都无法供任何其他印刷作业使用。资料来自 NAI, Home Public, Body Sheet, 1793.02.01, No. 28, O.C. 1793.01.09。

86 那些军官包括欧文上校（Colonels Owen）和摩根（Morgan）。资料来自 NAI, Home Public, Body Sheet, Cons. 1793.02.01, No. 28, O.C. 1793.01.09。

87　炮兵人数为2 438人。皮尔斯曾直接向最高理事会请求保留他的指挥权，但尽管如此，理事会还是命令他遵从指令，解散他的炮兵部队。Wylly, *Eyre Coote*, 174 – 176; Parkes and Merivale, *Francis Memoirs*, Vol. 2, 174 – 175.

88　HBG 1781.01.27, 2；希基也在一份请愿书中记录了这次谈话。NAI, Home Public, Body Sheet, Cons. 1793.02.01, No. 28, O.C. 1793.01.09.

89　希基印刷了5张样张，每张有2 135份。每张纸有2页，所以一共是21 350页，再加上库特的个人规定手册的384页。他撰写和修改了后面的3张样张，但军官们从未归还第6张和第7张样张。

90　NAI, Home Public, Body Sheet, Cons. 1788.08.22, No. 26, Kyd's statement on Hicky's petition.

91　具体来说，希基住在柯林迦·穆奇帕拉区的胡达·塔尔托拉（Hooda Taltolah）。资料来自 *Nair*, *Hicky and His Gazette*, 2 – 3。希基写道，德罗兹是在1月29日，他的第一期报纸出版的“几天”前拜访了他。资料来自 HBG 1780.11.11, 2 – 3。

92　*Nair*, *Hicky and his Gazette*, 2; Iqtidar Hussain Siddiqi, 'Islamic Learning and Intellectual Thought in the Sultanate of Delhi During the Lodi Period,' Indo-Iranica, 43 (1990): 11. (Taltola).

93　见 NAI, Home Public, O.C., No. 2, 1764.11.05, 692。

94　德罗兹的职业生涯从担任市政厅秘书开始，然后成为加尔各答警长，继而被任命为巴特那理事会的成员。资料来自 NAI, Home Public, O.C. 1772.02.06, 311 – 313; William Bolts, *Considerations on India affairs: particularly respecting the present state of Bengal and its dependencies* (London: J. Almon, 1772), 49 and Anand A. Yang, *The Limited Raj: Agrarian Relations in Colonial India, Saran District, 1793 – 1920* (Berkeley: University of California Press, 1989), 44。巴特那理事会因其黑暗的政治而臭名昭著。一次，他们敲诈一位名叫比比·苏坤（Bibi Sukun）的女子，声称她谋杀了自己的私生子。另一次，他们收受贿赂，支持了一位名叫诺德拉夫人（Nauderah Begum）的女子犯了伪造罪的说法，将她从自己的土地上驱逐出去。资料来自 Bishwa Nath Pandey, *The Introduction of English Law into India: The Career of Elijah Impey in Bengal, 1774 – 1783* (London: Asia Publishing House, 1967), 141。

95 HBG 1780.06.17, 1.

96 虽然《北不列颠人报》(*The North Briton*)上的文章是匿名发表的，但威尔克斯与其关系密切。资料来自 Cash, John Wilkes, 223 – 230。

97 H. E. Busteed, *Echoes from Old Calcutta, Being Chiefly Reminiscences from the Day of Warren Hastings, Francis, and Impey*, 2nd ed. (Calcutta: W. Thacker & Co, 1908), 182.

98 Margarita Barns, *The Indian Press: a history of the growth of public opinion in India*, (London: G. Allen & Unwin, 1940), 45; Norman Leslie Hallward, *William Bolts, a Dutch Adventurer Under John Company* (Cambridge: Cambridge University Press, 1920), 49. 波尔茨被驱逐到欧洲后，才兑现了他的威胁，他在 1772 年出版了一本名叫《印度事务思考》(*Considerations on India Affairs*)的书，他在书中指责东印度公司腐败猖獗。

99 似乎黑斯廷斯批准了希基发行报纸，尽管我找不到这份批准书。"总督已经批准希基先生发行一份周报，供定居点的人们娱乐。人们几乎让我相信，由于诸多原因，这份报纸在加尔各答这种地方永远不会成功。不过我们很快就会知道了。"资料来自 BL, Mss Eur E 9, f. 10, K. Lacam to Margaret Fowke, Undated 1779。另见 BL, Add MS 29148, f. 418, Pearse to Hastings, 1781.04.29。

100 Prospectus, date unknown, found in the University of Melbourne's copy of *Hicky's Bengal Gazette*.

101 HBG 1780.08.05, 2.

102 HBG 1780.11.11, 2.(大部分字迹模糊，位于左下方。)

103 基尔南德在 8 月 8 日与传教士同伴约翰·菲利普·法布里修斯(Johann Philipp Fabricius)、丹尼尔·泽格林(Daniel Zeglin)抵达库达洛尔。泽格林和法布里修斯在次月离开，前往特兰奎巴。资料来自 H. Sandegren, *Johann Zachariah Kiernander, The First Swedish Missionary in India*, trans. E. Wimmercranz (Madras: Missionary Society Press, 1928), 6; AFSt/M 2 K 10: 1a。

104 资料来自 AFSt/M 1 B 37: 32, Kiernander to Gotthilf August Francke, 1747.04.29; AFSt/M 2 K 12: 30, Kiernander to Gotthilf August Francke, 1745.01.14。基尔南德在他早期的职业生涯中曾多次感到绝望。某次，他写道：

“从欧洲获得补给之前，我们剩余的现金可能很难支撑我们的开销。我们将尽可能地节约，将剩下的交给天意。”资料来自 AFSt/M 2 L 2：1，Diary of Johann Ernst Geister and Kiernander，1741.01.18 to 1741.12.28，entry dated in February。

105 AFSt/M 2 E 47：7，Kiernander to David Brown，1788.04.21.

106 Sandegren，*Swedish Missionary*，2.

107 Andreas Gross，‘Some Aspects of English-Halle Mission in Cuddalore（1739－1829），’ in *Halle and the beginning of Protestant Christianity in India: The Danish-Halle and the English-Halle Mission*，Vol. 1（Halle：Franckesche Stiftungen，2006），386；AFSt/M 2 K 6：6，Gotthilf August Francke to Kiernander，1739.11.14；AFSt/M 2 K 6：10，Appointment from Christian VI，King of Denmark and Norway for Kiernander，1739.12.03.

108 AFSt/M 2 K 6：1，Jean Kiernander and Catharina Behm to Kiernander，1739.09.29；AFSt/M 2 K 6：2，Petrus Regneer to Kiernander，1739.09.29.

109 Derozario，*The Complete Monumental Register，Containing All the Epitaphs，Inscriptions*，*&c &c &c*（Calcutta：Paul Ferris，1815），109.

110 Gross，*Christianity in India*，Vol. 1，386－7.

111 许多学者都称，基尔南德是最早开始挨家挨户解释神学的人，但似乎盖斯特才是开始做这件事的人。1740 年 1 月 10 日（基尔南德抵达之前），盖斯特在他的日记中写道：“我发现自己在研究马拉巴语方面进步巨大。我决心前往海外，与那些当地人在户外交流。因此，今天我访问了这个地方的学校，询问……他们是否希望了解欧洲人的生活方式、习俗和宗教，他们可能会给我一个与他们交流的机会……我选择访问学校主要是出于这个原因，因为我知道，孩子们会告诉他们的父母和亲戚，学校里发生了一件多么特别的事，这样，我就能更快地被他们认识了。”资料来自 AFSt/M 2 L 1：2，Diary of Johann Ernst Geister and Kiernander，1740.01.01 to 1740.12.29。

112 Sandegren，*Swedish Missionary*，17－19.

113 AFSt/M 2 E 47：8，Kiernander to David Brown，1788.08.18；Johannes Ferdinand Fenger，*History of the Tranquebar mission worked out from the original papers*（Tranquebar：Evangelical Lutheran Press，1863），240－241.

114 以撒的家庭剥夺了他的继承权，他父亲在当年晚些时候去世时，他们也否认他的存在。资料来自 Sandegren, *Swedish Missionary*, 22 - 25。
115 AFSt/M 2 L 1: 2, Diary of Johann Ernst Geister and Kiernander, 1740.01.01 to 1740.12.29.
116 AFSt/M 2 E 47: 8, Kiernander to David Brown, 1788.08.18.
117 Ibid.
118 AFSt/M 2 G 16: 37, Johann Philipp Fabricius to Kiernander, 1745.12.23; AFSt/M 2 G 16: 55, Gotthilf August Francke to Friedrich Michael Ziegenhagen, 1747.01.12.
119 Erika Pabst, 'The Wives of Missionaries: Their Experiences in India,' in Andreas Gross, *Halle and the beginning of Protestant Christianity in India, Christian mission in the Indian context*, Vol. 2. (Halle: Franckesche Stiftungen, 2006), 693 - 694.
120 Gross, *Christianity in India*, Vol. 1, 386 - 7; Sandegren, *Swedish Missionary*, 14 - 15.
121 AFSt/M 1 B 36: 31, Kiernander to Gotthilf August Francke, 1747.01.18.
122 Derozario, *Monumental Register*, 109; AFSt/M 2 K 13: 34, Kiernander to Gotthilf August Francke, 1749.02.17; AFSt/M 2 K 13: 19, Kiernander to Gotthilf August Francke, 1749.10.26.
123 Furber, 'Asia and the West as Partners,' 715; Furber, *Rival Empires*, 289.
124 AFSt/M 1 B 59: 55, Johann Georg Knapp to Kiernander, 1771.01.26. 我很感谢安德鲁·宗德曼提供的这份参考资料。T. Fisher, 'Memoir of the Rev. John Zachariah Kiernander,' *The Gentleman's Magazine: And Historical Chronicle* (Dec. to June 1824), 105.
125 Gross, *Christianity in India*, Vol. 1, 391.
126 AFSt/M 2 E 47: 7, Kiernander to David Brown, 1788.04.21.
127 SPCK. MS E2/4, Journal of the Mission at Cuddalore by Kiernander and Hüttemann, Jul-Dec, 1757.
128 AFSt/M 2 E 47: 10, Kiernander to David Brown, 1789.11.12.
129 AFSt/M 1 H 4: 46, Kiernander to David Brown, 1780.10.16.
130 AFSt/M 2 E 47: 7, Kiernander to David Brown, 1788.04.21.

131 AFSt/M 1 B 75：42, Kiernander to Friedrich Wilhelm Pasche, 1784.12.10.

132 关于基尔南德抵达加尔各答的时间，有两种不同的说法。桑德格伦（Sandegren）在《瑞典传教士》（*Swedish Missionary*）第 34 页上称是 9 月 18 日，而德罗萨里奥（Derozerio）在《纪念册》（*Monumental Register*）第 110 页上说是 9 月 29 日，并认为基尔南德是在 9 月 11 日离开特兰奎巴的。

133 基尔南德似乎建起了孟加拉的第一个新教传教所，虽然促进会自 1700 年起就出现在了孟加拉地区，当时的成员已经开始在那里传教，并建起了一所教区图书馆。见 Abulfazal M. Fazle Kabir, 'English Libraries in Eighteenth-Century Bengal,' *The Journal of Library History* 14, No. 4 (Fall, 1979)：438 - 439。基尔南德随即花了 100 卢比找了一处住所，然后用剩下的 300 卢比付了一年的房租。AFSt/M 1 H 4：46, Kiernander to Society, 1780.10.16.

134 Fisher, 'Memoir of Kiernander,' 106; Derozario, *Monumental Register*, 111. AFSt/M 2 E 47：7, Kiernander to David Brown, 1788.04.21；下一任省督约翰·泽法尼亚·霍尔韦尔（John Zephaniah Holwell）把小礼拜堂还给了葡萄牙人，于是基尔南德回到了他的住所传教。资料来自 Sandegren, *Swedish Missionary*, 38。

135 AFSt/M 1 B 74：53, Kiernander to Hallings, 1783.10.27.

136 Gross, *Halle and the beginning of Protestant Christianity in India*, Vol. 3, *Communication between India and Europe* (Halle：Franckesche Stiftungen, 2006), 1508. Stephen Neill, *A History of Christianity in India: 1707 - 1858* (Cambridge：Cambridge University Press, 2002), 108.

137 John Carne, *Lives of Eminent Missionaries*, Vol. 1 (London：Fisher, Son & Jackson, 1832), 307; Parker, *A Sermon Preached in the Parish-church of Christ-church, London ...* (London：John Rivington Jr., printer to the SPCK, 1781), 93. 基尔南德让一位名叫亚伦·利维（Aaron Levi）的 28 岁犹太人皈依了基督教，之后他改名为约翰·查尔斯（John Charles），他来自土耳其的伊兹密尔。资料来自 AFSt/M1 B 56：40, Kiernander to Thomas Broughton, 1766.12.31。感谢安德鲁·宗德曼提供的这份参考资料。基尔南德也对另一位皈依者感到骄傲，皈依者名叫贡纳萨姆·达斯

(Gunnesam Das)，是一名来自德里的印度教徒，他在 15 岁的时候加入了英国军队，成了最高法院的一名波斯语口译员，并担任英庇的私人秘书（见 Impey, *Memoirs*, 237)，之后在 1770 年前往英国旅行。资料来自 Sandegren, *Swedish Missionary*, 51－52. Gross, *Christianity in India*, Vol. 1, 426－429; Derozario, *Monumental Register*, 111。

138 Robert Travers, 'Death and the Nabob: Imperialism and Commemoration in Eighteenth-Century India,' *Past & Present* 196 (Aug. 2007): 112; Peter James Marshall, 'British Society in India under the East India Company,' *Modern Asian Studies* 31, No. 1 (Feb. 1997): 104.

139 特兰奎巴传教所有六名传教士和当地的助理，相较之下，基尔南德的传教所没有得到支持。资料来自 Gross, *Christianity in India*, Vol. 1, 424。

140 温德尔·基尔南德（Wendela Kiernander）死于 1761 年 5 月 9 日。基尔南德在 1762 年 2 月 10 日与安·伍利（Ann Woolley）结婚。资料来自 Prabhakar, *Mission in the Past and Present*, 20－22; *Selections from the Calcutta Review*, Vol. 2, 514。基尔南德在 1764 年 10 月将儿子罗伯特和教子安德烈亚斯·穆斯（Andreas Moos）送往英格兰。资料来自 AFSt/M 1 B 53: 34, Kiernander to Friedrich Michael Ziegenhagen, 1764.10.14。

141 AFSt/M 2 E 47: 7, Kiernander to David Brown. 1788.04.21.

142 AFSt/M 2 H 4: 46, Kiernander to the Society, 1780.10.16.

143 AFSt/M 2 E 47: 7, Kiernander to David Brown. 1788.04.21.

144 加尔各答理事会于 1768 年 4 月 25 日将合同授予基尔南德。资料来自 Walter Kelley Firminger, 'Leaves from the Editor's Note Book,' *BP&P* 1, No. 1 (July－Dec. 1907): 74。医院总造价达 9.8 万卢比。公司的董事们后来因医院造价费用太高指责理事会。BL, IOR 354.541, Letter from the Court of Directors to the Calcutta Council, 1770.03.23, No. 169, 47.

145 根据基尔南德的说法，巴特那和穆尔希达巴德两座城市人口损失最严重。资料来自 SPCK. MS A33/5 (1770－1788), Indian Missions Committee Meeting, 1772.05.05。

146 Atis Dasgupta, 'Early Trends of Anti-Colonial Peasant Resistance in Bengal,' *Social Scientist* 14, No. 4 (Apr., 1986): 22.

147 BL, IOR/P/2/1: Bengal Proceedings, Cons. 1772.05.04.

148　基尔南德估计，他从自己的教堂搬了 300 莫恩德（maund，印度的一种重量单位。——译者注）的砖头到医院。1 莫恩德大约相当于 37 千克。关于莫恩德到千克的换算，见 Roy，*An Economic History of Early Modern India*，133。

149　BL，IOR/P/2/1：Bengal Proceedings，Cons. 1772.05.04；BL，IOR/P/1/51：Bengal Proceedings，Cons. 1772.04.23.

150　建设教堂的资金中只有 1 817 卢比来自捐赠。这里面包括船长约翰·格里芬 186 卢比的礼物，戈特利布·阿纳斯塔修斯·弗兰克（Gottleib Anastasius Francke）237 卢比的礼物，以及基尔南德在促进会里留下的 1 221 卢比。资料来自 AFSt/M 1 B 59：35f。感谢安德鲁·宗德曼提供的这份参考资料。1771 年基尔南德的教堂建好之后，他写信给促进会，声称他已经将教堂献给他们照看。尽管他是这么说的，但他从未将教堂的所有权转给促进会。资料来自 SPCK. MS A33/5（1770－1788），1771.11.26。

151　AFSt/M 2 B 3：24，Ground plan of the church Beth Tephilla Calcutta. 另一座有玻璃窗的建筑是黑斯廷斯的豪宅。资料来自 Wylly，*Eyre Coote*，157。基尔南德为自己的教堂取名叫 Beth Tephilla，在希伯来语中的意思是"祈祷之屋"，但这个名字从来没被使用过。英国人称之为"传教所教堂"（Mission Church），孟加拉人则因为颜色称它为"红教堂"（Lal Girja）。资料来自 Government of Bengal Public Works Department，*List of Ancient Monuments in the Presidency Division*（Calcutta：Bengal Secretariat Press，1896），20。

152　AFSt/M 1 B 59：55，Johann Georg Knapp to Kiernander. 1771.01.26. 感谢安德鲁·宗德曼提供的这份参考资料；AFSt/M 1 B 53：51，Gotthilf August Francke to Kiernander. 1764.06.23。

153　AFSt/M 2 E 47：11，Kiernander to David Brown. 1788.08.24.

154　Stanhope，Asiaticus，26.

155　AFSt/M 1 B 74：53，Kiernander to Michael Hallings，1783.10.27.

156　*Swedish Missionary*，62. 1773 年 7 月 7 日，基尔南德为他的学校打好了地基，他什么时候真正建好了学校则不得而知。SPCK. MS A33/5（1770－1788），see meetings on 1774.11.08，1774.11.15，and 1774.11.30；Gross，*Christianity in India*，Vol. 1，423；基尔南德称他的私人宅邸为贝斯·萨隆

(Beth Saron) 以及萨隆 · 格罗夫 (Saron Grove)。Kathleen Blechynden, *Calcutta Past and Present* (London: W. Thacker & Co., 1905), 80 - 82.

157 她们是他已故的妻子安 · 沃利 (Ann Wolley) 的奴隶克拉琳达 (Clarinda), 以及他已故的传教员马塞利诺 · 约瑟夫 · 拉玛赫特 (Marcellino Joseph Ramalhete) 的奴隶丽贝卡 (Rebekah)。见 Henry Barry Hyde, *Parochial Annals: Being a history of the Bengal ecclesiastical establishment of the Honourable East India Company in the 17th and 18th centuries* (Calcutta: Bengal Secretariat Book Depot, 1901), 156 and 'Burials in Calcutta,' *BP&P* 6, No. 2 (July-Dec 1910): 100。

158 基尔南德与希基谈过有关印刷历书的事情之后一段时间，他的儿子罗伯特购买了一台小型印刷机和一台老旧、破损的葡萄牙文排版机。大约同时，基尔南德和他的儿子宣传他们将自行印刷一本 1778 年的历书。而早在 1778 年 1 月 7 日之前，罗伯特就印刷了这部历书。目前不能确定，罗伯特 · 基尔南德从哪儿拿到了这台设备，他可能是从南印度的特兰奎巴要到的。见 Gerald Duverdier, 'Deux imprimeurs en proces a Calcutta: Hicky contre Kiernander,' *Moyen Orient & Ocean Indien* 2, (1985): 63。

159 AFSt/M 1 B 56: 40e, Kiernander to Thomas Broughton. Calcutta, 1766.12.31. 感谢安德鲁 · 宗德曼提供的这份参考资料。

160 基尔南德为迪莫的路费付了 400 帝国泰勒 (reichsthaler, 德国的银质泰勒钱币，最初发行于 1566 年。——译者注)。AFSt/M 1 B 74: 53, Kiernander to Michael Hallings, 1783.10.23. 另见 SPCK. MS A33/5 (1770 - 1788), 1770.08.14。

161 Society for the Promotion of Christian Knowledge, *An Account of the Society for Promoting Christian Knowledge* (London: J. and W. Oliver, Printers to the SPCK, 1774), 93 - 94.

162 AFSt/M 1 H 4: 46, Kiernander to the Society, 1780.10.16; SPCK. MS A33/5 (1770 - 1788), 1776.01.16.

163 AFSt/M 2 E 47: 13 K, Kiernander to David Brown, 1789.11.23.

164 迪莫不得不为自己寻找住所，因为直到 1777 年 3 月，基尔南德才完成了传教所里房屋的修缮。资料来自 AFSt/M 1 H 4: 46; AFSt/M 1 B 73: 40, Kiernander to Gottleib Anastasius Freylinghausen, 1783.05.23; AFSt/M

1 C 29b：90, Diemer to Johann Ludwig Schulze, 1788.10.28。感谢马库斯·博格的翻译。AFSt/M 1 B 74：53, Kiernander to Michael Hallings, 1783.10.27；AFSt/M 1 B 73：32, Kiernander to the Society, 1782.10.30.

165 迪莫频繁地前往塞兰坡（Serampore）和钦苏拉。资料来自 AFSt/M 1 B 68：52, Kiernander to Thomas Broughton, 1776.12.31；AFSt/M 1B 68：49, Kiernander to Thomas Broughton, 1776.10.14。

166 AFSt/M 1 B 68：48, Diemer to Thomas Broughton. 1776.12.19.

167 迪莫于 1777 年 1 月 24 日离开加尔各答，1 月 30 日又回到了加尔各答。资料来自 AFSt/M 1 B 73：40, Kiernander to Gottleib Anastasius Freylinghausen, 1783.03.25。基尔南德写道，迪莫试着强迫查尔斯·韦斯顿（Charles Weston）把已经承诺给他妻子的钱给他，但失败了。“这笔钱被对方拒绝了，因为它不是用作那个目的的，但他还是觉得自己可以强行促成这件事；他下定决心在 1777 年年初乘坐一艘丹麦的轮船离开。”资料来自 AFSt/M 1 H 4：46, Kiernander to the Society, 1780.10.16。

168 AFSt/M 1 H 4：46, Kiernander to the Society, 1780.10.16.

169 James Hough, *The history of Christianity in India from the Commencement of the Christian Era*, Vol. 4 (London：Church Missionary House, 1845), 34-35.

170 格里芬曾多次与公司发生过口角。有一次，董事们指责格里芬“严重失职”，因为他被发现故意在未经许可的情况下运输了三箱金银织物、纽扣和细线。直到 1765 年，格里芬一直指挥着“田凫号”（*Lapwing*），1765—1767 年，他指挥着“上将史蒂文斯号”（*Admiral Stevens*），而 1767 年以后，他负责指挥“上将沃特森号”（*Admiral Watson*）。资料来自 BL, E/4/617, 550；BL, E/4/618, 731；BL, E/4/619, 209。格里芬于 1770 年 5 月 28 日去世。资料来自 AFSt/M 1 B 60：25 Kiernander to Johann Georg Knapp, 1770.08.09。

171 AFSt/M 1 B 73：26, Kiernander to Pasche, 28.10.1782.

172 1777 年 3 月 29 日，基尔南德把管理学校的职权交给了迪莫。资料来自 AFSt/M 1 B 73：31, Kiernander to Michael Hallings, 1782.10.29, and AFSt/M 1 B 73：40, Kiernander to Gottleib Anastasius Freylinghausen, 1783.03.25；AFSt/M 1 H 4：47, Kiernander to Michael Hallings, 1780.11.28.

AFSt/M 1 B 70：52。

173 小镇慈善机构每个月付给主管 100 卢比的工资，以监督慈善机构的孩子的教育，另外还支付每个月 462 卢比的学杂费。一次内部审计之后，基尔南德向教会学校收取了 100 卢比的租金。资料来自 AFSt/M 1 B 73：40，Kiernander to Gottleib Anastasius Freylinghausen，1783. 03. 25；BL，IOR/P/2/22：Bengal Proceedings，Cons. 1778.01.19，No. 17－19。小镇慈善机构是公司 1757 年重新夺回加尔各答，并强迫加尔各答的穆斯林为孟加拉的纳瓦布洗劫该城赔款后成立的。这些赔款成了小镇慈善机构的资金基础，而富商的捐赠和公司牧师租给最高法院的一栋大楼的租金为其提供了补充。这栋大楼后来被用作了法院大楼。资料来自 Hough，Christianity in India，Vol. 4，37－38。

174 比如说，一位名叫约翰·梅特（John Mate）的教师为了更高的工资在 1765 年辞职，在公司做了文员。见 AFSt/M 1 B 55：22，Kiernander to Gotthilf August Francke，1765.12.31，AFSt/M 1 B 55：24，1766.02.15，and AFSt/M 1 B 59：35，1769.12.07；SPCK. MS B1/1776，83－84。

175 基尔南德在 1777 年 7 月 30 日提出了请求。理事会免除了其他宗教机构，比如亚美尼亚和葡萄牙教堂的税收。资料来自 BL，IOR/P/2/20：Bengal Proceedings，Cons. 1777.09.01，No. 15。

176 免除的税收是他教堂和墓地的“地租”和警察税，每年有 42 卢比 6 安那 4 派士。资料来自 BL，OIR，354.541，Letter from Supreme Council to Court of Directors，1777.11.21，No. 36，357。

177 BL，IOR/P/2/22：Bengal Proceedings，Cons. 1778.01.19，No. 17－19.

178 AFSt/M 1 H 4：37a，Kiernander to Diemer，1780.09.15.

179 AFSt/M 1 H 4：47，Kiernander to Hallings，1780.11.28.

180 AFSt/M 1 B 72：81，Diemer to Hallings，1780.12.01.

181 AFSt/M 1 B 69：55，Diemer，Gerlach and Kiernander to Michael Hallings，1779.02.16；AFSt/M 1 B 72：81，Diemer to Hallings，1780.12.01.

182 AFSt/M 1 B 73：40，Kiernander to Gottleib Anastasius Freylinghausen，1783.03.25.

183 George Robert Gleig，*Memoirs of the Life of the Right Hon. Warren Hastings，First Governor-General of Bengal，Compiled from original papers*，Vol. 2

(London: Richard Bentley, 1841), 139.

184 Alfred Mervyn Davies, *Strange Destiny: A Biography of Warren Hastings* (New York: Putnam, 1935), 11; Lyall, *Warren Hastings* (London: Macmillan & Co., 1894), 2.

185 Lyall. *Hastings*, 8.

186 George Robert Gleig, *Memoirs of the Life of the Right Hon. Warren Hastings, First Governor-General of Bengal, Compiled from original papers*, Vol. 1 (London: Richard Bentley, 1841), 37, 42-43.

187 Lyall, Hastings, 11, 23. 黑斯廷斯的太太玛丽・布坎南（Mary Buchanon）于1759年7月11日去世，葬于穆尔希达巴德英国公墓（Murshidabad British Cemetery）。资料来自 Fay, *Original Letters*, 231。

188 在上将查尔斯・威尔逊（Charles Wilson）拒绝在假合同上签字以后，克莱武伪造了他的签名。

189 贾法尔还任命克莱武为曼沙达尔（mansabdar，印度军事长官名称，开创于莫卧儿帝国时期。——译者注），让他负责管理6 000名步兵和5 000名骑兵。资料来自 Chatterjee, *Black Hole*, 42; George Bruce Malleson, *Lord Clive* (Oxford: Clarendon Press, 1898), 118。

190 Nitish K. Sengupta, *Land of Two Rivers: A History of Bengal from the Mahabharata to Mujib* (New Delhi: Penguin Books India, 2011), 173-185.

191 Nicholas B. Dirks, *The Scandal of Empire*, (Cambridge: Harvard University Press, 2006), 51. Sengupta, Land of Two Rivers, 173-195.

192 Hallward, *William Bolts A Dutch Adventurer*, 7-8; Lyall, *Warren Hastings*, 15-17; See also Hastings and Vansittart's letter to the Calcutta Council, reprinted in Parliament, House of Commons, 'Third Report on the East India Company,' *Reports from Committees of the House of Commons, Vol. 3: A Report from the Committee Appointed to Examine into the Several Facts and Circumstances Relative to the Late Obstructions To the Execution of the Orders of this House, Reported on the Thirtieth Day of April, 1771* (London: 1773), 340.

193 Parliament, House of Commons, 'Fourth Report on the East India Company,' Reports from Committees of the House of Commons, Vol. 3: A

Report from the Committee Appointed to Examine into the Several Facts and Circumstances Relative to the Late Obstructions To the Execution of the Orders of this House, Reported on the Thirtieth Day of April, 1771 (London: 1773), 486.

194 G. J. Bryant, *The Emergence of British Power in India, 1600 – 1784: A Grand Strategic Interpretation* (Woodbridge: Boydell & Brewer Ltd, 2013), 170.

195 1763 年 7 月 7 日，理事会对米尔·卡西姆宣战。资料来自 Henry Dodwell, *Dupleix and Clive: Beginning of Empire* (London: F. Cass and Co, 1967. Reprint, London: Routledge, 2013), 224 – 225。

196 Dirks, *Scandal of Empire*, 51.

197 Mary Evelyn Monckton Jones, *Warren Hastings in Bengal 1772 – 1774*, (Oxford: Clarendon Press, 1918), 228.

198 Marshall, *East India Fortunes*, 116 – 120.

199 Willem G. J. Kuiters, *The British in Bengal, 1756 – 1773: A Society in Transition Seen Through the Biography of a Rebel: William Bolts, 1739 – 1808* (Paris: Indes savantes, 2002), 83.

200 Jones, *Hastings in Bengal*, 102.

201 Penderel Moon, *Warren Hastings and British India* (London: Hodder & Stoughton, 1947), 59; Gleig, *Hastings' Memoirs*, Vol. 1, 135.

202 Henry Beveridge, *A Comprehensive History of India, Civil, Military and Social: From the First Landing of the English, to the Suppression of the Sepoy Revolt; Including an Outline of the Early History of Hindoostan, Vol. 2* (London: Blackie and Son, 1862), 302.

203 Lyall, *Warren Hastings*, 24.

204 Bryant, *British Power in India*, 224.

205 1772 年 4 月 28 日，黑斯廷斯正式成为总督。资料来自 Gleig, *Hastings' Memoirs*, Vol. 1, 176。

206 Abdul Majed Khan, *The Transition in Bengal, 1756 – 1775: A Study of Saiyid Muhammad Reza Khan* (Cambridge: Cambridge University Press, 2007), 217.

207 从 1754 年的 0.73 卢比/莫恩德到 1771 年的 3.33 卢比/莫恩德，加尔各答城内的米价上涨了三倍，而加尔各答城外的米价上涨了十倍。资料来自 Dasgupta and Chakraborti ‘Growth of Calcutta,’ 45。

208 Khan, *Saiyid Muhammad Reza Khan*, 218 - 220; See also Ainslie Thomas Embree, *Charles Grant and British Rule in India* (London: George Allen & Unwin, 1962), 36.

209 Report from Ujagger Mull, amil of Jessore. Jones, *Hastings in Bengal*, 91.

210 Jones, *Hastings in Bengal*, 92.

211 Dasgupta, ‘Peasant Resistance in Bengal,’ 22; Amartya Sen, *Poverty and Famines: An Essay on Entitlement and Deprivation* (Oxford: Oxford University Press, 1981), 39.

212 Jones, *Hastings in Bengal*, 63 - 64. Khan, *Saiyid Muhammad Reza Khan*, 221 - 223. 据报道，孟加拉纳瓦布的副迪万赛义德·雷扎·汗（Sayyid Reza Khan）曾将拖欠赋税的阿米尔人扔进一个粪坑里，以获得税款。更多例子，见 John R. McLane, *Land and Local Kingship in Eighteenth-Century Bengal* (Cambridge: Cambridge University Press, 2002), 61 - 95。

213 关于苦行僧-遁世者叛乱的详述，见 William R. Pinch, *Warrior Ascetics and Indian Empires* (Cambridge: Cambridge University Press, 2006)。

214 Jones, *Hastings in Bengal*, 257.

215 Ibid, 331.

216 黑斯廷斯使他的理事会掌控了中央民事法院和中央刑事法院，资料来自 Jones, *Hastings in Bengal*, 324。

217 虽然可以肯定黑斯廷斯赚的钱超过了他官方的工资，但蒙妮夫人送给黑斯廷斯的礼物是为数不多的证明黑斯廷斯在这一时期存在腐败的例证之一。根据 P.J.马歇尔的说法，黑斯廷斯在就任的前四年向英国汇出了 12.2 万英镑，而他的官方工资总额为 9.75 万英镑。即使黑斯廷斯把工资全部存起来，到 1776 年 1 月，他汇出的钱也比官方批准的收入多出 2.5 万英镑。资料来自 Marshall, *Impeachment of Warren Hastings*, 131, 145, 147。

218 Jones, *Hastings in Bengal*, 233 - 235.

219 黑斯廷斯签署的条约规定，库奇-比哈尔须支付公司干涉不丹事务的费用。甚至在条约签署前，黑斯廷斯就把公司的军队派出去了。1773 年 4

月 5 日签署的条约规定，库奇-比哈尔的王公达伦德拉·纳拉扬（Dharendra Narayan）将会支付公司出兵的费用，并将库奇-比哈尔年收入的一半交给公司。资料来自 Pinch, Warrior Ascetics and Indian Empires, 90-91; Jones, *Hastings in Bengal*, 212; Karma Phuntsho, 'The Opportunistic EIC,' *The History of Bhutan* (Noida: Random House India, 2013), unpaginated。

220 Sanjay Upadhya, Nepal and the Geo-Strategic Rivalry between China and India (New York: Routledge, 2012), 18.

221 Parliament, House of Commons, 'Fifth Report from the Committee of Secrecy,' *Reports from Committees of the House of Commons: Re-printed by Order of the House*, *Vol. 7*, *East Indies*, *Carnatic War*, *1781-1782*. 901-943. 根据条约的译者威廉·雷德菲恩（William Redfearn）的说法，波斯语原文"istesaul"曾被各种翻译成"消灭"（exterminate）或"暴力驱逐"（extirpate）。不过以波斯语写成的原始条约已经找不到了。C. Collin Davies, *Warren Hastings and Oudh* (Oxford University Press, 1939), 60 and J. Strachey, *Hastings and the Rohilla War* (Oxford: Clarendon Press, 1892), vii, 以上两本书都认为黑斯廷斯并没有消灭罗希拉人的意图，因此"暴力驱逐"（extirpate）这个翻译更好。

222 House of Commons, 'Fifth Report from the Committee of Secrecy,' 1015-1023.

223 Ibid, 882, 985-987, 1013-1018, 1031.

224 Nuwab Moost'ujab Khan Buhadoor, *The life of Hafiz ool-Moolk*, *Hafiz Rehmut Khan*, trans. Charles Elliott (London: Oriental Translation Fund, 1831), 110-117.

225 House of Commons, 'Fifth Report from the Committee of Secrecy,' 924.

226 Charles Hamilton, *An Historical Relation of the Origin*, *Progress and Final Dissolution of the Rohilla Afghans* (London: J. Debrett, 1783), 241; House of Commons, Fifth Report from the Committee of Secrecy, 924.

227 *The Origin and Authentic Narrative of the Present Maratha War*; *and also*, *the Late Rohilla War in 1773 and 1774* (London: J. Almon and J. Debrett, 1781), 6.

228 House of Commons, 'Fifth Report from the Committee of Secrecy,' 1061, 1067.

229 Ibid, 927.

230 Strachey, *Hastings and the Rohilla War*, 149. 黑斯廷斯拒绝了奖金，因为新出台的《管理法案》禁止任何礼物的收受，这使得士气更加低落了。资料来自 *India Courier Extraordinary* Vol. 2 (1786), 9 - 19, and *Appendix* Vol. 1 (1786), 1 - 3。

231 Gleig, *Hastings' Memoirs*, Vol. 1, 421; House of Commons, 'Fifth Report from the Committee of Secrecy,' 1005.

232 House of Commons, 'Fifth Report from the Committee of Secrecy,' 1031, 1041.

233 人们激烈地争论过这些罗希拉人的命运如何。有些人声称，罗希拉人被迫进入敌对领土，很可能因此灭亡了。资料来自 'Rohilla War,' *Authentic Narrative*, 12。还有人称，他们和平地通过了邻近的领土。比如查尔斯·汉密尔顿（Charles Hamilton），他写了本书为黑斯廷斯辩护。资料来自 Hamilton, *An Historical Relation*, 293 - 297。J. 斯特拉奇（J. Strachey）声称，大多数情况下，他们"没有受到骚扰，要么待在他们以前的家中，要么在兰普尔邦（Rampur State）定居了"。资料来自 Strachey, *Hastings and the Rohilla War*, 151。

234 Parkes and Merivale, *Francis Memoirs*, Vol. 2, 18.

235 Busteed, *Echoes*, 67.

236 H. V. Bowen, *Revenue and Reform: The Indian Problem in British Politics 1757 - 1773* (Cambridge: Cambridge University Press, 2002), 118 - 128, 153, 186.

237 弗朗西斯对黑斯廷斯发动罗希拉战争的动机一直存有疑虑。弗朗西斯在一份个人备忘录中写道："我们有理由相信，黑斯廷斯在没有充分考虑自身财富的情况下是不会去贝拿勒斯的，也不会采取如此危险和无理的措施，去消灭一个与公司结为联盟的国家。"资料来自 Parkes and Merivale, *Francis Memoirs*, Vol. 2, 49 - 51。

238 House of Commons, 'Fifth Report from the Committee of Secrecy,' 991.

239 Ibid, 1007. 黑斯廷斯对新成员如此反对这场战争惊讶不已。他认为这场战争明显对公司和大英帝国都有利。他写道："对我而言，这件事情的整个程序都弥漫着审讯的气息。"资料来自 House of Commons, 'Fifth Report from the Committee of Secrecy,' 986。

240 Sophia Weitzman, *Warren Hastings and Philip Francis* (Manchester University Press, 1929), 84.

241 Ibid, 74.

242 Ibid, 55.

243 Pandey, *Impey*, 51 - 59. 黑斯廷斯和南达·库马尔的敌意可追溯至 1758 年。当时，南达·库马尔取代黑斯廷斯，成为公司在布德万的收税员，这是个肥差。见 Gleig, *Hastings' Memoirs*, Vol. 1, 62 - 68。黑斯廷斯否认了有关腐败的指控，并和巴维尔一起走出了理事会，宣称它的会议是无效的。另见 James Fitzjames Stephen, *The Story of Nuncomar and the Impeachment of Sir Elijah Impey*, Vol. 1 (London: Macmillan and Co., 1885)。

244 黑斯廷斯在多大程度上参与了南达·库马尔的审判仍不得而知。但可以确定的是，他的助手乔治·范西塔特（George Vansittart）在收集证据和目击证人的时候，向黑斯廷斯密切通报了消息。资料来自 Lucy S. Sutherland, 'New Evidence on the NandaKuma Trial,' *The English Historical Review* 72, No. 284 (Jul., 1957): 438 - 465。

245 Weitzman, *Hastings and Francis*, 114 - 117.

246 Sailendra Nath Sen, *Anglo-Maratha Relations During the Administration of Warren Hastings, 1772 - 1785* (Calcutta: Firma K. L. Mukhopadhyay, 1961), 143 - 147.

247 BL, Mss EUR E 14, Francis to Andrew Ross, 1780.02.12., 362.

248 HBG 1781.04.21, 2. 另见 1781.06.09, 3。

249 因为截至 1780 年 8 月，《希基的孟加拉公报》仍是在加尔各答印刷的唯一一份报纸，所以费伊（Fay）写的"加尔各答的公报"一定指的是它。资料来自 Fay, *Letters*, 142. Eliza Fay to Unknown, 1780.08.31。

250 HBG 1780.04.22, 2.

251 墓地有 600 平方码（约合 501.7 平方米）这么大。HBG 1780.03.25, 2 Philantropos.

252 HBG 1780.05.06, 2 Publicus.

253 HBG 1780.04.08, 2 Homo.

254 Hill, *Women's History: Eighteenth-century Women: An Anthology*; Jones, *World and Word: Women in the Eighteenth Century: Constructions of Femininity.*

255 HBG 1781.10.20, 2.

256 HBG 1781.11.17, 2, quoting Thomas Pollen, *The Fatal Consequences of Adultery ... With a Defence of the Bill, Passed in the House of Lords in the Year 1771, Intitled 'An Act to Restrain Persons Who Shall Be Divorced for ... Adultery from Marrying,'* (London: Printed for and sold by the author, 1772).

257 Iona Italia, *The Rise of Literary Journalism in the Eighteenth Century: Anxious Employment* (New York: Routledge, 2005), 4.

258 HBG 1781.09.29, 1, Old Nell.

259 HBG 1782.02.02, 2－3, Bon Ton Intelligence. 希基手下最有前途的一位通讯员是一位名叫拉维妮娅·朗格什（Lavinia Languish）的女性。她保证，与《希基的孟加拉公报》中男人写的讽刺文章相比，她的文章同样妙趣横生，甚至更胜一筹。她写道："在众多将贵报提升至超越其他报刊的地位的通讯员中，我不记得看到过任何女性的身影……我不能忍受男人独享这一切。"在她发挥全部所长之前，希基的报纸就被关停了。资料来自 HBG 1782.03.02, 1, Lavina Languish。

260 她的原文是'झूठी बात'（音：Jhūṭhī bāta）,大概的意思是"谎言或无稽之谈"。

261 HBG 1781.08.04, 1－2, 一段非凡的逸事。

262 HBG 1780.05.27, 1; 1780.06.10, 1; 希基也讨论了食人虎的问题，包括在一个案例中，老虎吃掉了翻船的船员。资料来自 HBG 1780.04.01, 2; HBG 1780.03.18, 1。

263 事故发生在肖巴集市（Shobhabazar）。HBG 1780.06.10, 2.

264 Gilchrist and Williamson, East India Vadecum, 232－233.

265 HBG 1780.04.01, 1.

266 那场大火甚至烧到了希基的家。他写道："为了加剧印刷商的痛苦，它焚毁了他花园的小屋子，也烧毁了他的平房，连带里面的家具都付之一炬。”资料来自 HBG 1780.03.25, 2。

267 HBG 1780.04.01, 2.

268 HBG 1780.04.15, 1.

269 HBG 1780.04.15, Thomas Motte.

270 BL, IOR/P/2/37, Bengal Proceedings, Cons. 1780. 06. 26; Letter from Supreme Council to Company's Directors, 1780.11.29, No. 53, 54; Letter to Directors, 1781. 04. 30, No. 41, reprinted in *Fort William-India House Correspondence, and other Contemporary Papers Relating Thereto, 1777 - 1781*, Vol. 8, ed. Hira Lal Gupta (Delhi: National Archives of India, 1981), 520 and 540 respectively.

271 这个刊头首次出现于 HBG 1780.05.01, 1。“向所有派别开放，但不受任何派别的影响”一开始是 1771 年的《马萨诸塞侦查报》(*Massachusetts Spy*) 的广告口号，这份报纸支持北美殖民地从英国独立。华盛顿特区的新闻博物馆里展出了一份。1775 年，也就是美国独立战争的前一年，《弗吉尼亚公报》(*Virginia Gazette*) 也使用了这个口号。

272 有关希基的公报中从亲英角度看待美国的文章，见：比如 HBG 1780.07.08, 1; HBG 1780.07.15, 4, Bellario; and 1780.08.05, 2。

273 HBG 1780.04.01, 4. 这首诗首次刊登于 1778 年詹姆斯·芮文顿 (James Rivington) 的《皇家公报》(*Royal Gazette*)，资料来自 Edmund Clarence Steadman, *A Library of American Literature: Literature of the revolutionary period, 1765 - 1787*, Vol. 3 (New York: Charles L. Webster & Co., 1888), 353 - 354。

274 朗姆伯德在 4 月 9 日启程前往英格兰。资料来自 HBG 1780.04.29。

275 比如，攻占金德讷格尔的奖金于 1780 年 6 月 19 日给出。见 letter from Supreme Council to Company's Directors, 1780.11.29, No. 42, 转载于 *Fort William-India House Correspondence, 1777 - 1781*, Vol. 8, 518。

276 HBG 1780.06.24, 2, Phico Miles.

277 Callahan, *Army Reform*, 130 - 135.

278 HBG 1780.07.15, 3.

279 HBG 1780.06.10, 1.

280 Paul Cowan, Scottish Military Disasters (Glasgow: Neil Wilson Publishing,

2011), Chapter 14 (no pagination); HBG 1780.10.21, 2; 一位被关在班加罗尔（Bangalore）的英国军官写过一份战斗的记录，可在 HBG 1781.10.27, 1 上读到。关于整场战斗的记录，见 Alan Tritton, *When the Tiger Fought the Thistle: The Tragedy of Colonel William Baillie of the Madras Army* (New York: The Radcliffe Press, 2013), 238 - 270。

281 HBG 1780.10.07, 1; HBG 1781.04.07, 2.

282 HBG 1780.10.21, 2.

283 HBG 1780.12.02, 1.

284 与希基的叙述相比，《印度公报》将海德尔·阿里描绘成了魔鬼的化身。《印度公报》的一位撰稿人甚至将他称作“人形恶魔”，“贪婪地渴求邻居的血液和财富”之人，资料来自 IG 1781.01.06, 1 Pericles。

285 HBG 1780.12.02, 2。希基在 HBG 1780.12.16, 3 中刊登了围攻阿尔果德的记录。

286 Elijah Barwell Impey, *Memoirs of Sir Elijah Impey: Knt.*, *First Chief Justice of the Supreme Court of Judicature*, *at Fort William*, *Bengal*, *etc* (London: Simpkin, Marshall, and Co., 1846), 213.

287 估计有 20 万人无家可归。资料来自 William Hodges, *Travels in India during the years 1780*, *1781*, *1782 and 1783* (London: Printed for the author, 1783), 5 - 6。

288 HBG, 1780.08.26, 1.

289 为了防止囤积，马德拉斯理事会禁止任何人一次买超过一袋的大米。在 1780 年春季的时候，大米在马德拉斯的零售价为每莫恩德（37 千克）14—18 西卡卢比。到了 1781 年春末的时候，南印的米价是每莫恩德 120 帕贡达（1 帕贡达相当于 3.7 阿尔果德卢比［Arcot Rupees］，阿尔果德卢比的购买力要比西卡卢比稍微弱一点）。资料来自 HBG 1781.05.27; HBG 1781.06.09。

290 HBG 1781.05.05, 2.

291 HBG 1781.06.09, 2.

292 已知以下报纸和杂志转载或引用过希基的报道：*St James's Chronicle or the British Evening Post*, No. 3142 (London: 19 April 1781 - 21 April 1781): 1, *London Chronicle*, No. 3976 (London: 23 May 1782 - 25 May 1782),

London Courant and Westminster Chronicle (London: 20 April 1781), *The Whitehall Evening-Post*, No. 5463 (London: 1781. 04. 19): 3. and the *Providence Gazette; And country Journal*, Vol. 18, No. 916 (Providence, 1781.07.21): 3, 其中，"东印度新闻" 的版块中的内容提及了希基。

a. 希基的几篇文章曾被广泛转载过，比如他的 *Hicky's Bengal Gazette Extraordinary* for 6 August 1781，讲述了一场与蒂普苏丹（Tipu Sultan）的战役，可见于 *Public Advertiser* (London: May 24, 1782) and *The Remembrancer, Or Impartial Repository of Public Events, For the Year 1782* 14 (London: J. Debrett, 1782): 26。

b. 希基对贝利（Baillie）在波利卢尔的战败事迹的报道转载量最大（HBG 1780.10.07, 1, 'By the Nymph Sloop of War,'），可见于 *New-Jersey Gazette* Vol. 4, No. 190 (Trenton, 1781.08.15): 2, *The Lady's Magazine; or, Entertaining Companion for the Fair Sex, Appropriated Solely to their Use and Amusement* 12 (London: G. Robinson, April 1781): 221. *The Remembrancer; Or, Impartial Repository of Public Events. For the Year 1781* 11 (London: J. Almon and J. Debrett, 1780): 290 and *The New Annual Register, Or, General Repository of History, Politics, and Literature for the Year 1781* (London: G. Robinson, 1782): 41。

293 *Journal politique: ou Gazette des Gazettes* (April 1781): 55; *Mercure de France, 7 April 1781* (Paris: Chez Panckoucke): 2.

294 *Politisches journal: nebst Anzeige von gelehrten und andern Sachen Ersten Jahrgangs Erster Band Erstes bis 6tes Monats Stück 1781* (Hamburg: Gesellschaft von Gelehrten, 1781): 472–473.

295 AFSt/M 1 B 72: 81, Diemer to Hallings, 1780.12.01.

296 AFSt/M 1 B 71: 51, Kiernander and Gerlach, New School Advertisement, 1780.01.27.

297 AFSt/M 1 B 72: 81, Diemer to Hallings, 1780.12.01.

298 AFSt/M 1 B 73: 31, Kiernander to Michael Hallings, 1782.10.29.

299 AFSt/M 1 H 4: 36, Diemer to Kiernander, 1780.09.08.

300 AFSt/M 1 H 4: 37, Kiernander to Diemer, 1780.09.15.

301 Gleig, *Hastings' Memoirs*, Vol. 2, 330.

302 BL, Add MS 39878, f. 18.

303 John Stockdale, *Minutes of Warren Hastings and Philip Francis, Esquires* (London: John Stockdale, 1783), 7 - 11.

304 Sen, *Anglo-Maratha Relations*, 161 - 162.

305 Supreme Council, Secret Cons. 29 May 1780. No. 7; Supreme Council, 1780.06.20. Secret Cons reprinted in Parliament, 'Sixth Report from the Committee of Secrecy,' 901 - 912.

306 Sydney C. Grier, *The Letters of Warren Hastings to His Wife* (London: William Blackwood and Sons, 1905), 64.

307 黑斯廷斯和弗朗西斯对弗朗西斯说的话的回忆略有不同。我采用了弗朗西斯的回议，因为他是在同一天记下来的，而且这些是他自己的话。BL, MSS Eur E 23, f. 318; 关于黑斯廷斯的回忆，见 BL, Add MS 39878, f. 24。

308 Busteed, *Echoes*, 107.

309 理论上，如果黑斯廷斯杀了弗朗西斯，他无法免于因谋杀罪被起诉。最高法院早前就因为一个男子在决斗中杀死对手而起诉了他。关于雷克斯诉托马斯·弗里斯比·黑尔案（*Rex v. Thomas Frisby Hare*），见 Hyde, *Hyde's Notebooks*, 1780.06.28。

310 HBG 1780.07.15, 2; Busteed, *Echoes*, 109.

311 Fay, *Letters from India*, 142.

312 我根据以下三种说法重述了这场决斗：弗朗西斯的说法见 Parkes and Merivale, *Francis Memoirs*, Vol. 2, 198。黑斯廷斯的说法见 BL, Add MS 39878, f. 18 - 36, 部分转载于 George Nathaniel of Curzon, *British Government in India: the story of the Viceroys and Government Houses*, Vol. 2 (London: Cassell and Co., 1925), 153 - 154, and Moon, *Warren Hastings*, 247 - 248。皮尔斯的说法刊于 Samuel Parlby, 'Memoir of Colonel T. D. Pearse,' *The British Indian Military Repository*, No. 2 (Calcutta: Church Mission Press, July 1822): 164 - 169。三种说法有些许细微差别，但大体上一致。更多信息源自 Busteed, *Echoes*, 107 - 116。

313 比如，这种观点见 Seid Gholam Hossein Khan, *Sëir Mutaqharin; Or View of Modern Times: Being an History of India ...*, Vol. 2 (Calcutta: Printed for

the translator, 1789), 518。

314 Gleig, *Hastings' Memoirs*, Vol. 2, 330.

315 诺德拉夫人诉巴哈杜尔·贝格、卡齐·沙特、穆夫提巴拉克杜拉和穆夫提吴拉姆·麦克唐案（*Nauderah Begum v. Bahadur Beg, Qazi Saudi, Mufti Barracktoola, and Mufti Ghulam Mackdown*）通常被称为巴特那案，关于此案的更多信息，见 James Fitzjames Stephen, *The Story of Nuncomar and the Impeachment of Sir Elijah Impey*, Vol. 2 (London: Macmillan and Co., 1885), 163 - 198; Pandey, *Impey*, 131 - 147, and Thomas M. Curley, *Sir Robert Chambers Law, Literature, and Empire in the Age of Johnson* (Madison: University of Wisconsin Press, 1998), 278 - 288。

316 卡希纳持·巴布诉拉贾孙达尔·纳拉扬和东印度公司案（*Kashinath Babu v. Raja Sunder Narayan and the East India Company*）通常被称为卡希乔拉案（Kashijora Case），关于此案的更多信息，见 Stephen, *Nuncomar and Impey*, Vol. 2, 209 - 220; Pandey, *Impey*, 176 - 195, and Curley, *Chambers*, 298 - 305。以上两个案件，另见 *Report from the Committee to whom the petition of John Touchet and John Irving, agents for the British subjects residing in the provinces of Bengal, Bahar, and Orissa* ... (London: 1781)，被称为“图谢报告”（Touchet Report）。

317 黑斯廷斯在 1780 年 10 月 24 日就提出了工资，但一直等到弗朗西斯离开后才着手实施。黑斯廷斯于 1780 年 12 月 22 日给英庇发了工资。Stephen, *Nuncomar and Impey*, Vol. 2, 230.

318 投票双方是黑斯廷斯、库特与他们的反对者：弗朗西斯、惠勒。英庇在 10 月 19 日接受了对他的任命。见 BL, Mss Eur E 14, f. 381, Francis to George Shee, 1780.10.10。

319 BL, Add MS 16262 f. 35, f. 37, and f. 122. 特别是黑斯廷斯于 1780 年 11 月致英庇的信件 letter f. 35，说明了弗朗西斯的离开对英庇和黑斯廷斯的关系的重要性。黑斯廷斯写道：“亲爱的英庇先生，弗朗西斯先生来理事会了。我认为最好是保留你的文件，直到惠勒先生私下与你会面，或者等弗朗西斯先生永远地离开我们。我为威尔克斯准备了一个更好的职位，因此并没有提议他加入。沃伦·黑斯廷斯。”

320 黑斯廷斯于 1780 年 11 月 2 日任命莱德为贸易委员会成员。除了吃空饷以外，在 1781 年 7 月真正开始在委员会任职前，莱德已经领了九个多月的工资。BL, Mss Eur E 23, f. 342; NAI, Home Public, No. 63, O.C. 1783.12.18, and No. 16, O.C. 1781.07.16.

321 Impey, *Memoirs*, 215, 引自 1780 年 9 月 29 日黑斯廷斯给理事会的会议记录。

322 Ibid; Gleig, *Hastings' Memoirs*, Vol. 2, 38, 332.

323 Curley, *Chambers*, 327; Hyde, *Hyde's Notebooks*, 1784.12.24.

324 威廉·钱伯斯（William Chambers）在中央民事法院做波斯语翻译的工资是每年 900 英镑。Curley, Chambers, 196, 603 footnote No. 5.

325 Hyde, *Hyde's Notebooks*, 1780.12.21. 在该资料中，海德用速记的方式记录了黑斯廷斯试图通过中间人、警察局局长托马斯·莫特，暗中打探他是否愿意改变他在法庭上的行为。"莫特先生告诉我，总督黑斯廷斯先生派他来告诉我，有人代表拉玛纳兰（Ramnarain）提出了一份重要的申请。拉玛纳兰因密谋反对戈比·纳西尔（Gopee Nasir）被判罪，黑斯廷斯愿意让戈比做任何我和法庭认为合适的事情，他认为我应当在法庭认为合理的范围内对其从轻处罚。"海德固执地拒绝了。

326 希基向公众公布了梅辛克和里德的计划："加尔各答内的一些神秘而诡计多端的人正在为创办一份报纸准备材料。他们和他们的朋友已经私下里接触过希基先生报纸的订购者，要求他们不再订阅希基先生的报纸，转而订购自己的报纸。"HBG 1780.06.24.

327 维佩里（Vepery）的威廉姆·戴维·贝克（Wilhelm David Becker）曾制作过一份印刷机的复制品。贝克之后在 1780 年 10 月 25 日写信给戈特利布·阿纳斯塔修斯·弗赖林豪森说，他很快就会把它寄给基尔南德。Duverdier, 'Hicky contre Kiernander,' 65.

328 这次投票只有黑斯廷斯和惠勒在场，因此黑斯廷斯投了决定性的一票。最初的条款规定，《印度公报》的免邮资时长是六个月，但是最高理事会似乎准许这种优待至少持续到了 1782 年 3 月 11 日。那天，梅辛克曾写信说过条款失效了，要求恢复优待。但理事会对梅辛克的答复并没有记录。NAI, Home Public, Cons. 1780.10.09, No. 41. Reprinted in S. C. Sanial, 'More echoes from old Calcutta,' *Calcutta Keepsake*, ed. Alok Ray (Calcutta: Rddhi-India, 1978), 291 - 293.

329 梅辛克在1774年或1775年的时候抵达加尔各答。他的剧院开在莱昂街区内，离作家大厦很近。军队也赞助了他的剧院。黑斯廷斯的朋友吉尔伯特·艾隆塞德上校曾观看过梅辛克的喜剧，他写信给一个朋友说，他“将倾尽一切为这个年轻人的未来铺路”。Derek Forbes, ‘Our Theatrical Attempts in This Distant Quarter: The British Stage in Eighteenth Century Calcutta,’ *Theatre Notebook* 61, No. 2 (January 2007): 67-68.

330 1768年到1780年，私营商贩是可以贩盐的。Roy Moxham, ‘Salt Starvation in British India: Consequences of High Salt Taxation in Bengal Presidency, 1765 to 1878,’ *Economic and Political Weekly* 36, No. 25 (Jun. 23-29, 2001): 2270.

331 见 *William Bolts v. Peter Reed*, 1771.10.22 and *Thomas Gibson v. Peter Reed*, 1771.10.22, High Court of Calcutta, Mayor's Court archives; NAI, Home Public, Cons. 1770.02.13, No. 1b and No. 4; NAI, Home Public, Cons. 1770.01.23, No. 6; NAI, Home Public, Cons. 1771.04.16, No. 1a。

332 HBG 1781.05.05, 2-3.

333 威尔德莫后来重新思考了一下自己殴打语言教师的事情，意识到“我雇他是让他说波斯语的，而不是让他说英语的”。IG 1780.12.23, 1 and 1780.12.30, 1 Hy. Wildmore.

334 IG 1781.03.17, 1 Harry Bawberry.

335 IG 1780.12.02, 1.

336 IG 1780.12.09, 1; IG 1781.01.20, 1 W. Friendly.

337 IG 1781.02.17, 1 Censor.

338 IG 1781.03.03, 1 Dick Wingate. 梅辛克和里德发表了另一篇文章，盛赞加尔各答“那些美好的旧日欢乐时光……那时候整个社会圈子都局限在旧堡附近；而我们的夜间娱乐活动……是玩牌和西洋双陆棋、嚼槟榔和抽方头雪茄”。IG 1781.02.24, 1 An Old Country Captain.

339 IG 1780.12.30, 2.

340 比如，见 IG 1780.12.16, 2 Rejection of Plain Truth。

341 关于他们观点类文章的例子，见 IG 1781.08, 18 Philantropos, IG 1780.12.09, 2 Sam Smack and IG 1781.06.23 Publicus。

342 相比之下，只有警方和最高理事会两个实体公司在邮政禁令颁布以后，继续在《希基的孟加拉公报》上做广告。警方做广告是为了抓通缉犯，而理事会则刊登公告，称他们正在驱逐所有的法国人，会将所有不参军的欧洲流浪汉作为囚犯送往英国。HBG 1780.12.30, 2.

343 比如，见 IG 1780.12.30, 4; IG 1781.03.17, 4; and IG 1781.03.24, 4。

344 见 IG 1780.12.23, 4; IG 1781.01.13, 4; IG 1781.02.10, 4; IG 1781.02.17, 4; and IG 1781.02.24, 4。

345 比如，在黑斯廷斯已知的21.8万英镑的汇款总额中，有69 466英镑是他以钻石的形式送回去的。Peter James Marshall, 'The Personal Fortune of Warren Hastings,' *The Economic History Review*, *New Series* 17, No. 2 (1964): 288.

346 见 IG 1780.12.12 Pericles; IG 1781.02.10 A Friend to Magna Charta; IG 1781.02.24 Anti Pasquin; IG 1781.06.09, 1 J. L.; IG 1781.06.30 Amicus。

347 IG 1780.12.02, 1 - 2 Pericles.

348 IG 1781.02.10, 1 A Friend to Magna Charta.

349 Ibid.

350 IG 1782.03.23, 1 Logan.

351 HBG 1780.11.04, 3.

352 HBG 1781.11.11, 3. 希基后来写道："看这种命令的趋势，它是有可能成功的。"这种做法有可能将他的订户吸引过去，因此他决定为他的订户支付邮费来和他们抗衡，让他的报纸"与《印度公报》处于同一起跑线上"。资料来自 HBG 1781.05.05, 2。

353 见 HBG 1780.11.11, 2。

354 希基将大部分责任归咎于德罗兹，因为德罗兹胁迫梅辛克和里德印刷报纸，他转载了一位朋友与梅辛克的谈话，这是一份二手的资料。资料来自 HBG 1781.11.11, 2。

355 HBG 1781.11.11, 2.

356 HBG 1780.11.18, 2. 理事会写道，他们"相当不赞成"希基"缺乏教养的攻击"。关于进一步的行动，他们建议德罗兹向"适当且合法的权威机构"提出自己的要求，也许他们指的是最高法院。这项政令是在11月13日委员会开会的时候通过的，但它是在11月23日的商讨会中被写就的。NAI, Home Public, Body Sheet, Cons. 1780.11.23, No. 1a. 英庇写道，黑斯廷斯筹备并执行了这一政令。资料来自 BL, Add MS 16260,

f. 81。

357 HBG 1780.11.18, 1. 最初刊于 *London Magazine*, *Or*, *Gentleman's Monthly Intelligencer* 48 (Jan. 1779): 24－26。

358 HBG 1780.11.18. 希基的说法似乎比较乐观。之后他报告说，这项禁令让他每个月损失了 1 000 卢比。HBG 1781.05.05, 2－3. 尽管他的报纸很受欢迎，但在报纸发行的头十个月里，希基从他的公报里赚得的利润不足 2 000 卢比，许多人都拖欠了订阅费。他写道："每个务实的人都会认为，在这个时候，他的事业一定十分窘迫。" HBG 1780.11.04. 尽管如此，希基的公报似乎还是有利可图的。他每个月大概印刷四期报纸，按照每期报纸一卢比的利润来计算，希基声称一个月可以赚到 2 000 卢比，或者说每年可以赚 2 400 英镑。相比之下，上一代的著名英国出版商塞缪尔·理查德森（Samuel Richardson）在收益最好的年份里也就赚到了 600 英镑。资料来自 John Brewer, *The pleasures of the imagination: English culture in the eighteenth century* (London: Routledge, 2013), 111。

359 HBG 1780.12.09, 3.

360 HBG 1780.12.09, 3.

361 HBG 1780.11.18, 3, Many Subscribers.

362 HBG 1780.11.18, 2－3.

363 HBG 1780.11.18, Genuine Effusions.

364 HBG 1780.11.25, 2, 'A Friend to good Men.'

365 HBG 1780.11.18, 2.

366 HBG 1780.11.25, 2. 我对希基的社论做了格式上的调整，让它对现代读者来说更具可读性。

367 HBG 1780.11.25, 3.

368 Hyde, *Hyde's Notebooks*, 1780.11.23.

369 在理事会禁止他邮递报纸前，希基只刊登了十四篇观点文章。其中五篇谈论了穷人或下级军官，两篇谈论了腐败，仅有一篇谈论了新闻自由，那一篇还是转载的查尔斯·福克斯（Charles Fox）在议会支持威尔克斯的演讲。没有一篇文章讨论过暴政或压迫。但在他们发布政令之后，在相同的刊数里，希基刊发了 141 篇观点文章。其中，44 篇讨论了暴政，22 篇提及腐败，21 篇讨论了新闻自由，还有 11 篇讨论了穷人和下级军官的问题。

370 提笔写到这些理想的人并不只有希基。比如，见美国独立战争期间宣传册上激烈的争论。Gordon S. Wood, *The American Revolution: Writings from the Pamphlet Debate 1773 – 1776* (New York: Library of America, 2015).

371 比如，坎贝尔上校和在他之前的首席工程师利用印度人作为代理人，给自己开合同，而他们工作的实际价值仅占合同总价值的三分之一。他们还给自己的工作和账目开合格证明。Hyde, *Hyde's Notebooks*, 1778.02.17.

372 Marshall, *Impeachment of Warren Hastings*, 166. 尽管黑斯廷斯不遵守规定，董事们还是在 1770 年 3 月 23 日下令，合同必须签给外部承包商，而不是公司职员，而且必须签给出价最低的投标人。《管理法案》让董事们的命令具有了法律上的约束力。The Regulating Act (13 G. 3. C. 63, Section 9.) Reprinted in *The Statutes, Second Revised Edition: From the Twentieth Year of the Reign of Henry III ... to the Second Session of the Sixty-Fourth Year of Queen Victoria*, Vol. 2 (London: Stationery office, 1889), 430.

373 HBG 1781.03.10, 2 Crito.

374 他不顾弗朗西斯和惠勒的反对，在 1779 年 8 月做了这件事。Parliament, House of Commons, 'Ninth Report from the Select Committee,' 442. *Reports from committees of the House of Commons: which have been printed by order of the House, and are not inserted in the journals; reprinted by order of the House*, Vol. 6, *East Indies – 1783* (London: 1806). 谁是克罗夫茨真正的朋友则不为人知。'The Letters of Richard Barwell – XIV,' *BP&P* 16, No. 31 (1918): 82.

375 HBG 1781.03.10, 2 Crito.

376 HBG 1781.08.25.3, Daran Ghur.

377 希基通讯员的估计是 125 000 英镑。我的换算是，在 1779 年，一个西卡卢比约合 2 先令，1 英镑也就相当于 8.62 个西卡卢比。HBG 1781.08.25.3, Daran Ghur, and HBG 1781.03.10. 关于换算，见 *Fort William-India House correspondence and other contemporary papers relating thereto Vol. 9 1782 – 1785*, eds. K. D. Bhargava, B. A. Saletore (Delhi: National Archives of India, 1959), 341. 根据旧合同，公司每月为每头公牛花费 2.9—5 卢比，共 3 053 只公牛（平均一年花费 177 883.5 卢比），每年为每个欧洲

士兵的伙食费支出 60 卢比（3 547 名欧洲士兵平均一年的伙食费是 212 820 卢比）。根据新合同，公司每月将为 6 700 头公牛中的每头牛向克罗夫茨支付 8—12 卢比（平均每年支付 703 548 卢比），每年每个士兵的伙食费开销为 77. 15. 6 卢比（每年共计 292 626 卢比）。Parliament, 'Ninth Report from the Select Committee,' 437 – 453. 1780 年，黑斯廷斯将合同从克罗夫茨的手上转到了约翰·弗格森（John Fergusson）的手上，不过只是变了名字，因为弗格森和克罗夫茨是同一家公司的合伙人。1775 年，当时的环境没那么有利于赚钱，但承包商写道，他还是在三个月内赚了 43 901 卢比。Marshall, *Impeachment of Warren Hastings*, 165, 174.

378 1778 年 2 月 13 日，（不顾弗朗西斯的反对，）黑斯廷斯和巴维尔将合同交给了弗雷泽。这份合同第一年值 120 000 卢比，接下来的四年，每年值 80 000 卢比。布德万的拉纳官员之前在维修过河堤。弗雷泽在堤坝维修或工程施工方面毫无经验，他马上将他的合同分包了出去，似乎也没有访问过布德万，事实上，尽管他是官方承包商，但他在合同履行的中期就离开了印度。*An Authentic Copy of the Correspondence in India: Between the Country Powers and the Honourable the East India Company's Servants … which Were Laid Before Parliament in the Session of 1786*, Vol. 6 (London: J. Debrett, 1787), 75 – 76. BL, IOR/P/2/54, Bengal Proceedings, Cons. 1782.08.19, No. 16 – 19.

379 HBG 1781.04.14, 2, Philanthropos.

380 希基不无讽刺地声言，英庇的新职位是“莫卧儿帝国对他长期、忠诚、无私服务”的奖赏。HBG 1781.03.17, 2.

381 HBG 1781.05.26, 4, Urbanus.

382 令希基的撰稿人沮丧的是，在加尔各答，很少有人像他们一样对英庇的任命感到愤怒。“如果你的朋友河堤大人被准许公然违反宪章的一项法案，接受一份来自公司的额外薪酬，”有一人写道，“就没有人有决心去揭露这种行为吗?”HBG 1781.06.09, 2.

383 BL, IOR/P/2/37, Bengal Proceedings, Cons. 1780. 06. 26; Letter from Supreme Council to Company's directors, 1780.11.29, No. 53, 54; Letter to Directors, 1781. 04. 30, No. 41, reprinted in Fort William-India House

Correspondence, 1777 – 1781, Vol. 8, 520 and 540 respectively. 似乎税收的结果低于预期。英庇写道，筹措的总额“不会达到 140 000 卢比……这还不够提议的金额”，而且“毫无疑问，该条例所筹集的金额被夸大了”。BL, Add MS 16260 f. 50.

384 附则的反对者认为，这是没有代表的非法收税。欧洲人在和谐之家酒馆集会，起草了两份请愿书。一份请愿书说，允许警察对那些支付不起税款的人进行肉体惩戒或监禁是不公正的。另一份请愿书则要求更多警官来监督征税。印度商人起草了他们自己的请愿书，抗议说如果警察拆掉了所有的草屋，那么穷人将被迫离开城市，而且建造砖筒仓的成本过高，许多商人将不得不停业。BL, IOR/P/2/40: Bengal Proceedings, Cons. No. 2 – 5, 1780.11.23.

385 最高理事会于 1778 年任命钱伯斯为警长。1783 年 5 月，他辞去了这一职务。附则改变了钱伯斯的任命条件，让他为自己发工资，而在此之前，警长的职位一直是个无偿的志愿位子。最高法院在 10 月和 11 月审议了该附则，然后法官们通过了它。Hyde, *Hyde's Notebooks*, 1780.10.23, 1780.11.23, 1781.01.11, and 1781.04.02.

386 HBG 1781.04.07, 2 – 3, Anti Poolbundy.

387 HBG 1781.03.17, 1, An Enemy to Bribery.

388 HBG 1781.05.19, 2, Caledoneus.

389 HBG 1781.04.21, 3, Hicky.

390 Ibid.

391 希基的通讯员“大宪章”在日本写了虚构的报道，虚构了一个残暴、渴望权力的暴君统治着那里。在那片遥远的土地上，暴君通过任命“工具人和佞臣”来获得所有重要职位的控制权。暴君和他的亲信侵吞了国家的巨额财富，他们掌管着一个以“赤裸裸的腐败”“公共掠夺”以及“非法征税”为特点的政权。这一点与孟加拉地区的情况非常类似。见 HBG 1781.01.27, 1 – 2; HBG 1781.02.10, 3; HBG. 02.17, 1。

392 HBG 1781.03.03, 2.

393 BL, Add MS 29147, f. 316, Pearse to Hastings, 1781.02.04.

394 1779 年 10 月 7 日，慕达吉·邦斯勒派儿子齐姆纳吉前往孟加拉南部边境的库塔克。他们于 1780 年 5 月抵达库塔克。10 月，黑斯廷斯提出结盟，暗地里给齐姆纳吉送去 30 万卢比，并承诺再送 130 万卢比。这笔钱于 1780 年 12 月 28 日送到了齐姆纳吉的军队。HBG 1781.01.27, 1 Plain Truth.

395 BL, Add MS 29147, f. 235, Hastings to Pearse, 1781.01.29.

396 BL, Add MS 29147, f. 253, Pearse to Hastings, 1781.01.30.

397 BL, Add MS 29147, f. 294, Pearse to Hastings, 1781.02.03.

398 'A Memoir of Colonel Thomas Deane Pearse of the Bengal Artillery: Part 2,' *BP&P* 3, No. 7 (Jan.-Mar. 1909): 68, 70-71; NAI, Home Public, Cons. 1781.02.08, No. 18.

399 BL, Add MS 29147, f. 316, Pearse to Hastings, 1781.02.04.

400 皮尔斯有一个叫默尔蒂（Murtee）的印度教情妇，还有一个叫普娜·普瑞（Punna Purree）的穆斯林妻子。关于普娜·普瑞——皮尔斯儿子汤米的母亲——的更多信息，见 Durba Ghosh, *Sex and the Family in Colonial India: The Making of Empire* (Cambridge: Cambridge University Press, 2006), 107 and William Dalrymple, *White Mughals: Love and Betrayal in Eighteenth-Century India* (New York: Penguin, 2004), 295-296。

401 HBG 1781.01.13, 2.

402 HBG 1787.05.05, 2.

403 希基暗示，在公司的库房因战争开支变得空空如也的时候炫富，这种行为十分冷漠。他写道："想想吧，在这样一个时代，全面战争的重手狠狠地压在国家的身上……他正在从这个虚弱不堪的国家的命脉上榨取资源。" HBG 1781.02.10, 3.

404 HBG 1781.01.27, 2.

405 HBG 1781.04.07, 3.

406 Ibid.

407 比如，见 HBG 1781.05.05, 2。

408 见 HBG 1780.12.16, 3 Intelligence from the Coast; HBG 1781.05.19, 1, Crito。

409 HBG 1781.02.17, 2.

410 HBG 1781.02.03, 2.

411 HBG 1781.06.16, 3, Letter dated Peddapore, 11 May 1781.皮尔斯对这些货物的估值为15 000卢比，声称接受这些礼物他是亏本的。皮尔斯在给黑斯廷斯的信中说："要是我收钱的话……它们大概值15 000卢比，但大象和其他这些礼物，你知道它们的实际价值，还有保管它们的花费。" Parlby, 'Memoir of Colonel T. D. Pearse,' 247 - 248.

412 HBG 1781.06.16, 3, Letter dated Peddapore, 11 May 1781.

413 HBG 1781.02.17, 2.

414 米尔扎·纳杰夫·汗是一位来自波斯的什叶派教徒，他是沙·阿拉姆（Shah Alam）的最高统帅。关于纳杰夫·汗的更多信息，见 Julia Keay, *Farzana: The Woman Who Saved an Empire* (London: I. B. Tauris, 2014), 110。

415 最高理事会后来发布命令，于1781年4月2日将瓜廖尔交给查塔尔·辛格（Chhatar Singh）。Sen, *Anglo-Maratha Relations*, 192.

416 HBG 1781.02.03, 3. सौदागर（Saudagar）在印地语和马拉塔语里的意思是商人。

417 见 letters from Thomas Calvert to John Peiarce, Collector of Midnapore, 11 March 1781, D. Anderson to Major Allan Macpherson, 16 March 1781, and Allan Macpherson to John Peiarce, 20 March 1781。*West Bengal District Records, New Series: Midnapore: letters received, 1777 - 1800*, eds. J. C. Sengupta and Sanat Kumar Bose (Kolkata: Sree Saraswaty Press, 1962), 63 - 65.

418 HBG 1781.03.17, 2, Extract of a Letter from Midnapore.

419 HBG 1781.04.28, 3.

420 HBG 1781.03.24, 2. 我认为，这封信是公司在巴特那的理事会成员威廉·杨写的。希基表示，杨是他的通讯员之一，正因为杨，他才因诽谤罪被起诉。此外，在阅读了保存在英国国家图书馆和其他地方的杨的信件之后，我主观上认为那些信的写作风格显然与这封信十分相似。见 Shaw, 'A Letter from James Augustus Hicky,' 395 - 397。

421 此条约于4月6日签署，公司为此支付了130万卢比。公司在10月已经付了30万卢比，还有100万卢比是贷给齐姆纳吉的。James Talboys Wheeler, *Summary of Affairs of the Mahratta States, 1627 to 1856* (Calcutta:

Office of the Superintendant of Government Printing, 1878), 347 - 349.
422 HBG 1781.04.07, 3.
423 BL, Add MS 29148, f. 179 - 185, Pearse to Hastings, 1781.03.25.
424 BL, Add MS 29147, f. 366, Pearse to Hastings, 1781.02.10.
425 BL, Add MS 29148, f. 140 - 141, Pearse to Hastings, 1781.03.18, from Ganjam. 皮尔斯还间接地提到了黑斯廷斯的敌人在 2 月 13 日成立的影子政府。“他们竟然敢以您描述的方式行事，的确是些卑鄙小人，不过我知道加尔各答有这样的人……我知道您和我一样从内心深处鄙视他们。” BL, Add MS 29148, f. 179 - 185, Pearse to Hastings, 1781.03.25. 黑斯廷斯在另一封信里提了阴谋者的名字：乔治·利维乌斯（George Livius）、默里、杰勒德·杜卡雷尔，说他们的计划是“改革政府……他们试图说服惠勒先生，说我采取的政策一定会招致毁灭，除了召回卡纳克和皮尔斯，以及向马拉塔人议和以外，别无他法。” Gleig, *Hastings' Memoirs*, Vol. 2, 384. 留存下来的《希基的孟加拉公报》其中的一份就来自利维乌斯。见 HBG 1781.03.17, 1. University of Heidelberg version。
426 Ibid.
427 BL, Add MS 29148, f. 223.
428 Parlby, ‘Memoir of Colonel T. D. Pearse,’ 212 - 213.
429 BL, Add MS 29148, f. 169, Pearse to Hastings, 1781.03.23.
430 皮尔斯出发的时候有 4 860 个人，到 4 月 5 日的时候只剩下 3 955 人了。‘Memoir of Colonel T. D. Pearse,’ 226.
431 BL, Add MS 29148, f. 179 - 185, Pearse to Hastings, 1781.03.25.
432 Ibid, f. 418, Pearse to Hastings, 1781.04.29.
433 AFSt/M 1 B 73: 31, Kiernander to Hallings, 1782.10.29.
434 基尔南德在《印度公报》上发了广告。见 IG 1781.01.13, 3 and 1781.01.20, 4。
435 《印度公报》在下周发表了反驳文章，文章指出，基尔南德把字模借给了他们，但不知道他们为什么需要这些字模。梅辛克还说，基尔南德后来将贷款转为了礼物。但希基对此表示怀疑。希基写道：“镇子上的每个人都知道这项提议……难道说定居点里的所有人中，唯独基尔南德先生对此毫不知情?” IG 1781.04.07, 3; HBG 1781.04.21, 3.

436 Capias 意为拘捕令。

437 HBG 1781.03.31, 1-2. 希基改写和引用了《圣经·约伯记》15:6,《圣经·马太福音》7:15,《圣经·腓立比书》3:19,《圣经·马太福音》18:7,《圣经·撒母耳记(下)》12:7 中的句子。

438 HBG 1781.03.31, 1-2.

439 AFSt/M 1 B 74: 53, Kiernander to Hallings, 1783.10.27.

440 AFSt/M 1 B 73: 31, Kiernander to Hallings, 1782.10.29.

441 基尔南德马上怀疑希基的文章背后是迪莫。基尔南德联系了塞兰坡的首席代理,后者告诉他,一个德国人把这篇文章给了一个叫沃茨的人。"[在塞兰坡,]众所周知,这个德国人不是别人,正是迪莫。"基尔南德写道。AFSt/M 1 B 73: 31, Kiernander to Hallings, 1782.10.29.

442 AFSt/M 1 B 73: 40, Kiernander to Freylinghausen, 1783.03.25.

443 AFSt/M 1 B 72: 87, Kiernander to Pasche, 1781.05.02.

444 William Vincent, *A Sermon Preached in the Cathedral Church of St Paul, London: On Thursday, June the 10th, 1784 etc* (London: John Rivington, Printer to the Society, 1784), 89; AFSt/M 1 B 72: 85, Kiernander to Freylinghausen, 1781.04.05.

445 AFSt/M 1 B 72: 87, Kiernander to Pasche, 1781.05.02.

446 HBG 1781.05.05, 3.

447 Vincent, *Account of the SPCK*, 91.

448 Hugh Pearson, *Memoirs of the life and correspondence of the Reverend Christian Frederick Swartz, to which is prefixed a Sketch of the history of Christianity in India* (Philadelphia: Perkins, Marvin, & Co., 1835), 224.

449 John Zachariah Kiernander, *The Tryal and Conviction of James Augustus Hicky, Printer of the Bengal Gazette before the Supreme Court of Judicature at Calcutta in Bengal* (Calcutta: Office of the Mission, 1782), Kiernander's testimony (no pagination).

450 HBG 1781.04.14, 3, Hicky.

451 "为了切割、处理和治疗他背部的脓肿。" High Court of Calcutta, Archires, *James Augustus Hicky v. Frederick Charles*, 1773.06.24.

452 HBG 1781.04.14, 3, Hicky.

453 Ibid. 希基借用了以下文章中的语句：'Editor's Remarks,' *An English Green Box* (*London*: *Printed for G. Kearsly*, 1779), 79。

454 HBG 1781.04.28, 1-2, Cassius.

455 1766年，孟加拉的下级军官也曾为了更好的薪酬和晋升机会而发动兵变。Tritton, *When the Tiger Fought the Thistle*, 73; Callahan, *Army Reform*, xi-xii. 印度士兵起义可能会造成极端混乱，就像著名的1857年起义那样，当时印度士兵几乎推翻了英国在印度的整个政府。

456 维萨卡帕特南发动兵变的人后来释放了一名关在监狱里的军官，并在他的带领下向乡村进发。显然他们走散了，因为我找不到他们更多的记录了。BL, P/A/56: Secret Cons., 1780.10.26, No. 8-17; BL, MS Eur E 23, p. 333.

457 HBG 1781.06.16, 1-2, Cato.

458 HBG 1781.06.16, 1, Marsorio.

459 HBG 1781.05.26, 2-3, Loyal Subject. 另见 HBG 1781.05.26, 1-2, Vindex。

460 HBG 1781.06.02, 2, Britannicus.

461 "生与死对我来说没什么区别"化用了"睡着与死去对他来说没什么区别"这句台词，来自 Joseph Addison, *Cato: A Tragedy and Selected Essays [1710]*, Act 5, Scene 1, ed. by Christine Dunn Henderson and Mark E. Yellin, with a Foreword by Forrest McDonald (Indianapolis: Liberty Fund, 2004)。6/23/2017<http://oll.libertyfund.org/titles/1229>

462 HBGE 1781.06.25, 2, Britannicus.

463 关于他们究竟是加尔各答的警察还是公司的民兵（Company's Pike）的不确定，见 Hyde, *Hyde's Notebooks*, 1780.12.18。

464 对希基被捕的描述来自 HBG 1781.06.16, 2 and BL, Add MS 16260 f. 52. Articles 4 & 5, undated [appears to be written 24 September 1781 to Masterman, Harrington and Dunning]。

465 BL, Add MS 16260, f. 81.

466 HBG 1781.06.23, 3.

467 Ibid.

468 两份请愿书可见 Hyde, *Hyde's Notebooks*, 1781.06.19, and HBG 1781.06.

23，3。

469 HBG 1781.06.23，1. 我发现柯利对这份讽刺性的节目单的解释大部分是准确的，但有个例外，这份节目单是在 6 月 23 日，而不是在 6 月 16 日印刷的。Curley，Chambers，334 – 335.

470 Hyde，*Hyde's Notebooks*，1781.06.26.

471 从当时的画作中可以看出，最高法院外面的区域可能没有树木，资料来自 Henry W. Lawrence，*City Trees: A Historical Geography from the Renaissance Through the Nineteenth Century*（Charlottesville：University of Virginia Press，2008），105。

472 希基向法院背诵了他的公报特刊的内容。HBGE 1781.06.25，2.

473 HBGE 1781.06.25，1.

474 见 Fay，Letters，136，这里描述了英庇对领导一个独立的司法系统的骄傲；根据不怎么可靠的威廉・希基所述，英庇记仇的名声在外，他拒绝与他不喜欢的律师接触，甚至会禁止反对他的律师执业。威廉・希基把图谢的请愿书提交给议会后回到加尔各答时，他声称英庇剥夺了他在孟加拉从事律师工作的权利。"这一特别措施明显就是针对我的报复行为，因为我曾向议会提交请愿书，请求让陪审团审理所有民事和刑事案件。"希基写道。Hickey，*Memoirs*，Vol. 3，142. 另见 Hickey's petition to be reinstated on June 29，1783，BL，Add MS 16264，ff. 113 – 114。

475 Ghosh，*Sex and the Family in Colonial India*，61.

476 BL，Add MS 16260，f. 52.

477 在被告和原告只能就八位陪审员的选择达成一致后，希基不得不放弃自己的异议。威廉・斯莫特（William Smoult）代替威廉・约翰逊担任书记员。斯莫特也是罗伯特・钱伯斯的书记员。

478 Philip Harling，'The Law of Libel and the Limits of Repression，1790 – 1832，' *The Historical Journal* 44，No. 1（Mar. 2001）：110.

479 William Hawkins，*Pleas of the Crown A Treatise of the Pleas of the Crown: Or，A System of the Principal Matters Relating to that Subject，Digested Under Their Proper Heads …*，Vol. 1（Printed by Eliz. Nutt，1716），196. 在王座法庭前首席大法官约翰・霍尔特（John Holt）裁决下，陪审员们失去了判断被告"意图"，也就是文章的作者是否有恶意的能力。现在是法官来判定

内容是否具有恶意。Philip Hamburger, 'The Development of the Law of Seditious Libel and the Control of the Press,' *Stanford Law Review* 37, No. 3 (Feb., 1985): 754 – 757. C. R. Kropf, 'Libel and Satire in the Eighteenth Century,' *Eighteenth-Century Studies* 8, No. 2 (Winter, 1974 – 1975): 153 –168. 另见 Charles Viner, *A General Abridgement of Law and Equity: Alphabetically Digested Under Proper Titles, with Notes and References to the Whole*, Vol. 12 (Aldershot in Surrey: Printed for the Author: 1751), 228 – 229。

480 那封信发表于 1769 年 12 月 19 日的《大众广告报》，作者是菲利普·弗朗西斯，他用了笔名朱尼厄斯。这篇文章可见 John Wade, *The Letters of Junius*, Vol. 1 (London: Henry G. Bohn, 1850), 255 – 270, 判决和审议见 470 – 473。另见 Lance Bertelsen, 'The Education of Henry Sampson Woodfall, Newspaperman,' *Mentoring in Eighteenth-century British Literature and Culture*, ed. Anthony W. Lee (Farnham, England: Ashgate Publishing, 2010), 163。希基不是唯一一个将伍德福尔案件作为判例使用的人。在"国王诉威廉·戴维斯·希普利牧师案"(*The King v. Rev. William Davies Shipley*, 1783 – 1784) 中，希普利因转载一篇小册子里有关支持选举改革的内容而被指控煽动诽谤。希普利赢了这场官司，其罪状只有"出版"一条。见 T. B. Holwell, *A Complete Collection of State Trials and Proceedings for High Treason and Other Crimes and Misdemeanors from the Earliest Period to the Year 1783, with Notes and Other Illustrations*, Vol. 21 (London: T. C. Hansard, 1816), 848 – 1046。

481 为了加强希基的论据，1781 年 7 月 7 日的《希基的孟加拉公报》用一半的版面报道了亨利·桑普森·伍德福尔的审判。

482 William Oldys, John Malham, *The Harleian Miscellany: A Collection of Scarce, Curious, and Entertaining Pamphlets and Tracts, as Well in Manuscript as in Print*, Vol. 7 (London: Printed for Robert Dutton, 1810), 261.

483 后来的编辑和报纸也试图用福克斯的《殉道者之书》为自己辩护，例如，1893 年为《波士顿环球报》(*Boston Globe*) 辩护。见 *The Fundamental Holmes: A Free Speech Chronicle and Reader — Selections from the Opinions, Books, Articles, Speeches, Letters and Other Writings by and about Oliver*

Wendell Holmes, Jr, ed. Ronald K. L. Collins (Cambridge: Cambridge University Press, 2010), 119。

484 和希基一样，英庇也引用了“雷克斯诉伍德福尔案”（*Rex v. Woodfall*），这些可以在他自己的笔记本里读到，也可以从这里读到：Hawkins, *Pleas of the Crown*, Vol. 1, 194 and Blackstone's *Commentaries*, Vol. 4, 151 - 153。Hyde, *Hyde's Notebooks*, 1781.06.26.

485 这场审判的记录来自 Hickey, *Memoirs*, Vol. 3, 160 - 163 and Hyde, *Hyde's Notebooks*, 1781.06.26 and 1781.06.27。但希基的描述存在矛盾之处。虽然希基写道，建筑师托马斯·莱昂（Thomas Lyon）是陪审团团长，但在海德的笔记里，莱昂并没有作为十二名陪审团成员之一出现在这次审判中，也没有出席任何与希基有关的审判。威廉·希基的《回忆录》（*Memoirs*）通常是不可信的，还有大肆渲染之嫌。因此，如果不能确定事实的话，我会采信海德的说法。

486 虽然我尽了最大努力在加尔各答高等法院和其他地方的档案里寻找这次庭审的记录，但除了 1781 年 6 月 27 日海德的笔记和 1781 年 6 月 30 日发表在《印度公报》上的记载以外，我没有找到更多的参考资料。遗憾的是，海德的笔记缺少了这次和之后的审判的内容。似乎在英庇告诉海德希基的案子会在英国被记录下来、印出来（这事根本就没发生过）之后，海德就没有再积极记笔记了。因此，我们失去了关于希基的审判的最详细、明晰的资料来源之一。

487 AFSt/M 1 B 72: 95, Kiernander to Pasche, 1782.02.05.

488 Hickey, *Memoirs*, Vol. 3, 163. 威廉·希基并没有具体说明希基在哪个审判中提出了这些反对意见。然而在他的回忆录里，它们与希基对约翰·莱德的反对意见是在同一段里，所以我把它们和基尔南德的案子放在了一起。

489 看起来好像在反对莱德加入审判团一事上，希基的论辩是成功的，因为莱德并不是陪审团宣誓成员之一。见 *Hyde's Notebooks*, 1781.06.28。

490 在宣读起诉书之前，钱伯斯出庭了。见 *Hyde's Notebooks*, 1781.06.28。

491 基尔南德提到了另外两笔遗产，分别属于玛丽·汉德尔和爱德华·萨顿，这两笔遗产的数额都不大。“我只知道有两笔数额不大的遗产，一笔是玛丽·汉德尔女士的，还有一笔是爱德华·萨顿先生的，这两笔遗产都记在了传教所的账目上，我已经知会了促进会。”Kiernander, Tryal, Kiernander's testimony (no pagination).

492 AFSt/M 1 B 73：26, Kiernander to Pasche, 1782.10.28; AFSt/M 1 C 31a：40, Kiernander to David Brown, 1790.01.30.

493 海德指出：“第二项罪状与第一项的不同之处仅在于，它的结尾是‘虔诚的撒玛利亚人’，去掉了后面几段，这几段被插入了第一项罪状之中。在我看来，陪审团宣告第一项罪名不成立、被告无罪是正确的，因为我认为被抄进第一项罪状中的、文章后半部分的批评言论针对的是牧师威廉·约翰逊先生，而不是牧师基尔南德先生。这部分的细节来自 Kiernander, *The Tryal and Conviction of James Augustus Hicky*, Hickey, *Memoirs*, Vol. 3, 160 - 165, and Hyde, *Hyde's Notebooks*, 1781.06.28。

494 HBG 1781.06.30, 2, Emilius.

495 HBG 1781.04.28, 2, Cassius.

496 关于“恶意”一词，戴维斯引用了 Michael Foster, *A Report of Some Proceedings on the Commission of Oyer and Terminer, and Gaol Delivery for the Trial of the Rebels in the Year 1746 in the County of Surrey, and of other Crown Cases etc.* (Dublin：Printed by Sarah Cotter, 1766), 256 - 257。

497 这章内容来自 Hyde, *Hyde's Notebooks*, 1781.06.29。

498 为了加重对希基的指控，戴维斯也读了希基 1781 年 6 月 16 日的报纸。我一直无法确定其中哪篇文章让戴维斯要求加重指控。见 Hyde, *Hyde's Notebooks*, 1781.07.02 to 1781.07.09。

499 “你无法充分理解他们的傲慢与放肆，这就是他们对我们政府宽容的回报，他们将来应该接受铁腕统治。”杨补充道。BL, Add MS 45434, f. 251, Young to David Anderson.

500 Parliament, *Minutes of the evidence taken at the trail of Warren Hastings esquire, late governor general of Bengal, at the bar of the House of Lords, in Westminster Hall, upon an impeachment against him for high crimes and misdemeanors etc* (Place of publication unidentified：publisher unidentified, 1794), 1698. 在以下部分简称为“Minutes”。

501 Ibid., 1757.

502 Parliament, *Minutes*, 1697.

503 Ibid.

504 Ibid., 678 - 681, 1696.

505 Warren Hastings, *A Narrative of the Late Transactions at Benares* (London: J. Debrett, 1782), 40. 后来，人们发现欧洲军官的尸体“血肉模糊、令人震惊”，八十多名印度兵死亡，九十多人受伤。Parliament, *Minutes*, 1773.

506 IG 1781.09.08, 2.

507 HBG 1781.09.15, 2.

508 Hastings, *A Narrative of the Late Transactions at Benares*, 42 - 50; Parliament, *Minutes*, 194. IG 1781.09.08, 2.

509 Parliament, *Minutes*, 1757 - 1758; HBG 1781.09.08, 3.

510 轿子（howdah）指的是大象背上的象轿。Impey, *Memoirs*, 234.

511 Parliament, *Minutes*, 188 - 189.

512 Ibid, 674, Hurdeaul Singh's affidavit.

513 Ibid, 684, Lieutenant Gordon's letter.

514 Ibid, 669, Mahommed Moraud and Doond Singh's affidavits.

515 IG 1781.10.27, 1 - 2.

516 Weitzman, *Hastings and Francis*, 360.

517 BL, Add MS 16260, f. 48b.

518 当时，黑斯廷斯把信卷起来，塞进羽毛笔里，把笔挂在信使的耳后送过来，以躲避检查。见 Gleig, *Hastings' Memoirs*, Vol. 2, 412。

519 BL, Add MS 16262, f. 147 - 148.

520 英庇在 BL, Add MS 16260 and 16263 中的许多信件里记录了自己愈发严重的健康问题，比如 Add MS 16263 f. 36, Impey to Fleming, 1780.05.06, 以及 Add MS 16260 f. 44, Impey to Michael Impey, 1780.09.14, 他在其中表达了自己渴望回到英国，还有 f. 47、f. 48。

521 关于英庇的随行人员，见 BL, Add MS 16260, f. 105 and Government of Bengal, *Press List of Ancient Documents relating to the Governor-General of Bengal in Council preserved in the secretariat record room of the government of Bengal*, *Vol. 9*, *6 March to 18 December 1781* (Alipore: Bengal Government Press, 1942). Revenue Cons. 1781.07.17, No. 61, and Revenue Cons.

1781.07.27, No. 1, consulted in the West Bengal State Archives。关于他家人的疾病，见 BL, Add MS 16260, f. 25, f. 110, and f. 133。

522 *Masterpieces from the Department of Islamic Art in the Metropolitan Museum*, eds. Maryam D. Ekhtiar, Priscilla P. Soucek, Sheila R. Canby, and Navina Najat Haidar (New York: Metropolitan Museum of Art, 2011), 401; Clemency Fisher and Janet Kear, 'The taxonomic importance of two early paintings of the Pink-headed Duck Rhodonessa caryophyllacea (Latham 1790)' *Bulletin of the British Ornithologists' Club* 122, No. 4 (2002): 244.

523 BL, Add MS 16260, f. 25, Impey to Michael Impey, April 1781.

524 Ibid, f. 46, Impey to Masterman, 1781.09.14. 英庇回应的是 8 月抵达的消息，消息称议会正在讨论欧洲居民要求陪审团审判的请愿书。见 HBG 1781.08.04。

525 BL, Add MS 16260, f. 17.

526 Ibid.

527 Ibid, f. 42, Impey to Thurlow, date unknown.

528 BL, Add MS 16260, f. 52. Articles 4 & 5, undated, [appears to be written September 24, 1781 to Masterman, Harrington and Dunning]. 英庇之后称，他是在 1782 年 2 月将希基的庭审记录寄往英国的，但是我还没找到这份庭审记录。BL, Add MS 16260, f. 102, Impey to Sir Richard Sutton, Under Secretary of State for the Southern Department, 1782.02.07.

529 黑斯廷斯在 1781 年 7 月 7 日向钱伯斯提议，让他担任钦苏拉的首席法官。钱伯斯在两天后接受了这个提议。Curley, *Chambers*, 326 - 328, 603. 与钱伯斯不同的是，英庇从来不碰自己的薪水，而是借一笔相同数目的钱，然后将其分成至少两笔钱，通过中国汇回家，第一笔有 2.7 万卢比，第二笔有 1.68 万卢比。见 BL, Add MS 16260, f. 169, 1782.10.18 and f. 262, 1783.03.22。

530 BL, Add MS 16260, f. 52. Article 6, undated.

531 Ibid, f. 81, which is an alternate version of f. 52.

532 英庇把自己的钱寄回在英国的兄弟手里，以帮他在下次选举中找到一个议员选举区。BL, Add MS 16260, f. 44, Impey to Michael Impey, September 1781, and f. 46, Impey to Masterman 1781.09.14.

533 BL, Add MS 16260, f. 95. 那时候，钱伯斯在钦苏拉，而海德是一个人在法院。钱伯斯在10月29日的时候也去了法院。

534 Pandey, *Impey*, 224.

535 Parliament, *Minutes*, 635.

536 Ibid, 625 - 633, 838 - 843, 1969.

537 Marshall, *Impeachment*, 127.

538 HBG 1781.11.24, 2.

539 法官们判处希基6个月监禁，罚款1 000卢比，因为他的文章暗示黑斯廷斯有勃起障碍；判处他4个月监禁，罚款500卢比，因为他的文章《为了传教所的利益》；判处他6个月监禁，罚款1 000卢比，因为他的文章煽动军队哗变；总共是16个月监禁和2 500卢比的罚款。海德和钱伯斯随后免去了他4个月的监禁，因为希基已经在监狱里度过了4个月的时间。Hyde, *Hyde's Notebooks*, 1781.10.29.

540 Hyde, *Hyde's Notebooks*, 1781.11.02.

541 HBG 1781.07.21, 1 - 2.

542 HBG 1781.12.29, 2 - 3，最初在1781年7月22日出版于约翰·特伦查德和托马斯·戈登的《加图来信》。见 John Trenchard and Thomas Gordon, *Cato's letters, or, Essays on liberty, civil and religious, and other important subjects*, Vol. 2 (London: Printed for J. Walthoe, T. and T. Longman, etc, 1755), 34 - 50。

543 HBG 1781.10.20, 3. 希基声称，这篇文章转载自一份英语报纸。我没有找到最初的报纸或出版物。

544 HBG 1781.12.08, 1 - 2, Aristides.

545 一位通讯员说，公司在米德尔顿的奥德的特派代表对年轻的纳瓦布有极大的控制，他甚至决定了家庭开支。“每件事……都完全掌握在特派代表的手中。”也许特派代表“被称作纳伯（Nabob，莫卧儿帝国时期的地方行政长官，同‘纳瓦布’。——译者注）都并无不妥”。HBG 1781.09.29, 2.

546 HBG 1781.09.15, 2, Plain Truth.

547 HBG 1781.10.20, 1.

548 HBG 1781.09.29, 2, Ingenuous.

549 HBG 1781.12.08, 1－2, Aristides.

550 HBG 1781.10.20, 1.

551 HBG 1781.09.29, 2, Ingenuous.

552 HBG 1781.09.22, 1, Hicky.

553 HBG 1781.08.25, 3, Daran Ghur.

554 HBG 1781.10.06, 1, Spectator.

555 HBG 1782.10.06, 1, Spectator.

556 HBG 1781.08.25, 3, Daran Ghur.

557 HBG 1782.02.23, 2, A well-wisher to the Company.

558 HBG 1782.02.16, 1－2, Aristides.

559 HBG 1781.11.24, 3. 一位曾参加过罗希拉战争的军官在给希基的信中说，这些战利品就像一份早该得到的回报，他写道："在我心里，我已经放弃了获得已故纳伯任何遗赠的希望。" HBG 1782.01.26, 2－3, A. B.

560 波帕姆（Popham）本人就在第一次分配中拿到了近 30 万卢比的财富。希基报道说，波帕姆对黑斯廷斯一再强调要上交财富的命令充耳不闻。HBG 1781.12.01, 3.

561 HBG 1782.01.05, 3, Berhampore. 在黑斯廷斯宣布这是谣言之后，希基撤回了这篇文章。HBG 1782.02.02, 3.

562 Sanial, *Calcutta Keepsake*, 285－288. 黑斯廷斯还就诽谤一事写信给英庇："今天上午我受命给董事会写信，让他们协助我调查希基发表的那篇针对布莱尔上校的臭名远扬的诽谤文章的作者。如果你想看的话，惠勒先生会给你看。" Add MS 16260, f. 180, Hastings to Impey, 1782.01.16, 'Below Buxar.'

563 HBG 1781.06.23, 3.

564 希基声称，曾有一名律师愿意提供帮助，但是引起了"这个定居点里某些位高权重之人的不满"，于是，他再也不愿意和自己"扯上关系"了。他声称，其他三名律师都是为公司工作的。实际上，其中两人协助了早前对他的起诉。还有一人曾同意成为他的律师，但是这个人辞职了，公开宣称"不会也不可能参与对抗黑斯廷斯先生"。希基称，最后一位律师甚至都不在加尔各答，也不能诚实无欺地成为他的律师，因为黑斯廷斯给了他一个"油水非常丰厚的盐务局"，而且可以"立刻把它从他手中拿走”。Hyde, *Hyde's Notebooks*, 1782.01.12.

565 这两名律师分别是克里斯蒂安·弗雷德里克·布里克斯（Christian Frederick Brix）和约翰·黑尔（John Hare）。

566 这一部分的细节和引文来自 Hyde, *Hyde's Notebooks*, 12, 23 and 24 January 1782。海德似乎也同意第二次审判不属于重复起诉。他指出：“民事诉讼中的赔偿金与罚金的性质完全不同，它们不是惩罚，而是对原告所受伤害的补偿。如果一个人提起民事诉讼，那么要求赔偿金就像他要求还款一样，是他的公民权利。”Hyde, *Hyde's Notebooks*, 1782.01.24.

567 Curley, Chambers, 337.

568 John Vanbrugh and Colley Cibber, *The Provok'd Husband, Or a Journey to London, a Comedy* (London: J. Watts, 1728).

569 HBG 1782.02.09, 2-3, Ambulator.

570 HBG 1782.02.16, 2-3.

571 HBG 1782.03.09, 2.

572 HBG 1782.03.23, 3.

573 “4月10日周三上午10点至11点，在旧法院，根据法警手中的两份执行令，将公开拍卖詹姆斯·奥古斯都·希基的财产：大量家具、盘子、丝绸、印刷设备和大约10万个字模。”IG, 1782.04.06, 3.

574 NAI, Home Public, Body Sheet, Cons. 1793.02.01. No. 28, O.C. 1793.01.09.

575 HBG, 1780.11.25.

576 BL, MSS Eur E 19, f. 11, Francis to Edward Wheler, 1781.11.24.

577 BL, MSS Eur E 14, f. 513, Francis to Lord North, 1780.08.30.

578 BL, MSS Eur E 19, No. 1, Francis to Wellbore Ellis, 1781.11.06.

579 Parkes and Merivale, *Francis Memoirs*, Vol. 2, 204-205.

580 Parliament, *Select Committee's First Report*, 439-440.

581 Mackingtosh, *Travels in Europe, Asia, and America ... delineating, in particular, a new system for the government and improvement of the British settlements in the East Indies ...* (London: J. Murray, 1782), 397.

582 Parkes and Merivale, *Francis Memoirs*, Vol. 2, 206.

583　BL, MSS Eur E. 19, f. 6, Francis to Mackenzie, 1782.11.24.

584　Ibid, f. 13, Francis to Livius, 1782.01.14.

585　Ibid, f. 19, Francis to Ducarel, 1782.01.17.

586　Parkes and Merivale, *Francis Memoirs*, Vol. 2, 213, Francis to Sir John Day, 1781.11.24. 我没有找到这封信的原件。虽然弗朗西斯的信件不大可能在希基的报社关掉之前抵达希基的手中，但希基在1780年11月25日发表的一份署名为“霍雷肖（Horatio）”的信件，与弗朗西斯的“朱尼厄斯”十分相似。我怀疑，弗朗西斯是在他动身前往英国的前一晚给希基写了这封信：“希基先生的案子与威尔克斯先生的十分相似——一个曾为出版自由挺身而出，另一个则努力捍卫国民的自由。朱尼厄斯对加诸威尔克斯先生身上的压迫做出过如下公正而简洁的论断：皇家的义愤之光往往会‘照亮而不是摧毁它所迫害的对象’，等等。”

a.“这些文字的作者希望这份慷慨的协议能证实朱尼厄斯的立场，在希基先生的案子中，我敢说，他绝不会乖乖地屈从于任意而非法的压迫，他永远不会玷污一个英国人的名誉，也不会放弃他与生俱来的权利。”HBG 1780.11.25, 3, Horatio.

587　BL, MSS Eur E 19, f. 4, Francis to Ducarel, 1781.11.24. 弗朗西斯下定决心不让任何人知道他在给媒体供稿。他在伦敦向老家寄去有关印度政治的简报时，明确表示，他不希望别人知道这些文章出自自己之手。“你不需要宣称这些是我寄给你的。”他写道。BL, MSS Eur E. 19, f. 12, Francis to Mackenzie, 1782.01.14. 另见，比如 E 19, f. 10, Francis to Andrew Ross, 1782.01.10。

588　Marshall, *Impeachment*, 16.

589　Parliament, *Select Committee's First Report*, 390.

590　BL, MSS Eur E 19, f. 7, Francis to Chambers, 1781.11.24.

591　Ibid, f. 12, Francis to Mackenzie, 1782.01.14.

592　Ibid, f. 9, Francis to Ducarel, 1781.12.25.

593　Ibid, f. 11, Francis to Burke, 1781.01.11.

594　Parliament, *Select Committee's First Report*, 413－415.

595　对话发生在1782年2月5日，周二。BL, Add MS 29153, f. 67, Scott to Hastings, 6 February 1782.

596 Parkes and Merivale, *Francis Memoirs*, Vol. 2, 214, citing Francis to Sir Robert Chambers, 1781.12.27.

597 Ibid, 215, citing Francis to Gerard Ducarel, 1782.01.17.

598 BL, MSS Eur E 19, f. 28, Francis to Wheler, 1782.02.12.

599 Weitzman, *Hastings and Francis*, 146.

600 首相诺斯勋爵（Lord North）因不信任投票下台。他的继任者第二代罗金汉侯爵（2nd Marquess of Rockingham）仅仅就任两个月后就去世了。下一任首相第二代谢尔本伯爵（2nd Earl of Shelburne）遭到免职。诺斯勋爵与查尔斯·福克斯结盟，组成联合政府，但八个月后联盟瓦解。直到1783年底，局势才终于稳定下来，新首相小威廉·皮特（William Pitt the Younger）上台。

601 Holden Furber and Peter James Marshall eds. *The correspondence of Edmund Burke: July 1782 - June 1789*, Vol. 5 (Cambridge: Cambridge University Press, 1965), 245, citing Burke to Francis, 1785.12.23.

602 Ibid, 241 - 244, citing Burke to Francis, 1785.12.10.

603 AFSt/M 1 B 72: 95, Kiernander to Pasche, 1782.02.05.

604 Neill, *History of Christianity in India*, 440.

605 AFSt/M 1 B 72: 95, Kiernander to Pasche, 1782.02.05.

606 AFSt/M 1 B 73: 31, Kiernander to Hallings, 1782.10.29. 最高法院里一个普通的案子要花费约500卢比，而最复杂的案子则可能花费4万卢比以上。在这个城市里，一个日工一天挣4卢比，有文化的人一个月挣100—300卢比，大部分人远远负担不起这样的开销。*The Parliamentary Register; Or, History of the Proceedings and Debates of the House of Lords and House of Commons*, Vol. 2 (London: J. Debrett, 1781), 512 - 514.

607 Kiernander, *Tryal*, preface (no pagination).

608 基尔南德指责约翰逊没有勇气为自己辩护，他写道："希基确实发表了许多针对他的糟糕的东西，但对此他默默认罪了，毫无勇气为自己辩护。" AFSt/M 1 B 73: 40, Kiernander to Gottlieb Anastasius Freylinghausen, 1783.03.25.约翰逊在教堂庭院的东南角上建了一些仓库，并以一个月600卢比的价格将它们租给了金库的主管。见 BL, IOR/P/2/35: Bengal Proceedings, Cons. No. 10. 1780.01.30, IOR/P/3/32: Bengal Proceedings,

Cons. 1788.01.23 No. 24 and IOR/P/4/4: Bengal Proceedings, Cons. 1791.07.08, No. 8。

609 Kiernander, *Tryal*, Preface (no pagination).

610 AFSt/M 1 B 74: 53, Kiernander to Hallings, 1783.10.27.

611 Kiernander, *Tryal*, citing Revelation 21: 8 (no pagination).

612 AFSt/M 1 B 73: 26. Kiernander to Hallings, 1782.10.28.

613 Ibid.

614 Sandegren, *Swedish Missionary*, 55. Kiernander sent 50 Pagodas to Cuddalore. SPCK. MS A33/6 (1788 - 1796), 1788.11.06.

615 AFSt/M 1 C 37a: 93, Bernard Philip Berkemeyer to Kiernander, 1786.06.25; AFSt/M 1 C 37a: 94, Berkemeyer to Kiernander, 1786.01.26.

616 1781 年，基尔南德传教所的印刷室卖出了价值 4 000 卢比的历书。Duverdier, 'Hicky contre Kiernander,' 63.

617 见，比如 AFSt/M 1 C 24: 37, AFSt/M 4 E 2: 27, AFSt/M 1 B 75: 40, AFSt/M 1 C 25: 29 and AFSt/M 4 E 2: 45。基尔南德在加尔各答销售字模是众所周知的事情，以至于有个曾经因盗窃受到指控的人声称，自己的字模是从基尔南德那里买到的，但实际上字模是他偷来的。见 Hyde, *Hyde's Notebooks*, *Rex v. Jacob Thomas and Gabriel Manuel*, 1789.11.17。

618 1781 年，最高理事会通过了附则以后，基尔南德的传教所受到了第一次打击。穷人，包括居住在基尔南德建造的茅草屋里的老人都不得不搬出城市，这使基尔南德的会众变少了。与此同时，英裔印度人也越来越受到英国社会的排挤。基尔南德写道："他们去英国人的小教堂时，因为肤色黝黑受到了人们的嘲笑。" Gross, *Christianity in India*, Vol. 1, 425.

619 见 the report in AFSt/M 1 C 29b: 73a, Brown to Gaskin, 1788.03.07。另见 AFSt/M 1 C 27: 22, Kiernander to Hallings, 1786.12.31; AFSt/M 1 C 29b: 67, Kiernander to George Gaskin, 1788.02.25。

620 官方报告提到 1782 年到 1787 年间，他的工资是发放了的，但实际上没有发放。见 SPCK. MS B1/1781 to 1788。

621 AFSt/M 1 B 73: 32, 1782.10.30.

622 AFSt/M 1 B 75: 45. Gerlach to Freylinghausen, 1784.11.26. 感谢马库斯·

博格翻译了这封信。

623 AFSt/M 1 B 74：52，Kiernander to Gottleib Anastasius Freylinghausen，1783.08.14.

624 AFSt/M 1 B 74：57，Kiernander to Gottleib Anastasius Freylinghausen，1783.01.14.

625 AFSt/M 1 B 75：45. Gerlach to Freylinghausen，1784.11.26.

626 AFSt/M 1 C 27：29，Kiernander to Sebastian Andreas Fabricius，1787.03.05.

627 AFSt/M 1 B 75：42，Kiernander to Pasche 1784.10.12.

628 基尔南德写道："我和本托·德·索萨先生已经有五年多，接近六年没有收到过工资了，只收到过一箱文具和一块奶酪。" AFSt/M 1 C 27：20，Kiernander to Sebastian Andreas Fabricius，1786.11.10. 遗憾的是，促进会印度传教委员会在1778年2月16日到1787年4月26日之间的记录已经丢失了，因此也无法解释为什么基尔南德没有收到任何信件。

629 Kiernander wrote. AFSt/M 2 E 47：13，Kiernander to David Brown，1789.11.23.

630 AFSt/M 1 B 4：4，Kiernander to Michael Hallings，1783.10.27.

631 AFSt/M 1 C 29b：44，Kiernander to Hagelund，Kohloff and others at Tranquebar，1787.10.12.

632 AFSt/M 1 B 75：44，Kiernander to Friederich Wilhelm Pasche，1785.01.27.

633 AFSt/M 1 C 27：20，Kiernander to Sebastian Andreas Fabricius，1786.11.10.

634 AFSt/M 1 B 75：44，Kiernander to Friederich Wilhelm Pasche，1785.01.27.

635 AFSt/M 1 C 27：23，Kiernander to Michael Hallings，1787.01.29.

636 AFSt/M 1 C 29b：27，Kiernander to George Gaskin，1787.09.17.

637 AFSt/M 1 C 27：20，Kiernander to Sebastian Andreas Fabricius，1786.11.10.

638 BL，Add MS 16260，f. 100.

639 BL，IOR/P/2/54，Bengal Proceedings，Cons. 1782.08.19，No. 16. O.C. 1782.08.08.

640 BL，Add MS 16260，f. 169，Impey to Shelburne，1782.10.18.

641 Pandey，*Impey*，228.

642 Stephen，*Nuncomar and Impey*，*Vol. 2*，*245*，quoting Impey to Dunning，1782.11.01.

643 BL, Add MS 16260, f. 216, Impey to unknown, 1782.11.08.

644 Impey, *Memoirs*, 270.

645 Pandey, *Impey*, 229. 尽管英庇离开了，但他仍在继续领取工资，直到1787年11月他正式辞去首席大法官的职务。

646 BL, Add MS 16264, f. 5, Hicky to Impey. 1783.01.17.

647 威廉·希基在1783年9月1日搬进了他的新家，所以他与詹姆斯·希基的会面一定是发生在不久之后。他说希基的信是“从他的旧住处，也就是加尔各答监狱发出的”，然而那个时候，詹姆斯·希基已经迁到了新的比尔吉监狱，所以威廉·希基要么在他的回忆录里把两个监狱搞混了，要么是在詹姆斯·希基搬到新的比尔吉监狱后才读到他的信的。Hickey, *Memoirs*, Vol. 3, 159 - 160.

648 BL, IOR/P/2/51：Bengal Proceedings, Cons. 1782.05.02, No. 29.

649 Hickey, *Memoirs*, Vol. 3, 160 - 163.

650 BL, Add MS 16264, f. 5 Hicky to Impey. 1783.01.17. 1784年，古尔德（Gould）中尉“在精神错乱发作时攻击和伤害了”以利亚·英庇的一名仆从，因此再次入狱。英庇答应宽大处理，只要古尔德承诺，“今后会避免类似事件发生”，并“不再不当饮用烈酒”。NAI, Home Public, O.C. 1784.09.08, No. 35.

651 BL, Add MS 16264, f. 201.

652 Ibid, f. 202 - 209.

653 Forbes' first name found in NAI, Home Public, O.C. 1780.02.29, No. 10.

654 BL, Add MS 16264, f. 206.

655 看来法官们并没有帮助希基。英庇将这封信寄给了钱伯斯。钱伯斯在英庇的批注下写道：“考虑到希基先生的痛苦，我们很可能会谅解他信中的不当之处，但我不知道我们该如何减轻他的痛苦。至于他提出的要求，即让他了解与此案有关的所有要求，如果他向王室书记官提出申请，王室书记官肯定会通知他的。”希基在8月22日的时候又寄出了一封信，说他没有得到任何回应，对此他还是没得到任何回应。见 BL, Add MS 16264, f. 204 - 209。

656 Hickey, *Memoirs*, Vol. 3, 160 - 163. 为了使其更具可读性，我对这章引自希基的内容做了微调。

657 Gleig, *Hastings' Memoirs*, Vol. 3, 304, Hastings to Anderson, 1786.09.13.

658 福克斯的1783年法案是由埃德蒙·伯克起草的，而其中的许多想法来自弗朗西斯。尽管这份法案被否决了，但它在一定程度上推动了1784年的《皮特印度法案》。

659 Hastings to Scott, 1784.12.26 cited in Gleig, *Hastings' Memoirs*, Vol. 3, 224, 227.

660 Grier, *Letters of Hastings to his Wife*, 251. 1783年3月20日，黑斯廷斯收到了董事们于1782年8月28日寄出的信，信里批评了他对待柴特·辛格的方式。黑斯廷斯在当天表示了辞职的想法。Gleig, *Hastings' Memoirs*, Vol. 3, 87.

661 Hastings to the directors, January 1785, cited in Gleig, *Hastings' Memoirs*, Vol. 3, 232.

662 Hickey, *Memoirs*, Vol. 3, 262. 希基可能是在1783年9月，而不是在1784年圣诞节前后出狱的，因为希基在1793年对最高理事会称，他在监狱里待了"两年零三个月之久"。鉴于希基的监禁开始于1781年6月，两年零三个月的监禁意味着他是在1783年9月被释放的。NAI, Home Public, Body Sheet, 1793.02.01. 尽管威廉·希基的回忆并不可靠，但我还是采信了他的回忆，因为这段内容里的细节很具体，还因为我没有更多信息来证实希基的说法。

663 比如，见Hastings thoughts in Gleig, *Hastings' Memoirs*, Vol. 3, 241。

664 Parkes and Merivale, *Francis Memoirs*, Vol. 2, 251.

665 Warren Hastings, *The Defence of Warren Hastings, Esq.* (*Late Governor General of Bengal,*) *At the Bar of the House of Commons, etc* (London: John Stockdale, 1786), 24.

666 Ibid, 121.

667 Ibid, 134.

668 Ibid, 143.

669 Ibid, 245, 28.

670 Gleig, *Hastings' Memoirs*, Vol. 3, *287*.

671 Marshall, *Impeachment*, xiv - xv.

672 BL, IOR/L/PARL/2/8/71: 1787, 1 - 40.

673 Stephen, *Nuncomar and Impey*, Vol. 2, 6 - 7.

674 Peter Burke, *The public and domestic Life of the right hon. Edmund Burke*, (London: Nathaniel Cooke, 1854), 195 - 224, and 'Account of the Trial of Warren Hastings, Esq. (late Governor-General of Bengal), before the High Court of Parliament, for High Crimes and Misdemeanors,' *The European Magazine*, and *London Review* 13, No. 2 (Feb., 1788): 124 - 133. 对第一天的生动记述可见 Fanny Burney, *The Diary and Letters of Madame D'Arblay*, *Vol. 2* (London: Vizetelly & Co, 1891), 96 and on。

675 E. A. Bond, ed., *Speeches of the Managers and Counsel in the Trial of Warren Hastings*, Vol. 1 (London: Longman, Brown, Green, Longmans, & Roberts, 1859), 182.

676 黑斯廷斯的日记里充满了这样的开头，比如“伦敦，弹劾，1794 年 4 月 19 日，威斯敏斯特大厅，第 126 日，1.30—5.05”，再如“威斯敏斯特大厅，第 127 日，1.53—5.20”。BL, Add MS 39882, f. 159 - 160.

677 Burke, *Life of the right hon. Edmund Burke*, 220 - 222.

678 Marshall, *Impeachment*, 189 - 190. 关于黑斯廷斯资金的消耗，见 Peter James Marshall, 'The Personal Fortune of Warren Hastings in Retirement,' *Bulletin of the School of Oriental and African Studies* 28, No. 3 (1965): 541 - 552。

679 *Calcutta Gazette*, 1797.03.30, 1.

680 黑斯廷斯在 1788 年 8 月 26 日购买了戴尔斯福特。Elisabeth Lenckos, 'Daylesford,' East India Company At Home, last modified 20 August 2014, accessed 27 June 2017, http://blogs. ucl. ac. uk/eicah/daylesford-case-study/; Lindsay Boynton, 'The Furniture of Warren Hastings,' *The Burlington Magazine* 112, No. 809 (Aug., 1970): 508.

681 Gleig, *Hastings' Memoirs*, Vol. 1, 8 - 9.

682 AFSt/M 1 B 74: 59, Diemer to Gottlieb Anastasius Freylinghausen, 1782. 12.26.

683 AFSt/M 1 C 30c: 40a, Christian Wilhelm Gericke to Friedrich Wilhelm Pasche, 1789.04.06.

684 Gross, *Christianity in India*, Vol. 1, 433.

685 AFSt/M 1 C 29b：73a，David Brown to George Gaskin，1788.03.06.

686 加尔各答房市泡沫的破裂似乎也是公司董事们的一项命令所导致的，他们降低了公司许多职员的薪水和房租补助。见 BL，Add MS 29169，f. 302. Rev. William Johnson to Warren Hastings，1786.01.10，and letter from the Company's directors to the Supreme Council，1785.04.11，printed in *Fort William-India House Correspondence*，*1782 - 1785*，Vol. 9，204 - 313。

687 AFSt/M 1 C 29b：47，Kiernander to Johann Ludwig Schulze，1788.01.12.

688 迪莫在 1787 年的 10 月、11 月、12 月多次参加了促进会的会议。SPCK. MS A1/30. 1787 - 1791.

689 Recorded in SPCK. MS A33/6（1788 - 1796），Indian Missions Committee Meeting，1788.10.30；and AFSt/M 1 C 29b：73a，David Brown to George Gaskin，1788.03.07.

690 SPCK. MS A33/5（1770 - 1788），1788.02.26.

691 他们选了一位在剑桥受过教育的英国国教牧师亚伯拉罕·克拉克（Abraham Clarke）来接替基尔南德。SPCK. MS A33/6（1788 - 1796），1788.11.06. 1790 年 5 月 6 日，促进会收到了另一封来自布朗、钱伯斯和格兰特的信，他们在信中解释说，他们自己买下了传教所，不打算将其转交给促进会。SPCK. MS A33/6（1788 - 1796），1790.05.06.

692 AFSt/M 1 C 30a：31，George Gaskin to Kiernander，1789.17.03. 基尔南德否认他曾抵押过这名女子的财产。他写道："这些财产从未交给过我看管，我也没有管理过它。" AFSt/M 1 C 31a：15，Kiernander to Gaskin，1790.01.15.

693 Cinsurensis，'Remarks on the Memoir of Kiernander，' *The Calcutta Christian Observer* 6（July 1837）：374. 迪莫的岳父查尔斯·韦斯顿也支持基尔南德。AFSt/M 1 C 33b：4b - d，Christian Wilhelm Gericke to Johann Ludwig Schulze，1792.05.04. 我很感谢安德鲁·宗德曼提供的这篇参考资料。

694 AFSt/M 2 E 47：12　Kiernander to Johann Ludwig Schulze. 1789.12.12.

695 AFSt/M 2 E 47：7，Kiernander to David Brown. 1788.04.21；AFSt/M 1 H 4：46，Kiernander to Society.

696 AFSt/M 2 E 47：7，Kiernander to David Brown，1788.04.21.

697 AFSt/M 2 E 47：10，Kiernander to David Brown，1789.11.12.

698 Ibid；尽管经历了多年的搜寻，但布朗和克拉克没有发现任何剩下的遗产。当促进会收到克拉克无结果的报告以后，他们为“他在此次调查中遇到的麻烦”而感谢他，但他们的会议记录中提到，“促进会不愿支持与基尔南德先生进行任何进一步的［谈判］”。SPCK. MS A33/6 (1788 -1796), 1791.03.10.促进会记录道：“我们曾努力寻找并收回那些据称基尔南德先生收到的用于支持传教所的遗产，但一切只是徒劳。”SPCK. MS A33/6 (1788 - 1796), 1791.02.17.

699 AFSt/M 2 E 47：13, Kiernander to David Brown, 1789.11.23.

700 AFSt/M 1 C 31a：40, Kiernander to David Brown, 1790.01.30.

701 AFSt/M 2 E 47：10, Kiernander to David Brown, 1789.11.12.

702 因为基尔南德多年的服务，布朗曾建议促进会给基尔南德送去一笔养老金。布朗写道：“他在 84 岁的年纪穷困潦倒，我不能不为此感到遗憾。”SPCK. MS A33/6 (1788 - 1796), Indian Missions Committee Meeting, 1795.02.05. 促进会照办了，每年给基尔南德送去 40 英镑。Sandegren, *Swedish Missionary*, 56.

703 AFSt/M 1 C 37b：1 Kiernander to Johann Christian Christoph Ubele, 1796.02.25.

704 'The first Protestant Missionary to Bengal,' *The Calcutta Review* 7 (January - June 1847)：184.

705 BL, Add MS 29173, f. 116.

706 希基似乎在 1785 年 10 月 22 日重启了报纸，这次至少延续到了 1786 年 1 月 21 日，尚不清楚报社被关掉前他印刷了多少期报纸，我没能找到任何留存下来的报纸。约瑟夫（Joseph）写道：“我们的老朋友希基将在本月 22 日再次现身，他很可能会带来一些乐子，我将以自己的名义为你订阅一份……”见 BL, Mss Eur E 6, f. 76, Joseph Fowke to Francis Fowke, 1785.10.11。根据 *Hyde's Notebooks*, *Thomas Jones v. Constantine Parthenio*, 1787.11.15，希基的新报纸似乎至少已经印刷了 9 次。见 'Further Extracts from Hicky's Bengal Gazette of January 21. &c. 1786,' *General Advertiser* (London) 1786.09.03 cited in Nigel Little, *Transoceanic Radical*, *William Duane: National Identity and Empire 1760 - 1835* (New York：Routledge, 2008), 81 - 82。这篇文章还刊登于 *Columbian Herald*

(South Carolina) 1786.12.14, 2。此外,《伦敦时报》(*Times of London*)还刊登了一份有关新的《希基的孟加拉公报》的古怪声明,进一步证实希基重启了他的报纸。"在《希基的孟加拉公报》的报头,有如下一则广告。注意:'在印刷办公室的大门口附近有一个狮子头,它具有一个印刷商的狮子应具有的所有品质。它有一双看不见东西的眼睛,一对听不见东西的耳朵,但嘴巴很大,也很实用。'" *Times of London* (London) 1786.09.14, 2.

707 Shaw, 'A Letter from James Augustus Hicky,' 397 - 398.

708 NAI, Home Public, Cons. 1788.07.28, No. 26, Hicky's petition, O.C. 1788.05.28.

709 Ibid, Cons. 1788.08.22, No. 27, Report of Secretary on Hicky's petition.

710 Ibid, Cons. 1792.11.02, No. 30, Hicky to E Hay, Secretary, O.C. 1792.10.30.

711 Ibid, Cons. 1793.02.25, No. 22, Hicky to E. Hay, Secretary.

712 Ibid, Cons. 1793.07.26, No. 14A, Hicky to E. Hay, Secretary.

713 Ibid, Cons. 1793.06.28, No. 12, Hicky to E. Hay, Secretary.

714 希基对莫里斯先生尤为愤怒,后者曾在1779年担任公共议政员,在1795年担任最高理事会的秘书,并提议只给希基6 711卢比。希基写道,莫里斯"十分依赖以利亚·英庇先生",他"在以利亚·英庇先生的帮助下,毁掉了请愿者的家庭"。NAI, Home Public, Cons. 1795.02.20, No. 18. Interestingly, Morris' daughter, T. L. Morris, married Kiernander's son, Robert. Cinsurensis, *The Calcutta Christian Observer*, *Vol. 6*, *Remarks on the Memoir of Kiernander*, 374.

715 NAI, Home Public, Body Sheet, Cons. 1793.02.01, O.C. 1793.01.08, No. 28. 希基称,自己比哈尔海德和威尔金斯要价更低。他的说法有证据支持。哈尔海德和威尔金斯双面印刷的价格是单张5卢比,而希基则只收2卢比。NAI, Home Public, O. C, 1779.01.28, No. 10.

716 BL, Add MS 29173, Hicky to Hastings, 1793.11.13.

717 在他的请愿书里,希基还提及了他年轻时为公司做的一件事。"先生们,你们要知道,你们谦卑的请愿人多年前曾为贵公司做出过不小的贡献,他曾冒着生命危险,让他们在一天之内省下了7.3万英镑,而且是现金，为此他获得了极高的赞许。有人建议他向董事会提出申请，向他保证他会得到奖赏，但他从未这样做。那时候他还年轻，财富独立，对生活充满了期待，因此他并没有期望获得奖赏。”我没有发现更多证据来佐证他的这份声明。NAI, Home Public, Cons. 1795.02.20, No. 18. Hicky to E. Hay, Secretary.

718 NAI, Home Public, Cons. 1795. 03. 06, No. 9, Hicky to W. Jackson, Company's Attorney.

719 Ibid, Cons. 1795.03.06, No. 10, W. Jackson, Company's Attorney, to Hicky.

720 Ibid, Cons. 1795.03.13, No. 23, Hicky to W. Jackson, Company's Attorney.

721 Chambers, *Hyde's Notebooks*, 1797. 06. 21; *Oracle and Public Advertiser*, No. 19855 (London, 1798.02.13): 3. *The Whitehall Evening Post*, No. 7996 (London, 1798.02.13): 2.

722 BL, Add MS 29177, f. 165 Hicky to Hastings, 1799.12.26.

723 Gross, *Christianity in India*, Vol. 1, 435. See also Lambeth Palace Library, VG 1/12 p 99; 100.

724 Impey, *Memoirs*, 354.

725 'IMPEY, Sir Elijah (1732 – 1809), of Newick Park, Suss.,' The History of Parliament, accessed 27 June 2017, http://www. historyofparliamentonline. org/volume/1790 – 1820/member/impey-sir-elijah – 1732 – 1809.

726 BL, IOR/D/151, f. 195 – 196, IOR/D/152, f. 289 – 292, 295 – 302 and IOR/D/161, f. 157 – 60.

727 A. F. Salahuddin Ahmed, *Social Ideas and Social Change in Bengal 1818 – 1835* (Leiden: E. J. Brill, 1965), 84 – 85; Anindita Ghosh, *Power in Print: Popular Publishing and the Politics of Language and Culture in a Colonial Society, 1778 – 1905* (Oxford: Oxford University Press, 2006), 142.

728 Shaw, *Printing in Calcutta*, 42 – 71.

729 Little, *Transoceanic Radical*, 57.

730 Ibid, 57 – 65.

731 Ibid, 387.

732 Little, *Transoceanic Radical*, 72 – 85.

733 A dramatised account can be read in John Wood, *The History of the*

Administration of John Adams, late President of the United States (New York: Printed by Denniston and Cheetham, 1802), 110 - 112. 后来，杜安移民到了美国，成为《曙光报》(*Aurora*) 的一名编辑。即使在美国，他的文章也被认为损害了他人的名誉。1799 年 7 月，杜安被捕，他被指控犯有煽动性诽谤罪。Little, Transoceanic Radical, 86 - 95.

734 Little, *Transoceanic Radical*, 95.

735 Ibid, 97. 另见 Mrinal Kanti Chanda, *History of the English press in Bengal, 1780 - 1857* (Calcutta: K. P. Bagchi, 1987), 362 - 363, 482 and Robert Rouiere Pearce, *Wellesley Memoirs*, Vol. 1 (London: Richard Bentley, 1846), 278 - 282。

736 'On the Effect of the Native Press in India,' Friend of India, No. 1 (September 1820): 125; Ahmed, *Social Change in Bengal*, 95.

737 Ahmed, *Social Change in Bengal*, 81 - 85.

738 Chatterjee, *Black Hole of Empire*, 117.

739 'Debate at the East India House: The Press in India. - Banishment of Mr Buckingham,' *The Oriental Herald and Colonial Review* 3 (September to December 1824): 109 - 110; Nancy Gardner Cassels, *Social Legislation of the East India Company: Public Justice versus Public Instruction* (New Delhi: SAGE Publications India, 2010), 370 - 372.

740 S. N. Mukherjee, 'Class, Caste and Politics in Calcutta, 1815 - 1838,' 65 in *Elites in South Asia*, eds. Edmund Leach and S. N. Mukherjee (London: Cambridge University Press, 1970); Cassels, *Social Legislation*, 372.

741 截至 2014 年的数据，这是我能找到的最新数据。'Shri Prakash Javadekar releases Press in India 2013 - 14,' Press Information Bureau, Government of India Ministry of Information & Broadcasting, last updated November 5, 2014, accessed June 27, 2017. http://pib.nic.in/newsite/PrintRelease.aspx?relid=111100.

742 'Freedom of the Press 2017: India Profile,' Freedom House, accessed 27 June 2017. https://freedomhouse.org/report/freedompress/2017/india.

图书在版编目（CIP）数据

希基的孟加拉公报：印度第一张报纸不为人知的故事 / (美) 安德鲁·奥蒂斯著；潘炜译. — 上海：上海教育出版社，2025.1. — ISBN 978-7-5720-3121-2

Ⅰ. K351

中国国家版本馆CIP数据核字第20256RR938号

Copyright © Andrew Otis, 2018
All rights reserved.
The simplified Chinese translation rights arranged through Rightol Media
（本书中文简体版权经由锐拓传媒取得 Email: copyright@rightol.com）

上海市版权局著作权合同登记号：图字09–2021–0275号

责任编辑　王晓妍
装帧设计　@Mlimt_Design
营销支持　徐恩丹

Xiji de Mengjiala Gongbao: Yindu Di-yi Zhang Baozhi Buweirenzhi de Gushi
希基的孟加拉公报：印度第一张报纸不为人知的故事
[美] 安德鲁·奥蒂斯　著
潘　炜　译

出版发行　上海教育出版社有限公司
官　　网　www.seph.com.cn
地　　址　上海市闵行区号景路159弄C座
邮　　编　201101
印　　刷　上海昌鑫龙印务有限公司
开　　本　890 × 1240　1/32　印张 12.5　插页 8
字　　数　278 千字
版　　次　2025年4月第1版
印　　次　2025年4月第1次印刷
书　　号　ISBN 978-7-5720-3121-2/K·0034
定　　价　78.00 元

如发现质量问题，读者可向本社调换　电话：021-64373213